+622.

NOVVELLE METHODE
POVR APPRENDRE
facilement, & en peu de temps
LA LANGVE LATINE,
CONTENANT
LES RVDIMENTS
ET
LES REGLES
DES GENRES, DES
Declinaisons, des Preterits, de la Syntaxe, & de la Quantité.

Mises en François, avec un ordre tres-clair & tres-abregé.

DEDIÉE AV ROY,

aux Capucins de St Honoré

A PARIS,
Chez Antoine Vitré, Imprimeur ordinaire du Roy, de la Reyne Regente, Mere de sa Majesté, & du Clergé de France.

M. DC. XLIV.
Avec Priuilege du Roy.

AV ROY.

IRE,

    Ayant imprimé cette nouuelle Methode, qui propose auec vne clarté & vne facilité toute particuliere les premiers principes de la langue Latine, I'ay creu que VOSTRE MAIESTE´ *n'auroit pas desagreable le profond respect auec lequel ie la luy presente. Ie n'ignore pas que cét Ouurage pourra paroistre d'abord de peu d'importance; mais i'ay peine à n'en conceuoir pas vne opinion plus auantageuse, lors que ie considere qu'il pourra estre vtile à l'instruction du premier Roy du mon-*

ã ij

AV ROY.

de, & du Fils aisné de l'Eglise. Et j'ose me flatter de cette esperance, que si on en veut iuger par luy-mesme, il ne paroistra peut estre pas tout à fait indigne d'estre honnoré de la bienueillance de V. M. Car il est comme la porte, par laquelle elle peut entrer sans peine, dans la connoissance de cette langue, qui estoit autrefois la plus glorieuse de toutes, estant celle d'vn peuple, qui s'est rendu maistre de tout le monde; & qui est deuenuë maintenant Saincte & Sacrée, puis que c'est elle qui entretient auiourd'huy le commerce diuin du Ciel & de la Terre, & que c'est par elle que Dieu parle aux hommes & les hommes à Dieu, dans la celebration de nos Mysteres. Cette Methode, SIRE, pourra estre d'autant plus vtile à V. M. qu'elle peut estre beaucoup esclaircie par celuy à qui la Reyne Vostre Mere, ayant confié l'instruction de Vostre Personne Sacrée, a fait loüer à tout le monde la prudence & la iustice de ce choix, par lequel elle

AV ROY.

a sçeu discerner parmy tant d'autres, celuy qui estoit si digne de l'honneur & de l'importance de cette charge. Et comme toute la France a veu auec joye vne eslection si auantageuse à Vostre Education Royale, elle espere aussi auec raison, que la suffisance & la lumiere d'vn si Sage Conducteur, imprimera dans l'Esprit de V. M. des qualitez vrayement dignes d'vn grand Monarque, qui la releueront autant au dessus des autres Princes par la noblesse & la generosité de ses pensées, qu'elle est esleuée au dessus des personnes communes, par sa souueraineté & par sa puissance. Mais parce que les plus grandes choses ont souuent vne dependence & vne connexion necessaire auec les plus petites, qui leur doiuent seruir de fondement, ie me tiendray trop heureux si ce petit Liure peut contribuer en quelque façon à vn si important Ouurage, comme ne pouuant receuoir vn plus grand honneur, que de trouuer vne occasion de tesmoigner par

AV ROY.

quelque seruice, l'affection sincere, & la reuerence respectueuse, auec laquelle ie suis

SIRE,

de V. M.

Tres-humble, tres-obeïssant,
& tres-fidelle sujet & seruiteur
ANTOINE VITRÉ.

Extraict du Priuilege du Roy.

PAr grace & Priuilege du Roy, il est permis à Antoine Vitré son Imprimeur ordinaire, de la Reyne Regente Mere de sa Majesté, & du Clergé de France, d'imprimer, ou faire imprimer, vendre & debiter par tel Imprimeur ou Libraire qu'il voudra, *La Nouuelle Methode pour apprendre la langue Latine facilement, & en peu de temps: Comprenant les Rudimens, mis en vn ordre tres-court & tres-aisé; Et les Regles des Genres, des Declinaisons, des Preterits, de la Syntaxe, & de la Quantité.* Et par les mesmes Lettres defenses sont faites à tous Marchands Libraires, Imprimeurs, & autres, de les faire imprimer, vendre ny debiter en quelque sorte que ce soit, sinon du consentement dudit Vitré, & ce durant le temps de treize ans entiers, à peine de quinze cens liures d'amende, & de confiscation de tous les Exemplaires, comme le contient plus amplement ledit Priuilege, donné à Fontainebleau le 17. Septembre 1644. Signé, Par sa Majesté en son Conseil, COLLOT. Et scellé.

Acheué d'imprimer pour la premiere fois, le 4. Nouembre 1644. & les Exemplaires fournis selon la volonté du Roy.

Fautes suruenuës en l'Impression.

Les plus importantes, qu'on prie le Lecteur de corriger auant que de lire.

Page 37. Regle XXII. Pupes, lisez Pubes. pag. 55. l. 24. *Mensis*, Abl. *Mensi*, lis. *Mense*. Et rapportez ce Nom à la Regle LI. p. 58. R. LIII Ius, Mos, lis. Ius, Mus. p. 59 l. 4. *Vis, viris*, lis. *Vis, vis, vim*. p. 74. l. 13. didisci, lis. didici La mesme l. 14. dedidisci, lis dedidici p. 100. l. 15. *acheuer d'estre*, lis. *acheuer d'escrire*. Ibidem, adjoustez, Proscribo, psi, ptum, ere, *proscrire quelqu'vn*. p. 142 l. 4. litum & leui, lis litum & liui. p. 166. l. 19 Ordior ortus, lis Ordior orsus p. 176. l. 13. *Pompeius imperij*, lis. *Pompeius quod imperij* p. 183 l. 24. se met au Genitif, adjoustez ou à l'Ablatif. p. 204. l. 28 l'Ablatif. lis. l'Accusatif. p. 242. l. penul. Peculis, lis. Pecudis p. 527. en la figure des Pieds -- -- Anapeste marquez ainsi -- -- Anapeste, Pĭĕtās
Pĭĕtās.

Les moins importantes.

Page 14. l. 13. *lebes aureus*. lis. *æreus*. p. 16. l. 12. *Nullius, nulli*, lis. vllius, vlli. p. 122. és trois dernieres lig. lis. detrusi, extrusi, intrusi. p. 124. l. 15. auec deux, lis. auec deux SS. p. 126. l. 27. infictum, lis. infixum. p. 128. lig. 5. Perstringo, lis. Distringo. p. 138. l. penul. assumpti, lis. assumpsi. p. 142 l. 12. constractum, lis. constratum. La mesme l. 13. destractum, lis. destratum. p. 143. Reg. LI. sttrepui, lis. strepui. La mesme excersi, lis. excerpsi. p. 144. l. 15. Inculpo, &c. lis. Insculpo, insculpsi, insculptum, insculpere. p. 160. l. 20 assentire, lis assentiri. La mesme l. 21. *estre enuironné*, lis. estre enroüé. La mesme l. penul. deux autres, lis. trois autres p. 166. l. 13. Quereor, lis. Queror. p. 173. Persacio, lis. persicio p. 185. l. 4. Tenax positi, lisez *Tenax propositi*. La mesme, *Religiorum*, lis. *Religionum*. p. 196. l. 1. qu'il a, lis. qu'il y a. p. 198. on dit *Lutetiam*, lis. on dit *in Lutetiam*. p. 206. l. 19. *effacez ces mots, de ses miseres; & les remettez en la lig. 22. quelqu'vn de ses miseres*. p. 211. l. 5. *Ad quitum*, lis. ad quintum. La mesme l. 16. de pierre, lis. de pierres. p. 225. l. 10. prætegit, lis. protegit. p. 226. l. 1. *disertas*, lis. disertus. La mesme l. penul. en quelques-vns est, lis. Pro est. p. 241. l. 20. *Cerces*, lis. *Ceres* La mesme l. 21. *legetis*, lis. segetis. p. 245. l. 10. *Vibex, vibecis*, lisez *vibicis*. La mesme l. 23. *eritis*, lis. ericis. p. 248. *vadē*, marquez *vadĕ* bref. p. 257. l. 5. cette-cy, lis. celle-cy. p. 263. l. antepen. qui doiuent. Ostez qui. La mesme, cette regle, lis. que cette regle.

LES RVDIMENS
DE LA LANGVE LATINE.

DES PARTIES D'ORAISON.

IL y a huict sortes de mots qui peuuent entrer dans le discours, & qui en sont comme les parties; sçauoir le Nom, le Pronom, le Verbe, l'Aduerbe, le Participe, la Conjonction, la Preposition, & l'Interjection.

De toutes ces parties, il y en a deux principales; sçauoir le Nom, qui marque les choses; & le Verbe, qui exprime les Actions.

Pour les autres, ou elles ont quelque rapport à ces deux-cy, ou elles ne seruent que pour les joindre ensemble, & specifier ou determiner leur signification.

DV NOM.

Le Nom est vn mot qui se decline par nombre & par cas, & sert à nommer quelque chose; comme DOMINVS, DOMINI, DOMINO, &c. *Le Seigneur, du Seigneur, au Seigneur*, &c.

Il y a deux sortes de Noms, le Substantif, & l'Adjectif.

Le Substantif est celuy qui signifie la chose; comme ces mots, DOMINVS, *Seigneur*; PATER, *Pere*; MAGISTER, *Maistre*.

L'Ajectif est celuy qui signifie la maniere, ou de

quelle façon est la chose; comme quand on dit le Seigneur est *grand*; le Pere est *bon*, le Maistre est *doux*.

Toutes les fois que l'on peut adjouster ce mot (CHOSE) auec vn Nom, il est Adjectif: Exemple; ROVGE est vn Adjectif, car on dit bien *chose rouge*: mais SEIGNEVR est vn Substantif, car on ne peut pas dire *chose Seigneur*.

Il y a trois Genres principaux, le Masculin, comme HIC DOMINVS, *le Seigneur*; le Femin, comme HÆC MVLIER, *la femme*; le Neutre, comme HOC TEMPLVM, *le Temple*.

On peut y adjouster le Commun & le Douteux, qui en comprennent deux de ceux-là, comme *hic & hæc Homo*, l'homme & la femme: *Hic aut hoc vulgus*, le menu peuple.

Il y a deux nombres, le Singulier qui ne s'entend que d'vn seul; comme DOMINVS, *le Seigneur*: & le Plurier qui s'entend de plusieurs; comme DOMINI, *les Seigneurs*.

Il y a six Cas ou changemens de determinaisons; le Nominatif, le Vocatif, le Genitif, le Datif, l'Accusatif, & l'Ablatif.

Il y a cinq Declinaisons, qui sont toutes distinguées par leur Genitif; comme on peut voir dans les Exemples des Noms.

ADVERTISSEMENT

L'on peut icy remarquer pour la facilité des Declinaisons suiuantes.

1. Que l'Ablatif Singulier se forme tousiours de l'Accusatif en retranchant l'*M*, comme de *Musam*, Ablatif *Musa*; de *Patrem* Abl. *Patre*. Hormis en la seconde Declinaison, ou l'V qui reste apres l'N se change en O, comme de *Dominu-m* Ablatif *Domino*.

2. Que l'Accusatif plurier se forme tousiours de celuy du

Singulier changeant M, en S, comme de *Musam*, se fait *Musas*: Hormis encore ceux de la seconde, où l'V se change en O, comme de *Dominum*, *Dominos*.

3. Que le Vocatif est semblable au Nominatif, tant au Plurier qu'au Singulier.

4. Que le Datif & l'Ablatif Pluriers sont tousiours semblables, & se terminent en IS dans la premiere & seconde Declinaison, & en BVS dans les trois autres.

5. Que le Nominatif, le Vocatif & l'Accusatif pluriers sont tousiours semblables dans la troisiesme, quatriesme, & cinquiesme Declinaison.

6 Que les Noms neutres ont l'Accusatif & le Vocatif semblables au Nominatif, en toutes sortes de Declinaisons : Et qu'au Plurier ils ont tousiours ces trois Cas terminez en A.

Si quelqu'vn sans se peiner trop à retenir ces petites obseruations, prend la peine de les voir seulement, & les conferer sur le papier auec les Noms suiuans, il reconnoistra la facilité que cela luy donnera, de soulager sa memoire par le iugement, iusques dans ces moindres principes. Quoy que cecy ne soit pas tant pour les Enfans, que pour les personnes auancez en âge ou en iugement.

ADVERTISSEMENT.

En toutes sortes de Noms, en François on ne change que l'Article, c'est pourquoy nous nous contenterons de mettre seulement la signification au dessus, & d'adiouster l'Article François à chaque Cas; Et nous le mettrons icy tout au long, non tant pour obliger les enfans de l'apprendre, que pour leur faire voir toute à la fois les marques & les differences de chaque Cas François pour y auoir recours.

L'ARTICLE FRANÇOIS.

Le Singulier.

N. *Le, la, vn, vne.*

Le Vocatif n'a point d'Article, mais quelquefois on y met cette particule O.

G. *Du, de, de la, d'vn, d'vne.*
D. *A, au, à la, à vn, à vne.*
Acc. *Le, la, l'vn, l'vne.*
Abl. *Du, de, de la, d'vn, d'vne, par, auec.*

Le Plurier.

N. *Les.*

G. *Des.*
D. *A, aux.*
Acc. *Les.*
Abl. *De, des, par, auec.*

LES DECLINAISONS
DES NOMS.

LA PREMIERE DECLINAISON.

MVSA *Feminin.*

LE SINGVLIER.

Nom.Voc.	Muſ-a	la Muſe.
Genitif	Muſ-æ	de la Muſe.
Datif	Muſ-æ	à la Muſe.
Accuſatif	Muſ-am	la Muſe.
Ablatif	Muſ-â	par la Muſe.

LE PLVRIER.

Nom.Voc.	Muſ-æ	les Muſes.
Genitif	Muſ-arum	des Muſes.
Datif	Muſ-is	aux Muſes.
Accuſatif	Muſ-as	les Muſes.
Ablatif	Muſ-is	par les Muſes.

ADVERTISSEMENT.

Ie paſſe les Noms Grecs, pour ne point embroüiller les Enfans: Neantmoins on peut remarquer icy que ceux qui ſont en E font le Genitif en ES, & l'Accuſatif en EN, comme *Penelope, penelopes penelopen.*

LES DECLINAISONS

LA SECONDE DECLINAISON.

DOMINVS, *Masculin.*   TEMPLVM, *Neutre.*

LE SINGVLIER.   LE SINGVLIER.

Seigneur.   *Temple.*
N. Dómin-us; *le.*   N. Templ-um; *le.*
V. Dómin-e;   V. *Comme le Nominatif.*
G. Dómin-i; *du.*   G. Templ-i; *du.*
D. Dómin-o; *au.*   D. Templ-o; *au.*
Ac. Dómin-um; *le.*   Ac. *Comme le Nominatif.*
Abl. Dómin-o; *par le.*   Abl. Templ-o; *par le.*

LE PLVRIER   LE PLVRIER.

Seigneurs.   *Temples.*
N.V. Dómin-i; *les.*   N.V. Templ-a; *les.*
G. Domin-órum; *des.*   G. Templ-órum; *des.*
D. Dómin-is; *aux.*   D. Templ-is; *aux.*
Acc. Dómin-os; *les.*   Acc. *Comme le Nominatif.*
Abl. Dómin-is; *par les.*   Abl. Templ-is; *par les.*

MAGISTER, *Masculin.*   VIRGILIVS, *Masculin.*

Maistre.   *Virgile.*
N.V. Magíst-er; *le.*   N. Virgíl-ius;
G. Magíst-ri; *du.*   V. Virgíl-i;
D. Magíst-ro; *au.*   G. Virgíl-ij; *de.*
Ac. Magíst-rum; *le*   D. Virgíl-io; *a.*
Abl. Magíst-ro; *par le.*   Acc. Virgíl-ium;
Le Plurier & le reste,   Abl. Virgíl-io; *par.*
comme Dóminus.

Quelques Noms en ER, *retiennent* E *par tous les Cas, comme* Puer, pueri, puero, &c.

DES NOMS ADJECTIFS.

Les Adjectifs qui ont trois terminaisons, sont de la premiere pour le Feminin, & de la seconde pour le Masculin & le Neutre; & se declinent ainsi.

LE SINGVLIER.

Le Masculin.	Le Feminin.	Le Neutre.
comme Dóminus.	*comme* Musa.	*comme* Templum.
Bon.	*Bonne.*	*Bon.*
Nom. Bon-us.	Bon-a.	Bon-um.
Voc. Bon-e.	Bon-a.	Bon-um.
Gen. Bon-i.	Bon-æ.	Bon-i.
Dat. Bon-o.	Bon-æ.	Bon-o.
Accu. Bon-um.	Bon-am.	Bon-um.
Abl. Bon-o.	Bon-â.	Bon-o.

LE PLVRIER.

Bons.	*Bonnes.*	*Bons.*
N. V. Bon-i.	Bon-æ.	Bon-a.
G. Bon-órum.	Bon-árum.	Bon-órum.
D. Bon-is.	Bon-is.	Bon-is.
Ac. Bon-os.	Bon-as.	Bon-a.
Abl. Bon-is.	Bon-is.	Bon-is.

ADVERTISSEMENT.

Nous auons mis'icy cét Adjectif tout au long, pour seruir de regle à tous les autres, tant Noms que Participes : Neantmoins il n'est pas necessaire de les faire decliner aux enfans tout ensemble par les trois Genres ; mais separément. Ce qui leur sera beaucoup plus aisé.

Mais remarquez qu'il y a de ces Adjectifs qui ont le Masculin en ER, comme *Asper, áspera, ásperum; Niger, nigra, nigrum*.

A iiij

LA TROISIEME DECLINAISON.

PATER. *Masculin.*
Le Singulier.
Pere.
N.V. Pat-er;   *le.*
G.   Patr-is;   *du.*
D.   Patr-i;   *au.*
Ac. Patr-em;   *le.*
Abl. Patr-e;   *par le.*

LE PLVRIER.
Peres.
N.V. Patr-es;   *les.*
G.   Patr-um;   *des.*
D.   Patr-ibus;   *aux.*
Acc. Patr-es;   *les.*
Abl. Patr-ibus;   *par les.*

CVBILE, *Neutre.*
Le Singulier.
Lict.
N.V. Cubil-e;   *le*
G.   Cubil-is;   *du.*
Dat. Cubil-i;   *au.*
Ac. *Comme le Nominatif.*
Abl. Cubil-i;   *par le.*

LE PLVRIER.
Licts.
N.V. Cubil-ia;   *les.*
G.   Cubil-ium;   *des.*
Dat. Cubil-ibus;   *aux.*
Ac. *Comme le Nominatif.*
Abl. Cubil-ibus;   *par les.*

DIGNITAS, *Feminin.*
Le Singulier.
Dignité.
N.V. Dignit-as;   *la.*
G.   Dignitat-is; *de.*
D.   Dignitat-i;   *à la.*
Ac. Dignitat-em; *la.*
Abl. Dignitat-e;   *par la.*

LE PLVRIER.
Dignitez.
N.V. Dignitat-es; *les.*
G.   Dignitat-um; *des.*
Et le reste, comme Pater.

TEMPVS, *Neutre.*
Le Singulier.
Temps.
N.V. Temp-us;   *le.*
G.   Tempor-is;   *du.*
D.   Tempor-i;   *au.*
Ac. *Comme le Nominatif.*
Abl. Tempor-e;   *par le.*

LE PLVRIER.
Temps.
N.V. Tempor-a;   *les.*
G.   Tempor-um   *des.*
Et le reste, comme Cubile.

DES NOMS.

LES ADIECTIFS DE LA TROISIESME.

FOELIX
de tout Genre.

LE SINGVLIER.
Heureux.
- N. V. Fœli-x.
- G. Fœlic-is.
- D. Fœlic-i.
- Ac. Fœlic-em Fœl-ix.
- Abl. Fœlic-e & Fœlic-i.

LE PLVRIER.
- N. V. Fœlic-es & Fœlic-ia.
- G. Fœlic-ium.
- D. Fœlic-ibus.
- Acc. Fœlices & Fœlicia.
- Abl. Fœlicibus.

OMNIS, & OMNE.
M. & F.   N.

LE SINGVLIER.
Tout.
- N. V. Omn-is & omn-e.
- G. Omn-is.
- D. Omn-i.
- Ac. Omn-em & omn-e.
- Abl. Omn-i.

LE PLVRIER.
- N. V. Omn-es & ómn-ia.
- Gen. Omn-ium.
- Dat. Omn-ibus.
- Ac. Omn-es & ómn-ia.
- Abl. Omn-ibus.

PRVDENS
de tout Genre.

LE SINGVLIER.
Prudent.
- N. V. Prude-ns.
- G. Prudént-is.
- D. Prudént-i.
- Ac. Prudént-em; Prude-ns
- Abl. Prudént-e; &c. i.

LE PLVRIER.
- N. V. Prudéntes & ia.
- G. Prudént-um.

FORTIOR, FORTIVS.
M. & F.   N.

LE SINGVLIER.
Plus fort.
- N. V. Fórt-ior & ius.
- G. Fortiór-is.
- D. Fortiór-i.
- Ac. Fortiór-em, fort-ius.
- Abl. Fortiór-e & i.

LE PLVRIER.
- N. V. Fortióres, &a.
- G. Fortiór-um.

Le reste comme les Noms precedents.

Où vous remarquerez que ces Adjectifs se declinent comme les Substantifs, sinon que pour le Neutre; ils ont leur trois Cas semblables.

LES DECLINAISONS

LA QVATRIESME DECLINAISON

FRVCTVS.
Masculin.

LE SINGVLIER.

Fruit.

N. V. Fruct-us ; le.
G. Fruct-us ; du.
D. Fruct-ui ; au.
A. Fruct-um ; le
A. Fruct-û ; du.

LE PLVRIER.

Fruits.

N. V. Fruct-us ; les.
G. Fruct-uum ; des.
D. Fruct-ibus ; aux.
Ac. Fruct-us ; les.
A. Fruct-ibus ; des.

IESVS.

Le nom propre de Nostre Sauueur fait l'Accusatif en VM, & les autres Cas en V.

Les Noms en V ; comme *Cornu*, ne se declinent point au Singulier, mais au Plurier ils se declinent ainsi.

CORNV *Neutre.*

LE PLVRIER.

Cornes.

N. V. Córn-ua ; les.
G. Córn-uum ; des.
D. Córn-ibus ; aux.
A. Comme le Nominatif.
A. Córn-ibus ; des.

LA CINQVIESME DECLINAISON.

DIES.

LE SINGVLIER.
Masculin & Feminin.

Iour.

N. V. Di-es ; le.
G. Di-ei ; du.
D. Di-ei ; au.
Ac. Di-em ; le.
Abl. Di-e ; le.

LE PLVRIER.
Masculin.

Iours.

N. V. Di-es ; les.
G. Di-érum ; des.
D. Di-ébus ; aux.
Ac. Di-es ; les.
Abl. Di-ébus ; les.

LES NOMS DE NOMBRE.

DVO.
PLVRIER.

M.	F.	N.
deux.	deux.	deux.
N.V. Duo	Duæ.	Duo.
G. Duórum.	Duárum.	Duórum.
D. Duóbus.	Duábus.	Duóbus.
Ac. {Duo, vel / Duos,	Duas.	Duo.
Abl. Duóbus.	Duábus.	Duóbus.

TRES.
PLVRIER.

Trois, Trois.

N. V. Tres & Tria.
G. Trium.
D. Tribus.
Ac. Tres & Tria.
Abl. Tribus.

Declinez AMBO, AMBÆ, AMBO; deux, comme DVO. Les autres Noms de nombres, depuis Quatre iusques à Cent sót indeclinables: *Quátuor*, quatre; *Quinque*, cinq; *Sex*, six; *Septem*, sept; *Octo*, huict; *Nouem*, neuf; *Decem*, dix; *Vndecim*, vnze; *Duódecim*, douze; *Trédecim*, treize; *Quatuórdecim*, quatorze; *Quíndecim*, quinze; *Séxdecim*, seize; *Sptémdecim*, dix-sept; *Octódecim*, dix-huict; *Nouémdecim*, dix-neuf; *Vigínti*, vingt; *Vigínti-vnum*, vingt & vn; *Vigínti duo*, vingt & deux; *Vigínti tres*, vingt & trois, &c. *Trigínta*, trente; *Quadragínta*, quarante; *Quinquagínta*, cinquante, &c.

LA COMPARAISON
DE LA COMPARAISON des Noms Adjectifs.

Les Noms Adjectifs ont trois degrez de cóparaison.

Le Positif, qui signifie quelle est la chose simplement; comme MAGNVS, *grand*.

Le Comparatif, qui fait comparaison entre les choses, & augmente la signification du Positif; comme MAIOR *plus grand que*.

Le Superlatif, qui signifie la maniere de la chose, a vn degré suprême & auec excez, comme MAXIMVS *tres-grand*, ou *le plus grand*.

Le Comparatif se connoist en François, quand il y a *PLVS* deuant le nom Adjectif, & *QVE* apres le mesme nom; comme *plus* saint *que*; SANCTIOR. Le Superlatif se connoist en François, quand il y a *TRES*, ou *LE PLVS*, comme *Tres-Saint*, ou *le plus Saint*; SANCTISSIMVS.

Mais on se peut seruir de l'Aduerbe *Magis* auec le Positif, au lieu du Comparatif, & de *Maxime* au lieu du Superlatif; comme MAGIS SANCTVS *plus Saint*, MAXIME SANCTVS, *tres-Saint*.

D'OV SE FORMENT LES COMPARATIFS & Superlatifs?

Les Comparatifs se forment du Cas qui finit en I, en adjoustant OR, pour le Masc. & Fem. & VS pour le Neutre; comme *Sanctus*, Genitif *Sancti*, *Sanctior* & *Sanctius* plus Saint. *Fortis*, Datif *forti*; *Fortior* & *fortius*, plus fort.

Le Superlatif se forme du mesme Cas, en adjoustant *SSimus* auec deux SS : comme du Genitif *Sancti*, *Sanctissimus*, tres-Saint; du Datif *Forti*, *fortissimus*, tres-fort.

EXCEPTIONS POVR LES SVPERLATIFS.

1. Les Adjectifs terminez en ER, forment leur Su-

perlatif en adjoustant *Rimus*, comme *Tener*, tendre ; *Tenérrimus*, tres-tendre; *Pulcher*, beau; *pulchérrimus*, tres-beau.

2. *Fácilis*, facile; *Grácilis*, gresle & menu ; *Húmilis*, humble, vil & abject; *Imbecíllis*, imbecile; *Símilis*, semblable ; font leur Superlatif en changeant I S en *limus*; *Facíllimus*, *Gracíllimus*, *Humíllimus*, *Imbecíllimus*, *Simíllimus*.

3. Les Noms finis en V S qui deuant V S ont vne Voyelle n'ont pas d'ordinaire de Comparatif, ny de Superlatif, mais on se sert de *Magis* & de *Máxime*; comme *Idóneus*, propre; *Magis idóneus*, plus propre; *Máxime idóneus*; tres-propre.

On dit neantmoins *Piíssimus*, tres-pieux; de *Pius*; *Strenuíssimus*, tres-vaillant, de *Strénuus*; & quelques autres que l'vsage apprendra.

4. Les Noms qui sont formez des Verbes, *Fácio*, *Dico*, *Volo*, font leur Comparatif en ENTIOR, & leur Superlatif en ENTISSIMVS, comme *Magníficus*, magnifique; *Magnificéntior*, *magnificentíssimus*. *Maledicus*, mesdisant, *Meledicéntior*, *maledicentíssimus*; *Benéuolus*, bien affectioné, *Beneuoléntior*, *beneuolentíssimus*.

CEVX-CY SE FORMENT IRREGVLIEREMENT.

Bonus, *bon*,	Mélior, *meilleur*.	Optimus, *tres-bon*.
Malus, *mauuais*,	Peior, *plus mauuais*.	Péssimus, *tres-mauuais*.
Magnus, *grand*,	Maior, *plus grand*.	Máximus, *tres-grand*.
Paruus, *petit*,	Minor, *plus petit*.	Mínimus, *tres-petit*.
Multû, *beaucoup*.	Plus, *dauantage*.	Plúrimum, *encore dauantage*.

ADVERTISSEMENT.

Il suffira pour ceux qui commencent à apprendre le Latin par traduire de Latin en François, de les aduertir que les Noms terminez en *ior*. ou *ius* Neutre, sont Comparatifs ; & que ceux qui sont terminez en *ssimus* ou *rrimus*, sont Superlatifs.

DES PRONOMS.

Les Pronoms sont des mots qui tiennent la place des Noms; comme au lieu de dire *Petrus fecit*; Pierre l'a fait, on met vn Pronom, & on dit; *Ille fecit*, il l'a fait; sçauoir Pierre.

Il y a huict Pronoms qui sont *Ego, Tu, Sui, Ille, Ipse, Iste, Hic, Is.*

Ils n'ont point de Vocatif, hormis *Tu* qui en â vn; Et se declinent ainsi

EGO, *moy.*   TV, *toy* ou *vous.*
Pronom de la 1. personne.   Pronom de la 2. personne.

LE SINGVLIER.   LE SINGVLIER.
N. Ego; *moy*, ou *ie.*   N. V. Tu; *toy*, ou *tu.*
G. Mei; *de moy.*   G. Tui; *de toy.*
D. Mihi; *à moy*, ou *me.*   D. Tibi; *à toy*
A. Me; *moy*, ou *me.*   A. Te; *toy.*
A. Me; *de moy, ou par moy.* A. Te; *de toy.*

LE PLVRIER.   LE PLVRIER.
N. Nos; *nous.*   N. V. Vos; *vous.*
G. Nostrum ⎫   G. Vestrum ⎫
   vel,   ⎬ *de nous.*   vel,   ⎬ *de vous.*
  Nostri   ⎭   Vestri. ⎭
D. Nobis; *à nous.*   D. Vobis; *à vous.*
Ac. Nos; *nous.*   Ac. Vos; *Vous.*
Ab. Nobis; *de nous.*   Ab. Nobis; *de nous.*

SVI, *soy*, ou *soy-mesme.*
Pronom de la troisiesme personne.

Il n'a point de Nominatif, & se decline au Plurier comme au Singulier.

Genitif Sui, *de soy,* ou *d'eux-mesmes.*
Datif Sibi, *à soy,* ou *à eux-mesme.*
Accus. Se, *soy,* ou *se,* ou *eux-mesmes.*
Ablat. à Se, *de soy,* ou *d'eux-mesmes.*

DES PRONOMS.

Tous les autres Pronoms sont aussi de la troisiesme personne.

ILLE, *il, luy, le, celuy-là.*
Illa, *elle, la, celle-là.*
Illud, *ce.*

LE SINGVLIER.
N. Ille, Illa, Illud.
G. Illíus.
D. Illi.
Ac. Illum, Illam, Illud.
Abl. Illo, Illa, Illo.

LE PLVRIER.
N. Illi, Illæ, Illa.
G. Illórum, Illárú, Illórum.
D. Illis.
Ac. Illos, Illas, Illa.
Abl. Illis.

IPSE, *luy, ou luy-mesme.*
Ipsa, *elle, ou elle-mesme.*
Ipsum, *luy-mesme.*

LE SINGVLIER.
N. Ipse, Ipsa, Ipsum.
G. Ipsius.
D. Ipsi.
Ac. Ipsum, Ipsam, Ipsum.
Abl. Ipso, Ipsa, Ipso.

LE PLVRIER.
N. Ipsi, Ipsæ, Ipsa.
G. Ipsórú, Ipsárú, Ipsórum.
D. Ipsis.
Ac. Ipsos, Ipsas, Ipsa.
Abl. Ipsis.

Declinez de mesme. ISTE, *ista, istud* G; *istius,* D. *isti.*

HIC, *celuy-cy,* Hæc, *celle-cy.*
Hoc, *cecy.*

LE SINGVLIER.
N. Hic, Hæc, Hoc.
G. Huius.
D. Huic.
Ac. Hunc, Hanc, Hoc.
Abl. Hôc, Hâc, Hôc.

LE PLVRIER.
N. Hi, Hæ, Hæc.
G. Hórum, Hárú, Hórum.
D. His.
Ac. Hos, Has, Hæc.
Ab. His.

IS, *celuy-là,* Ea, *celle-là.*
Id, *cela.*

LE SINGVLIER.
N. Is, Ea, id.
G. Eius.
D. Ei.
Ac. Eum, eam, id.
Abl. Eo, ea eo.

LE PLVRIER.
N. Ii, eæ, ea.
G. Eórum, eárum, eórum.
D. Eis.
Ac. Eos, Eas, Ea.
Abl. Eis.

La Declinaison de QVI & de QVIS auec leurs Composez.

Singulier.

Nominatif, Qui *vel,* Quis ; *quel, lequel, ou qui.*
    Quæ ; *quelle, laquelle, ou qui.*
    Quod ; *quel, lequel, ou qui.*

Genitif   Cuius.
Datif   Cui.
Accusatif Quem, Quam, Quod.
Ablatif   Quo, Qua, Quo.

Plvrier.

Nominatif Qui, Quæ, Quæ.
Genitif   Quórum, Quárum, Quórum.
Datif   Queis, *vel* Quibus.
Accusatif Quos, Quas, Quæ.
Ablatif   Quëis, *vel* Quibus.

Advertissement.

1. QVID n'est pas proprement vn Relatif, mais vn Nom Substantif, il faut pourtant remarquer qu'il se decline ainsi que *Quod cuius, cui,* &c.

2. Pour les Composez de *Qui* ou de *Quis,* ie mettray seulement leur Nominatif, parce qu'ils se declinent de mesme que leur Simple, en adjoustant à chaque Cas la particule dont ils sont Composez ; comme *Qui-dam, Quæ-dam, Quod-dam, Cuius-dam, Cui-dam.*

Les Composez de QVI.

Quicúmque.	Quæcúmque.	Quodcúmque.
Quidam.	Quædam.	Quoddam.
Quilibet.	Quælibet.	Quodlibet.
Quiuis.	Quæuis.	Quoduis.

DE QVIS, ET DE SES COMPOSEZ.

Les Composez de QVIS, où il est deuant.

Quisnam.	Quænam.	Quodnam.
Quispiam.	Quæpiam.	Quódpiam.
Quisquam.	Quæquam.	Quodquam.
Quisque.	Quæque.	Quodque.
Quisquis.	&	Quicquid.

Les Composez de QVIS, où il est à la fin.

Aliquis.	Aliqua.	Aliquod.
Ecquis.	Ecqua.	Ecquod.
Nequis.	Nequa.	Nequod.
Siquis.	Siqua.	Siquod.

Ces Composez ont encore quelquefois d'autres Composez; comme

| Vnusquisque. | Vnaquæque. | Vnumquódque. |
| Ecquisnam. | Ecquænam. | Ecquódnam. |

DV VERBE.

LE Verbe est vn mot qui signifie *estre, agir* ou *patir*, & se coniugue auec diuersité de Nombres, de Personnes, de Temps & de Manieres.

Les Nombres.

Il y a deux nombres comme aux Noms; le Singulier qui ne s'entend que d'vn seul, comme Amo, *j'ayme*: Et le Plurier qui s'entend de plusieurs, comme Amamvs, *nous aymons*.

Les Personnes.

Il y a trois personnes. La premiere est celle qui parle; comme Ego Amo, *j'ayme*.

La seconde, est celle à qui on parle, comme Tv Amas, *tu aymes*.

La troisiesme, est celle de qui on parle, comme Ille Amat, *il ayme*.

De la seconde personne de chaque temps, on forme aisément toutes les autres, selon l'ordre de cette Table.

Povr l'Actif.

as	at	amus	atis	ant
es	et	emus	etis	ent
is	it	imus	itis	unt *pour l'Indicatif.* / jnt *pour le Subjonctif.*
isti	it	imus	istis	erunt / vel, *pour les Preterits.* / ere.

POVR LE PASSIF.

aris	atur	amur	amini	antur
ēris *vel* ēre	etur	emur	emini	entur
ĕris *vel* ĕre	itur	imur	imini	untur
iris *vel* ire	itur	imur	imini	iuntur.

ou pour les Verbes en io.

LES TEMPS.

Il a cinq temps. Le Present ; comme AMO, *i'aime.*
Le Preterit, qui se diuise en trois ; sçauoir
L'Imparfait ; comme AMABAM, *i'aimois.*
Le Parfait ; comme AMAVI, *i'ay aimé.*
Le plus que Parfait ; comme AMAVERAM, *i'auois aimé.*
Le Futur ou temps à venir ; comme AMABO, *i'aimeray.*

ADVERTISSEMENT.

Entre les Preterits il y a cette difference, que le Parfait marque le temps passé simplement, comme le mot le porte.

L'Imparfait marque vne action comme presente au regard d'vn temps passé dont nous parlons: comme, DVM INTRAVIT LEGEBAM, *ie lisois quand il est entré* : mon action de lire estoit presente au regard de son entrée.

Le Plus que Parfait au contraire, marque vne action desia

passée au regard mesme d'vne chose passée dont nous parlons, comme *Dum intráuit cenáueram*; quand il est entré, i'auois desia souppé.

LES MODES OV MANIERES.

On appelle dans les Verbes, Modes ou Manieres, les diuerses façons de signifier les actions, & d'exprimer les affections de l'esprit. I'en marqueray quatre principales.

L'Indicatif, qui monstre & represente simplement l'action, comme AMO, *i'aime*.

L'Imperatif, qui sert pour commander, comme AMA, *aimez*.

L'Infinitif, qui de soy ne determine, ny le nombre, ny la personne, comme AMARE, *aimer*.

Le Subjonctif qui marque tousiours quelque condition ou la suitte de quelque Verbe; comme AMEM, *que i'aime*. SI PVGNAVERIS, VINCES; *si vous combattez, vous aurez la victoire*.

ADVERTISSEMENT.

Ie me suis contenté de mettre le Subjonctif pour comprendre beaucoup d'autres Manieres, comme

Celle qui marque le desir, & que l'on appelle OPTATIF.

Celle qui marque vne façon de conceder les choses, comme *vt non malum sit lúdere pilá tamen*, &c. Encore que ce ne soit pas mal fait de joüer à la bale, si est-ce que, &c. *Perfúndat, perdat, péreat, nihil ad me. Ter.* Qu'il despense, qu'il perde, qu'il perisse, cela ne me regarde point.

Celle que l'on resoult par le Verbe *Possum*, ou *Débeo*; comme *Frangas pótius quam córrigas*; vous le tueriez plustost, ou vous le pourriez plustost tuer que de le corriger. *Confécto prelio, tum verò cérneres*; le combat estant acheué, vous eussiez peu voir. Et cette maniere est tres-digne d'estre remarquée & apporte tant de grace auec soy, que quelques-vns l'ont appellé LVMEN LATINÆ LINGVÆ. *Vatepeus apud Alstedium.*

La Formation des Temps.

Il y a cinq temps qui se forment du Preterit de l'Indicatif.

Le plus que Parfait de l'Indicatif.
Le Parfait du Subjonctif.
Le Futur du Subjonctif.
Le plus que Parfait du Subjonctif.
Le plus que Parfait de l'Infinitif.
} en changeât I en {
eram
erim
ero
issem
isse.

Comme de Fvi se fait {
fú eram
fú erim
fú ero
fuissem
fuisse.

Les autres Temps se forment aisément de l'Imperatif; comme d'Ama se fait Amá-bam, Amá-bo, Amárem, Amá-re, Ama-ns, Amá-ndus.

S'il y a quelque changement, il s'apprendra mieux par l'vsage, & par la disposition des Verbes suiuans, selon ce qu'on verra marqué en lettres rouges, que par autres regles qu'on en pourroit donner.

Des diverses Coniugaisons.

Il y a quatre Coniugaisons qui se connoissent par l'Infinitif, qui se termine en RE pour l'Actif, & en RI pour le Passif.

La premiere â vn A long deuant RE ou RI, comme *Amáre, Amári.*

La seconde â vn E long, comme *Docëre, Docëri.*

La troisiesme â vn E bref, comme *Légëre.*

La quatriesme â vn I long, comme *Audíre, Audíri.*

Des diverses sortes de Verbes.

Le Verbe est ou Personnel ou Impersonnel.

L'Impersonnel est celuy qui ne marque de soy aucune personne, & se coniugue seulement comme la troisiesme personne Singuliere, ou de l'Actif, comme Oportet, *il faut* ; ou du Passif, comme Amatur, *on aime*.

Le Personnel est, ou Substantif, ou Actif, ou Passif, ou Neutre, ou Deponent, ou Commun.

Le Substantif est celuy qui ne signifie que la liaison de diuers termes ensemble. Tel est le Verbe Sum, auquel on peut adjouster le Verbe Fio. Exemples; Ego sum Christianus, *ie suis Chrestien*. Frater fit Doctus ; *mon frere deuient sçauant*.

L'Actif est celuy qui exprime l'action faite par le Nominatif du Verbe, qui se termine en O & forme de soy vn Passif en adjoustant R, comme Amo, *i'aime* ; d'où vient Amor.

Le Passif est celuy qui exprime l'action receuë par le Nominatif du Verbe, qui se termine en OR & est formé de l'Actif en adjoustant R, comme Amor, *ie suis aimé*, qui vient d'Amo.

Le Neutre est celuy qui n'est ny Actif ny Passif; parce qu'il se termine en O, & ne forme point de Passif en OR. Il â quelquefois la signification actiue, comme Studeo, *i'estudie* ; & quelquesfois la Passiue, comme Veneo, *ie suis vendu*.

Le Deponent est celuy qui est terminé en OR, comme le Passif, & qui quitte neantmoins sa signification pour prendre celle de l'Actif, comme Loquor, *ie parle*.

Le Commun est celuy qui est terminé en OR, & à

tout enfemble la fignification Active & Paffiue, comme CRIMINOR, *ie blafme & ie fuis blafmé.*

ADVERTISSEMENT.

Nous commencerons par le Verbe Subftantif, non feulement parce que fa fignification eft la plus fimple, & la premiere felon l'ordre de la Nature, mais principalement parce qu'il fert à former beaucoup de temps des autres Verbes.

Car dans le Latin le Preterit Paffif, & tous les temps qui fe forment du Preterit, fe prennent du Verbe SVM joint auec leur Participe; comme *Amátus fum vel fui, Amátus eram vel fúeram.*

Et dans le François les Verbes n'ont point d'autre Paffif que le Verbe Subftantif, auec leur Participe, comme *Ie fuis aimé; l'eftois aimé; I'ay efté aimé, &c.*

POVR LE FRANÇOIS.

En François on vfe fouuent de la feconde perfonne de Plurier pour celle du Singulier. Ie me fuis contenté de la mettre, pour feruir d'exemple au prefent de chaque Verbe, afin qu'on puiffe la fuppléer aux autres temps : Parce qu'en noftre langue on n'vfe gueres de cette feconde perfonne Singuliere, fi ce n'eft en parlant par mefpris, ou auec grande familiarité.

Il faut auffi remarquer que nous auons deux fortes de Preterits, auffi bien que les Grecs. Vous en verrez l'vn deffous le Latin, qui fuit l'analogie des autres temps, & l'autre à cofté que l'on pourroit peut eftre appeller *Preterit de Narration,* parce que l'on s'en fert ordinairement lors que l'on raconte quelque chofe. Mais il faut faire apprendre aux enfans ces deux Preterits François feparément.

LES CONIVGAISONS DES VERBES.

Le Verbe Substantif,
S V M.

L'INDICATIF.   LE SVBIONCTIF.

Au temps present.

SINGVLIER.	SINGVLIER.
Sum, *ie suis.*	S-im, *que ie sois.*
Es, *tu es,* ou *vous estes.*	S-is, *que tu sois.*
Est, *il est.*	S-it, *qu'il soit.*
PLVRIER.	PLVRIER.
Sumus, *nous sommes.*	S-imus, *que nous soyons.*
Estis, *vous estes.*	S-itis, *que vous soyez.*
Sunt, *ils sont.*	S-int, *qu'ils soient.*

Au Preterit Imparfait.

SINGVLIER.	SINGVLIER.
Er-am, *i'estois.*	Ess-em, *que ie fusse, que ie serois.*
Er-as, *tu estois.*	Ess-es, *tu fusses, tu serois.*
Er-at, *il estoit.*	Ess-et, *il fust, il seroit.*
PLVRIER.	PLVRIER.
Er-amus, *nous estions.*	Ess-emus, *nous fussions, nous serions.*
Er-atis, *vous estiez.*	Ess-etis, *vous fussiez, vous seriez.*
Er-ant, *ils estoient.*	Ess-ent, *ils fussent, ils seroient.*

La Coniugaison

L'INDICATIF.   LE SVBIONCTIF.

Au Preterit Parfait.

SINGVLIER.   SINGVLIER.

Fu-i,   *ie fus, i'ay esté.*   Fú-erim, *que i'aye esté.*

Fu-isti,   *tu fus, tu as esté.*   Fú-eris, *tu ayes esté.*

Fu-it,   *il fut, il a esté.*   Fú-erit, *il ait esté.*

PLVRIER.   PLVRIER.

Fú-imus, *nous fumes, nous auons esté.*   Fu-érimus, *nous ayons esté.*

Fu-istis, *vous fustes, vous auez esté,*   Fu-éritis, *vous ayez esté.*

Fu-érunt, *vel* ére, *ils furent, ils ont esté.*   Fú-erint, *ils ayent esté.*

Au plus que Parfait.

SINGVLIER.   SINGVLIER.

Fú-eram, *i'auois esté.*   Fu-issem, *que i'eusse esté.*
Fú-eras, *tu auois esté.*   Fu-isses, *tu eusses esté.*
Fú-erat, *il auoit esté.*   Fu-isset, *il eust esté.*

LE PLVRIER.   PLVRIER.

Fu-erámus, *nous auions esté.*   Fu-issémus, *nous eussiõs esté.*

Fu-erátis, *vous auiez esté.*   Fu-issétis, *vous eussiez esté.*

Fú-erant, *ils auoient esté.*   Fu-issent, *il eussent esté.*

Au Futur au temps aduenir.

SINGVLIER.
Er-o, ie seray.
Er-is, tu seras.
Er-it, il sera.

PLVRIER.
Er-imus, nous serons.
Er-itis, vous serez.
Er-unt, ils seront.

SINGVLIER.
Fú-ero, quand i'auray esté.
Fú-eris, tu auras esté.
Fú-erit, il aura esté.

PLVRIER.
Fu-érimus, nous aurons esté.
Fu-éritis, vous aurez esté.
Fú-erint, ils auront esté.

L'IMPERATIF.

SINGVLIER.
Es, *vel* Es-to,
sois, ou qu'il soit.

PLVRIER.
Es-te, *vel* Es-tôte,
soyez.

Sun-to,
qu'ils soient.

L'INFINITIF.

AV PRESENT.
Esse, estre.

AV PRETERIT.
Fu-isse, auoir esté.

AV FVTVR.
Fore, *vel* futú-rum, esse
deuoir.

LE PARTICIPE.
Futu-rus, a, um,
qui sera ou qui doit estre.

ADVERTISSEMENT.

I'ay mis icy l'Imperatif à la fin, seulement pour faire voir chaque temps du Subjonctif auec ceux de l'Indicatif, qui luy respondent : Ie ne laisseray pas dans les autres Verbes de suiure l'ordre ordinaire pour ne rien changer sans necessité.

LES CONIVGAISONS

LA PREMIERE. LA SECONDE.
L'INDICATIF.

Au temps present.

SINGVLIER.	SINGVLIER.
Am-o,	Mon-eo,
i'aime.	i'auertis.
Am-as,	Mon-es,
tu aime, ou vous aimez.	tu auertis, ou vo' auertissez.
Am-at,	Mon-et,
il aime.	il auertit.

PLVRIER.	PLVRIER.
Am-ámus,	Mon-émus,
nous aimons.	nous auertissons.
Am-átis,	Mon-étis,
vous aimez.	vous auertissez.
Am-ant,	Mon-nent,
ils aiment.	ils auertissent.

Au Preterit Imparfait.

SINGVLIER.	SINGVLIER.
Am-ábam,	Mon-ébam,
i'aimois.	i'auertissois.
Am-ábas,	Mon-ébas,
tu aimois,	tu auertissois,
Am-ábat,	Mon-ébat,
il aimoit.	il auertissoit.

PLVRIER.	PLVRIER.
Am-abámus,	Mon-bámus,
nous aimions.	nous auertissions.
Am-abátis,	Mon-ebátis,
vous aimiez.	vous auertissiez.
Am-ábant,	Mon-ébant,
ils aimoient.	ils auertissoient.

DES VERBES ACTIFS.

LA TROISIESME. LA QUATRIESME.
L'INDICATIF.

Au temps present.

SINGVLIER.   SINGVLIER.

Leg-o,   Aud-io,
ie lis.   i'escoute.
Leg-is,   Aud-dis,
tu lis, ou vous lisez.   tu escoute, ou vous escoutez.
Leg-it,   Aud-it,
il lit.   il escoute.

PLVRIER.   PLVRIER.

Lég-imus,   Aud-imus,
nous lisons.   nous escoutons.
Lég-itis,   Aud-itis,
vous lisez.   vous escoutez.
Leg-unt,   Aud-iunt,
ils lisent.   ils escoutent.

Au Preterit Imparfait.

SINGVLIER.   SINGVLIER.

Leg-ébam,   Aud-iébam,
ie lisois.   i'escoutois.
Leg-ébas,   Aud-iébas,
tu lisois.   tu escoutois.
Leg-ebat,   Aud-iébat,
il lisoit.   il escoutoit.

PLVRIER.   PLVRIER.

Leg-ebámus,   Aud-iebámus,
nous lisions.   nous escoutions.
Leg-ebátis,   Aud-iebátis,
vous lisiez.   vous escoutiez.
Leg-ébant,   Aud-iébant,
ils lisoient.   ils escoutoient.

LES CONIVGAISONS
LA PREMIERE   LA SECONDE.

Au Preterit Parfait.

SINGVLIER.   SINGVLIER.

Amau- i, *j'aimay*,   Monu- i, *j'auertis*,
j'ay aimé.   *j'ay* auerty.
Amau- isti, *tu aimas*,   Monu- isti, *tu auertis*,
tu as aimé.   *tu as* auerty.
Amáu- it, *il aimâ*,   Mónu- it, *il auertit*,
il a aimé.   *il a* auerty.

PLVRIER.   PLVRIER.

Amáu- imus, *nous aimâmes*, Monú- imus, *nous auertîmes*,
nous auons aimé.   *nous auons* auerty.
Amau- istis, *vous aimâtes*, Monu- istis, *vous auertîtes*,
vous auez aimé.   *vous auez* auerty.
Amau- érunt, *vel* ére, *ils* Monu- érunt, *vel* ére, *ils*
aimerent, *ils ont* aimé.   *auertirent*, *ils ont* auerty.

Au Preterit plus que Parfait.

SINGVLIER.   SINGVLIER.

Amáu- eram,   Monú- eram,
j'auois aimé.   *j'auois* auerty.
Amáu- eras,   Monú- eras,
tu auois aimé.   *tu auois* auerty.
Amáu- erat,   Monú- erat,
il auoit aimé.   *il auoit* auerty.

PLVRIER.   PLVRIER.

Amau- erámus,   Monu- erámus,
nous auions aimé.   *nous auions* auerty.
Amau- erátis,   Monu- erátis,
vous auriez aimé.   *vous auiez* auerty.
Amáu- erant,   Monú- erant,
ils auoient aimé.   *ils auoient* auerty.

DES VERBES ACTIFS. 31
LA TROISIESME. LA QVATRIESME.
Au Preterit Parfait.

SINGVLIER.	SINGVLIER.
Leg-i, *ie leus,* i'ay leu.	Aud-iui, *i'escoutay,* i'ay escouté.
Leg-isti, *tu leus,* tu as leu.	Audiu-isti, *tu escoutas,* tu as escouté.
Leg-it, *il leut,* il a leu.	Audiu-it, *il escouta,* il a escouté.

PLVRIER.	PLVRIER.
Leg-imus, *nous leûmes,* nous auons leu.	Audiu-imº *nous escoutâmes,* nous auons escouté.
Leg-istis, *vous leûtes,* vous auez leu.	Audiu-istis, *vous escoutâtes,* vous auez escouté.
Leg-erunt, *vel* ére, *ils leurent,* ils ont leu.	Audiu-erunt, *vel* ére, *ils escouterent,* ils ont escouté.

Au Preterit plus que Parfait.

SINGVLIER.	SINGVLIER.
Lég-eram, i'auois leu.	Audiu-eram, i'auois escouté.
Lég-eras, tu auois leu.	Audiu-eras, tu auois escouté.
Lég-erat, il auoit leu.	Audiu-erat, il auoit escouté.

PLVRIER.	PLVRIER.
Leg-erámus, nous auions leu.	Audiu-erámus, nous auions escouté.
Leg-erátis, vous auiez leu.	Audiu-erátis, vous auiez escouté.
Lég-erant, ils auoient leu.	Audiu-erant, ils auoient escouté.

LES CONIVGAISONS

LA PREMIERE.   LA SECONDE.

Le Futur ou temps aduenir.

SINGVLIER.	SINGVLIER.
Am-ábo, *i'aimeray.*	Mon-ébo, *i'auertiray.*
Am-bis, *tu aimeras.*	Mon-ébis, *tu auertiras.*
Am-ábit, *il aimera.*	Mon-ébit, *il auertira.*

PLVRIER.	PLVRIER.
Am-ábimus, *nous aimerons.*	Mon-ébimus, *nous auertirons.*
Am-ábitis, *vous aimerez.*	Mon-ébitis, *vous auertirez.*
Am-ábunt, *ils aimeront.*	Mon-ébunt, *ils auertiront.*

L'IMPERATIF.

SINGVLIER.	SINGVLIER.
Am-a, *aime,* ou *aimez.*	Mon-e, *auertis,* ou *auertissez.*
Am-áto, *tu aime, ille, qu'il aime.*	Mon-éto, *tu auertis, ille, qu'il auertisse.*

PLVRIER.	PLVRIER.
Am-áte, *vel,* Am-atóte, *aimez.*	Mon-éte, *vel,* Mon-etóte, *auertissez.*
Am-ánto, *qu'ils aiment*	Mon-énto, *qu'ils auertissent.*

DES VERBES ACTIFS.

LA TROISIESME.   LA QVATRIESME.

Le Futur ou temps aduenir.

SINGVLIER.   SINGVLIER.

Leg-am,   Aud-iam,
ie liray.   i'escouteray.
Leg-es,   Aud-ies,
tu liras.   tu escouteras,
Leg-et,   Aud-iet,
il lira.   il escoutera.

PLVRIER.   PLVRIER.

Leg-emus,   Aud-iemus,
nous lirons.   nous escouterons.
Leg-etis,   Aud-ietis,
vous lirez.   vous escouterez.
Leg-ent,   Aud-ient,
ils liront.   ils escouteront.

L'IMPERATIF.

SINGVLIER.   SINGVLIER.

Leg-e,   Aud-i,
lis, ou lisez.   escoutes, ou escoutez.
Leg-ito tu, lis ou lisez;   Aud-ito tu, escoute ou es-
ille, qu'il lise.   coutez; ille, qu'il escoute.

PLVRIER.   PLVRIER.

Lég-ite, vel   Aud-ite, vel
Leg-itóte,   Aud-itóte,
lisez.   escoutez.
Leg-únto,   Aud-únto,
qu'ils lisent.   qu'ils escoutent.

C

Les Coniugaisons
La Premiere. La Seconde.
Le Subionctif.

Au temps present.

Singvlier.   **Singvlier.**

Am-em,   Mon-eam,
que i'aime.   que i'auertisse.
Am-es, que tu aimes,   Mon-eas, que tu auertisses,
ou que vous aimiez.   ou que vous auertissiez.
Am-et,   Mon-eat,
qu'il aime.   qu'il auertisse.

Plvrier.   **Plvrier.**

Am-emus,   Mon-eamus,
que nous aimions.   que nous auertissions
Am-etis,   Mon-eatis,
vous aimiez,   vous auertissiez.
Am-ent,   Mon-eant,
ils aiment.   ils auertissent.

Au Preterit Imparfait.

Singvlier.   **Singvlier.**

Am-arem, que i'aimasse,   Mon-erem, que i'auertisse,
ou i'aimerois.   ou i'auertirois.
Am-ares, tu aimasses,   Mon-eres, tu auertisses,
ou tu aimerois.   ou tu auertirois.
Am-aret, il aimast,   Mon-eret, il auertist,
ou il aimeroit.   ou il auertiroit.

Plvrier.   **Plvrier.**

Am-aremus, nous aimas-   Mon-eremus, nous auer-
sions, ou nous aimerions.   tissions, ou nous auertirions.
Am-aretis, vous aimassiez,   Mon-eretis, vous auertis-
ou vous aimeriez.   siez, ou vous auertiriez.
Am-arent, ils aimassent,   Mon-erent, ils auertissent,
ou ils aimeroient.   ou ils auertiroient.

DES VERBES ACTIFS.
LA TROISIESME.   LA QVATRIESME.
LE SVBIONCTIF.
Au temps present,

SINGVLIER. — SINGVLIER.

Leg-am, que ie life.
Aud-iam, que i'escoute.

Leg-as, *que tu lises,* ou *que vous lisiez.*
Aud-ias, *que tu escoutes,* ou *que vous escoutiez.*

Leg-at, qu'il life.
Aud-iat, qu'il escoute.

PLVRIER. — PLVRIER.

Leg-amus, *que nous lisions.*
Aud-iamus, *que nous escoutions.*

Leg-atis, *vous lisiez.*
Aud-iatis, *vous escoutiez.*

Leg-ant, *ils lisent.*
Aud-iant, *ils escoutent.*

Le Preterit Imparfait.

SINGVLIER. — SINGVLIER.

Lég-erem, *que ie leusse,* ou *ie lirois.*
Aud-irem, *que i'escoutasse,* ou *i'escouterois.*

Lég-eres, *tu leusses,* ou *tu lirois.*
Aud-ires, *tu escoutasses,* ou *tu escouterois.*

Lég-eret, *il leust,* ou *il liroit.*
Aud-iret, *il escoutast,* ou *il escouteroit.*

PLVRIER. — PLVRIER.

Leg-eremus, *nous leussions,* ou *nous lirions.*
Aud-iremus, *nous escoutassions, ou nous escouterions.*

Leg-eretis, *vous leussiez,* ou *vous liriez.*
Aud-iretis, *vo° escoutassiez* ou *vous escouteriez.*

Lég-erent, *ils leussent,* ou *ils liroient.*
Aud-irent, *ils escoutassent,* ou *ils escouteroient.*

LES CONIVGAISONS

| LA PREMIERE | LA SECONDE. |

LE SVBIONCTIF.

Au Preterit Parfait.

SINGVLIER.	SINGVLIER.
Amáu-erim, *que i'ay* aimé.	Monú-erim, *que i'aye* auerty.
Amáu-eris, *tu ayes, ou vous ayez* aimé.	Monú-eris, *tu ayes, ou vous ayez* auerty.
Amau-erit, *il ayt* aimé.	Monú-erit, *il ayt* auerty.

PLVRIER.	PLVRIER.
Amáu-erimus, *nous ayons* aimé.	Monu-erimus, *nous ayons* auerty
Amau-éritis, *vous ayez* aimé.	Monu-éritis, *vous ayez* auerty.
Amáu-erint, *ils ayent* aimé.	Monú-erint, *ils ayent* auerty.

Le plus que Parfait.

SINGVLIER.	SINGVLIER.
Amau-issem, *que i'eusse, ou i'aurois* aimé.	Monu-issem, *que i'eusse, ou i'aurois* auerty.
Amau-isses, *tu eusses, ou tu aurois* aimé.	Monu-isses, *tu eusses, ou tu aurois* auerty.
Amau-isset, *il eust, ou il auroit* aimé.	Monu-isset, *il eust, ou il auroit* auerty.

PLVRIER.	PLVRIER.
Amau-issemus, *nous eussiõs, ou nous aurions* aimé.	Monu-issemus, *nous eussiõs, ou nous aurions* auerty.
Amau-issetis, *vous eussiez, ou vous auriez* aimé.	Monu-issetis, *vous eussiez, ou vous auriez* auerty.
Amau-issent, *ils eussent, ou ils auroient* aimé.	Monu-issent, *ils eussent, ou ils auroient* auerty.

LA TROISIESME. LA QVATRIESME.
LE SVBIONCTIF.

Au Preterit Parfait.

SINGVLIER.

Lég-erim,
que i'aye leu.
Lég-eris, *tu ayes,*
ou vous ayez leu.
Lég-erit,
il ayt leu.

PLVRIER.

Leg-erimus,
nous ayons leu.
Leg-eritis,
vous ayez leu.
Lég-erint,
ils ayent leu.

SINGVLIER.

Audiu-erim,
que i'aye escouté.
Audiu-eris, *tu ayes,*
ou vous ayez escouté.
Audiu-erit,
il ayt escouté.

PLVRIER.

Audiu-erimus,
nous ayons escouté.
Audiu-eritis,
vous ayez escouté.
Audiu-erint,
ils ayent escouté.

Le plus que Parfait.

SINGVLIER.

Leg-issem, *que ieusse,*
ou i'aurois leu.
Leg-isses, *tu eusses,*
ou tu aurois leu.
Leg-isset, *il eust,*
ou il auroit leu.

PLVRIER.

Leg-issemus, *nous eussions,*
ou nous aurions leu.
Leg-issétis, *vous eussiez,*
ou vous auriez leu.
Legissent, *ils eussent,*
ou ils auroient leu.

SINGVLIER.

Audiu-issem, *que i'eusse,*
ou i'aurois escouté.
Audiu-isses, *tu eusses,*
ou tu auois escouté.
Audiu-isset, *il eust,*
ou il auroit escouté.

PLVRIER.

Audiu-issemus, *nous eussiõs,*
ou nous aurions escouté.
Audiu-issétis, *vous eussiez,*
ou vous auriez escouté.
Audiu-issent, *ils eussent,*
ou ils auroient escouté.

LES CONIVGAISONS

LA PREMIERE — LA SECONDE.
LE SVBIONCTIF.

Au Futur ou temps aduenir.

SINGVLIER.	SINGVLIER.
Amáu-ero, *quand i'auray aimé.*	Monú-ero, *quand i'auray auerty,*
Amáu-eris, *tu auras aimé.*	Monú-eris, *tu auras auerty.*
Amáu-erit, *il aura aimé.*	Monú-erit, *il aura auerty.*
PLVRIER.	PLVRIER.
Amau-érimus, *nous aurons aimé.*	Monu-érimus, *nous aurons auerty.*
Amau-éritis, *vous aurez aimé.*	Monu-éritis, *vous aurez auerty.*
Amáu-erint, *ils auront aimé.*	Monú-erint, *ils auront auerty.*

L'INFINITIF.

Au temps present & à l'Imparfait.

Am-áre, *aimer.* Mon-ére, *auertir.*

Au parfait, & plus que Parfait.

Amau-isse, *auoir aimé.* Monu-isse, *auoir auerty.*

Au Futur ou temps aduenir.

Am-atúrum esse, *vel* fuisse, *deuoir aimer,* Mon-itúrum esse, *vel* fuisse, *deuoir auertir,*

Ce Futur se coniugue par tous les Genres, au Singulier & au Plurier, & s'accorde auec le Substantif. Ex. Dico matrem amatúram esse, ie dis que ma Mere aimera. Puto præceptóres monitúros fuisse. ie pense que les Maistres deuoient en auertir.

DES VERBES ACTIFS. 39

LE SVBIONCTIF.

Au Futur ou temps aduenir.

LA TROISIESME.   LA QVATRIESME.

SINGVLIER.

Lég-ero,
quand i'auray leu.
Lég-eris,
tu auras leu.
Lég-erit,
il aura leu.

PLVRIER.

Leg-erimus,
nous aurons leu.
Leg-eritis,
vous aurez leu.
Lég-erint,
ils auront leu.

SINGVLIER.

Audiu-ero,
quand i'auray escouté.
Audiu-eris,
tu auras escouté.
Audiu-erit,
il aura escouté.

PLVRIER.

Audiu-erimus,
nous aurons escouté.
Audiu-eritis,
vous aurez escouté.
Audiu-erint,
ils auront escouté.

L'INFINITIF.

Au temps present.

Lég-ere, lire.   Aud-ire, escouter.

Au Parfait & plus que Parfait.

Leg-isse, auoir leu.   Audiu-isse, auoir escouté.

Au Futur ou temps aduenir.

Le-cturum esse, vel   Aud-iturum esse, vel
fuisse, deuoir lire,   fuisse, deuoir escouter,

Ce Futur s'accorde auec son Substantif, & se mettant au Singulier qu'au Plurier, Spero púeros lectúros esse, i'espere que les enfans liront. Credo virgines auditúras esse; ie croy que les Vierges escouteront.

C iiij

LA PREMIERE.   LA SECONDE.
LES GERONDIFS.

Am-àndi, *d'aimer.*	Mon-éndi, *d'auertir.*
Am-àndo, *en aimant*, ou *estant* aimé.	Mon-éndo, *en auertissant*, ou *estant* auerty.
Am-àndum, *pour aimer*, ou *pour estre* aimé.	Mon-éndum, *pour auertir*, ou *pour estre* auerty.

LES SVPINS.

Am-átum, *pour aimer.*	Món-itum, *pour auertir.*
Am-átu, *d'aimer*, ou *d'estre* aimé.	Món-itu, *d'auertir*, ou *pour estre* auerty.

LES PARTICIPES.

Celuy du present.

Am-ans, antis, *aimant, qui aime*, ou *qui aimoit.*   Mon-ens, éntis, *auertissant, qui auertis*, ou *qui auertissoit*

Celuy du Futur.

Am-atúrus, ra, rum, *qui aimera*, ou *qui doit aimer.*   Mon-itúrus, ra, rum, *qui auertira*, ou *qui doit auertir.*

DES VERBES ACTIFS.

LA TROISIESME. LA QVATRIESME.

LES GERONDIFS.

Leg-éndi,
de lire.

Leg-éndo,
en lisant.

Leg-éndum, *pour lire,*
ou *pour estre leu.*

Aud-iéndi,
d'escouter.

Aud-iéndo,
en escoutant.

Aud-iéndú, *pour escouter,*
ou *pour estre escouté.*

LES SVPINS.

Le-ctum,
pour lire.

Le-ctu, *de lire,*
ou *d'estre leu.*

Aud-ítum,
pour escouter.

Aud-ítu, *d'escouter,*
ou *d'estre escouté.*

LES PARTICIPES.

Celuy du present.

Leg-ens, éntis, *lisant,*
qui lit, ou qui lisoit.

Aud-iens, iéntis, *escoutant,*
qui escoute, ou qui escoutoit.

Celuy du Futur.

Le-ctúrus, ra, rum, *qui*
lira, ou qui doit lire.

Aud-itúrus, ra, rum, *qui*
escoutera, ou qui doit écouter.

LES CONIVGAISONS

LA PREMIERE. LA SECONDE.
L'INDICATIF.

Au temps present.

SINGVLIER.   SINGVLIER.

Am-or,   Mon-eor,
ie suis aimé.   *ie suis* auerty.
Am-aris, *vel* Am-are,   Mon-eris, *vel* Mon-ere,
tu es, ou vous estes aimé. *tu es, ou vous estes* auerty.
Am-atur,   Mon-etur,
il est aimé.   *il est* auerty.

PLVRIER.   PLVRIER.

Am-ámur,   Mon-émur,
nous sommes aimez.   *nous sommes* auertis.
Am-ámini,   Mon-émini,
vous estes aimez.   *vous estes* auertis.
Am-ántur,   Mon-éntur,
ils sont aimez.   *ils sont* auertis.

Au Preterit Imparfait.

SINGVLIER.   SINGVLIER.

Am-ábar,   Mon-ébar,
i'estois aimé.   *i'estois* auerty.
Am-abáris, *vel* Am-abáre,   Mon-ebáris, *vel* ebáre,
tu estois aimé.   *tu estois* auerty.
Am-abátur,   Mon-ebátur,
il estoit aimé.   *il estoit* auerty.

PLVRIER.   PLVRIER.

Am-abámur,   Mon-ebámur,
nous estions aimez.   *nous estions* auertis.
Am-abámini,   Mon-ebámini,
vous estiez aimez.   *vous estiez* auertis.
Am-abántur,   Mon-ebántur,
ils estoient aimez.   *ils estoient* auertis.

DES VERBES PASSIFS.

LA TROISIESME.   LA QVATRIESME.
L'INDICATIF.
Au temps present.

SINGVLIER.   SINGVLIER.

Leg-or,   Aud-ior,
ie suis leu.   *ie suis* escouté.

Lég-eris, *vel* Lég-ere,   Aud-iris, *vel* Aud-ire,
tu es, ou vous estes leu.   *tu es, ou vous estes* escouté.

Lég-itur,   Aud-itur,
il est leu.   *il est* escouté.

PLVRIER.   PLVRIER.

Lég-imur,   Aud-imur,
nous sommes leus.   *nous sommes* escoutez.

Leg-imini,   Aud-imini,
vous estes leus.   *vous estes* escoutez.

Leg-untur,   Aud-iuntur,
ils sont leus.   *ils sont* escoutez.

Au Preterit Imparfait.

SINGVLIER.   SINGVLIER.

Leg-ebar,   Aud-iebar,
i'estois leu.   *i'estois* escouté.

Leg-ebaris, *vel* ebare,   Aud-iebaris, *vel* iebare,
tu estois leu.   *tu estois* escouté.

Leg-ebatur,   Aud-iebatur,
il estoit leu.   *il estoit* escouté.

PLVRIER.   PLVRIER.

Leg-ebamur,   Aud-iebamur,
nous estions leus.   *nous estions* escoutez.

Leg-ebamini,   Aud-iebamini,
vous estiez leus.   *vous estiez* escoutez.

Leg-ebantur,   Aud-iebantur,
ils estoient leus.   *ils estoient* escoutez.

LES CONIVGAISONS

LA PREMIERE.   LA SECONDE.

L'INDICATIF.

Au Preterit Parfait.

Am-átus sum, *vel* fui,   Món-itus sum, *vel* fui,
i'ay esté aimé.   i'ay esté auerty.

Au plus que parfait.

Amátus erá, *vel* fueram,   Món-itus erá, *vel* fueram,
i'auois esté aimé.   i'auois esté auerty.

Coniuguez par toutes les personnes, selon le Verbe SVM, *& faites accorder auec le Substantif.*

Au Futur ou temps aduenir.

SINGVLIER.   **SINGVLIER.**

Am-ábor,   Mon-ébor,
ie seray aimé.   ie seray auerty.
Am-áberis, *vel* ábere,   Mon-éberis, *vel* ébere,
tu seras aimé.   tu seras auerty.
Am-ábitur,   Mon-ébitur,
il sera aimé.   il sera auerty.

PLVRIER.   **PLVRIER.**

Am-ábimur,   Mon-ébimur,
nous serons aimez.   nous serons auertis.
Am-abímini,   Mon-ebímini,
vous serez aimez.   vous serez auertis.
Am-abúntur,   Mon-ebúntur,
ils seront aimez.   ils seront auertis.

DES VERBES PASSIFS.

LA TROISIESME.   LA QVATRIESME.
L'INDICATIF.

Au Preterit Parfait.

Le- ctus sum, *vel* fui,　　Aud- itus sum, *vel* fui,
i'ay esté leu.　　　　　　*i'ay esté escouté.*

Au plus que Parfait.

Le- ctus erā, *vel* fueram,　Aud- ituseram, *vel* fueram,
i'auois esté leu.　　　　*i'auois esté escouté.*

Suppleez les autres personnes par le Verbe SVM, & faites les accorder auec le Substantif.

Le Futur ou temps aduenir.

SINGVLIER.　　　　　　SINGVLIER.

Leg- ar,　　　　　　　　Aud- iar,
ie seray leu.　　　　　　*ie seray escouté.*
Leg- eris, *vel* ere,　　　Aud- ieris, *vel* iere,
tu seras leu.　　　　　　*tu seras escouté.*
Leg- etur,　　　　　　　Aud- ietur,
il sera leu.　　　　　　*il sera escouté.*

PLVRIER.　　　　　　PLVRIER.

Leg- emur,　　　　　　Aud- iemur,
nous serons leus.　　　*nous serons escoutez.*
Leg- emini,　　　　　　Aud- iemini,
vous serez leus.　　　*vous serez escoutez.*
Leg- entur,　　　　　　Aud- ientur,
ils seront leus.　　　　*ils seront escoutez.*

LES CONIVGAISONS

LA PREMIERE.   LA SECONDE.

L'IMPERATIF.

SINGVLIER.   **SINGVLIER.**

Am-áre, *sois aimé*,   Mon-ére, *sois auerty.*
ou *fais que tu sois* aimé.   ou *fais que tu sois* auerty.
Am-átortu, *tu seras* aimé;   Mon-étortu, *tu sera* auerty;
ille, *il sera* aimé.   ille, *il sera* auerty.

PLVRIER.   **PLVRIER.**

Am-áminor,   Mon-éminor,
vous serez aimez.   *vous serez* auertis.
Am-ántor,   Mon-éntor,
ils seront aimez.   *ils seront* auertis.

LE SVBIONCTIF.
Au temps present.

SINGVLIER.   **SINGVLIER.**

Am-er,   Mon-ear,
que ie sois aimé.   *que ie sois* auerty.
Am-eris, *vel* ere,   Mon-earis, *vel* eare,
tu sois aimé.   *tu sois* auerty.
Am-étur,   Mon-eatur,
il soit aimé.   *il soit* auerty.

PLVRIER.   **PLVRIER.**

Am-émur,   Mon-eamur,
nous soyons aimez.   *nous soyons* auertis.
Am-emini,   Mon-eamini,
vous soyez aimez.   *vous soyez* auertis.
Am-entur,   Mon-eantur,
ils soient aimez.   *ils soient* auertis.

DES VERBES PASSIFS.

LA TROISIESME.   LA QVATRIESME.

L'IMPERATIF.

SINGVLIER.

Lég-ere, *fois leu*,
ou *fais que tu fois* leu.
Lég-itor tu, *tu feras* leu;
-ille, *il fera* leu.

SINGVLIER.

Aud-ire, *fois efcouté*,
ou *fais que tu fois* efcouté.
Aud-itor tu, *tu feras* efcouté; ille, *il fera* efcouté.

PLVRIER.

Leg-iminor,
vous ferez leus.
Leg-antor,
ils feront leus.

PLVRIER.

Aud-iminor,
vous ferez efcoutez.
Aud-iantor,
ils feront efcoutez.

LE SVBIONCTIF.

Au temps prefent.

SINGVLIER.

Leg-ar,
que ie fois leu.
Leg-aris, *vel* are,
tu fois leu.
Leg-atur,
il foit leu.

SINGVLIER.

Aud-iar,
que ie fois efcouté.
Aud-iaris, *vel* iare,
tu fois efcouté.
Aud-iatur,
il foit efcouté.

PLVRIER.

Leg-amur,
nous foyons leus.
Leg-amini,
vous foyez leus.
Leg-antur,
ils foient leus.

PLVRIER.

Aud-iamur,
nous foyons efcoutez.
Aud-iamini,
vous foyez efcoutez.
Aud-iantur,
ils foient efcoutez.

LES CONIVGAISONS

LA PREMIERE. LA SECONDE.

Au Preterit Imparfait.

SINGVLIER.

Am-árer, *que ie fusse,* ou *ie serois* aimé.
Am-aréris, *vel* arére, *tu fusses*, ou *tu serois* aimé.
Am-arétur, *il fust*, ou *il seroit* aimé.

SINGVLIER.

Mon-érer, *que ie fusse,* ou *ie serois* auerty.
Mon-éreris, *vel* érére, *tu fusses*, ou *tu serois* auerty.
Mon-érétur, *qu'il fust*, ou *il seroit* auerty.

PLVRIER.

Am-arémur, *nous fussions,* ou *nous serions* aimez.
Am-arémini, *vous fussiez,* ou *vous seriez* aimez.
Am-aréntur, *ils fussent,* ou *ils seroient* aimez.

PLVRIER.

Mon-érémur, *nous fussions,* ou *nous serions* auertis.
Mon-érémini, *vous fussiez,* ou *vous seriez* auertis.
Mon-éréntur, *ils fussent,* ou *ils seroient* auertis.

Au Preterit Parfait.

Am-átus sim, *vel* fúerim, *que i'aye esté* aimé.

Món-itus sim, *vel* fúerim, *que i'aye esté* auerty.

Au plus que Parfait.

Am-átus essem, *vel* fuíssem, *que i'eusse,* ou *i'aurois esté* aimé.

Món-itus essem, *vel* fuíssem, *que i'eusse,* ou *i'aurois esté* auerty.

Au Futur.

Am-átus ero, *vel* fúero, *i'auray esté* aimé.

Món-itus ero, *vel* fúero, *i'auray esté* auerty.

On fera aisément entendre aux enfans, comme ces temps se coniuguent par toutes les personnes du Verbe SVM, puis qu'ils l'auront desia veu cy-deuant.

DES VERBES PASSIFS.

LA TROISIESME.   LA QVATRIESME.

Au Preterit Imparfait.

SINGVLIER.   **SINGVLIER.**

Leg- erer, *que ie fuſſe,*   Aud- iter, *que ie fuſſe,*
ou *ie ſerois* leu.   ou *ie ſerois* eſcouté.

Leg- creris, *vel* crere,   Aud- ireris, *vel* irere,
tu fuſſes, ou *tu ſerois* leu.   *tu fuſſes,* ou *tu ſerois* eſcouté.

Leg- eretur, *il fuſt,*   Aud- iretur, *il fuſt,*
ou *il ſeroit* leu.   ou *il ſeroit* eſcouté.

PLVRIER.   **PLVRIER.**

Leg- eremur, *nous fuſſions,*   Aud- iremur, *nous fuſſions,*
ou *nous ſerions* leus.   ou *nous ſerions* eſcoutez.

Leg- eremini, *vous fuſſiez,*   Aud- iremini, *vous fuſſiez,*
ou *vous ſeriez* leus.   ou *vous ſeriez* eſcoutez.

Leg- erentur, *ils fuſſent,*   Aud- irentur, *ils fuſſent,*
ou *ils ſeroient* leus   ou *ils ſeroient* eſcoutez.

Au Preterit Parfait.

Le- ctus ſim, *vel* fúerim,   Aud- itus ſim, *vel* fúerim,
que i'aye eſté leu.   *que i'aye eſté* eſcouté.

Au plus que Parfait.

Le- ctus eſſé, *vel* fuiſſem,   Aud-itus eſſem, *vel* fuiſſem,
que i'euſſe,   *que i'euſſe,*
ou *i'aurois eſté* leu.   ou *i'aurois eſté* eſcouté.

Au Futur ou temps aduenir.

Le- ctus ero, *vel* fúero,   Aud-itus ero, *vel* fúero,
i'auray eſté leu.   *i'auray eſté* eſcouté.

Il n'eſt pas beſoin d'embaraſſer icy les enfans dans la diuerſité des Genres, car s'ils trouuent par exemple; Audita fuit, ils mettrons mot à mot, fuit elle a eſté, audita, ouyë, & ſemblables.

D

LES CONIVGAISONS

LA PREMIERE   LA SECONDE.

L'INFINITIF.

Au temps present & à l'Imparfait.

Am-ári.
estre aimé.

Mon-éri.
estre auerty.

Au Preterit Parfait & plus que Parfait.

Am-átum esse, *vel* fuisse,
auoir esté aimé.

Món-itum esse, *vel* fuisse,
auoir esté auerty.

Au Futur ou temps aduenir.

Am-atum iri,
deuoir estre aimé.

Món-itum iri,
deuoir estre auerty.

LES GERONDIFS ET LES SVPINS,
Comme à l'Actif.

LE PARTICIPE *du Preterit.*

Am-átus, a, um,
aimé, ou aimée.

Món-itus, a, um,
auerty ou auertie.

Celuy du Futur.

Am-ándus, a, um,
qui sera, ou qui doit estre aimé ou aimée.

Mon-éndus, a, um,
qui sera ou qui doit estre auerty ou auertie.

DES VERBES PASSIFS.

LA TROISIESME.   LA QVATRIESME.
L'INFINITIF.

Au temps present & à l'Imparfait.

Leg-i,
estre leu.

Aud-iri,
estre escouté.

Au Preterit parfait, & plus que Parfait.

Le-ctum esse, *vel* fuisse,
auoir esté leu.

Aud-itum esse, *vel* fuisse,
auoir esté escouté.

Au Futur ou temps aduenir.

Lect-um iri,
deuoir estre leu.

Aud-itum iri,
deuoir estre escouté.

LES GERONDIFS, ET LES SVPINS,
Comme à l'Actif.

LE PARTICIPE du Preterit.

Le-ctus, a, um,
leu, ou leuë.

Aud-itus, a, um,
escouté, ou escoutée.

Celuy du Futur.

Leg-endus, a, um,
qui sera, ou qui doit estre
leu ou leuë.

Aud-iendus, a, um,
qui sera, ou qui doit estre
escouté, ou escoutée.

DES VERBES IRREGVLIERS.

LEs Verbes Irreguliers sont ceux, qui en quelqu'es-vns de leurs temps ou de leurs personnes, se coniuguent autrement, que les quatre cy-deuant. Ie me contenteray de mettre les temps où ils ont quelque chose d'irregulier, laissant les autres qui se forment selon l'analogie des Verbes qui viennent d'estre expliquez.

EO, *quasi comme* Audio.
  L'INDICATIF.
  Au temps present.
S. Eo, *ie vais,*
 Is, *tu vas,*
 It, *il va,*
P. Imus, *nous allons,*
 Itis, *vous allez,*
 Eunt, *ils vont.*
  A l'Imparfait.
S. Ibam, *i'allois,*
 Ibas, ibat.
P. Ibámus, ibátis, ibant.
  Au Preterit.
Iui, *ie suis allé.*
 comme Audíui, isti, it, &c.
  Au plus que parfait.
Iueram, *i'estois allé.*
 comme Audíueram, as, at.

  Au Futur.
S. Ibo, *i'iray,* ibis, ibit,
P. Ibimus, ibitis, ibunt.
  L'IMPERATIF.
S. I, *va,* ou *allez,*
 Ito, *va,* ou *qu'il aille.*
P. Itóte, *allez.*
 Eúnto, *qu'ils aillent.*

  LE SVBIONCTIF.
  Au present.
Eam, *que i'aille,*
 comme Móneam, as, at.
  A l'Imparfait.
Irem, *i'irois,*
 comme Audirem, es, et.
  Au Parfait.
Iuerim, *que ie sois allé,*
 comme Audíuerim, is, it.

DES VERBES IRREGVLIERS.

Au plus que Parfait.
Iuíssem, *ie serois allé*,
comme Audiuissem, es, et.
Au Futur.
Iuero, *ie seray allé*,
comme Audiuero, is, it.
L'INFINITIF.
Au temps present.
Ire, *aller*.
Au Preterit.
Iuisse, *estre allé*.
Au Futur.
Itúrum, am, um, *deuoir aller*.
LES GERONDIFS.
Eúndi, *d'aller*,
Eúndo, *en allant*,
Eúndum, *pour aller*.
LES PARTICIPES.
Au present.
Iens, eúntis, *allãt, ou qui va*.
Au Futur.
Itúrus, itúra, um,
qui ira, ou qui doit aller.

POSSVM, *comme* Sum.
L'INDICATIF.
Au temps present.
S. Possum, *ie peux*,
Potes, *tu peux*.
Potest, *il peut*,
P. Póssumus, *nous pouuons*,
Potéstis, *vous pouuez*,

Possunt, *ils peuuent*,
Il faut seulement mettre vn T par toutes les personnes où le simple commence par vne voyelle.
Au Preterit Imparfait.
Póteram, *ie pouuois*,
comme Eram, as, at, &c.
Au Preterit Parfait.
Pótui, *i'ay peu*.
Ce Preterit & les temps qui en dependent, changent seulement l'F du simple en T.
Au plus que Parfait.
Potúeram, *i'auois peu*,
comme Fúeram.
Et ainsi du reste.
Les autres Composez de SVM suiuent leur simple, comme *Adsum, Desum, Intersum*. Hormis *Prosum*, qui change l'S en D aux temps où le simple commence par vne voyelle.

VOLO, *comme* Lego.
L'INDICATIF.
Au temps present.
S. Volo, *ie veux*,
Vis, *tu veux*,
Vult, *il veut*.

D iij

DES VERBES

P. Vólumus, *nous voulons*,
Vultis, *vous voulez*.
Volunt, *ils veulent*.

LE SVBIONCTIF.
Au temps present.

S. Velim, *que ie veüille*,
Velis, *que tu veüille*,
Velit, *qu'il veüille*.
P. Velimus, *que nous voulions*,
Velitis, *que vous vouliez*,
Velint, *qu'ils veulent*,
comme Sim, is, it, &c.

A l'Imparfait.

S. Vellem, *que ie voulusse*,
Velles, *que tu volusses*,
Vellet, *qu'il voulust*.
P. Vellémus, *que nous voulussions*,
Velletis, *que vous voulussiez*.
Vellent, *qu'ils voulussẽt*,
comme Essem, es, et, &c.

L'INFINITIF.
Velle, *vouloir*.

NOLO, *comme* Volo.

L'INDICATIF.

S. Nolo, *ie ne veux pas*,
Nonuis, *tu ne veux pas*,
Nonuult, *il ne veut pas*.
P. Nólumus, *nous ne voulons pas*.

Nonuúltis, *vous ne voulez pas*,
Nolunt, *ils ne veulent pas*.

L'INPERATIF.

S. Noli, *vel* nolito, *ne veüillez, ou qu'il ne veüille pas*.
P. Nolite, *ne veüillez pas*.
Le reste comme *volo*, hormis qu'il retient tousjours l'O à l'antepenultiesme, Nolim, Nollem, Nolle, &c.

MALO, *comme* Volo.

L'INDICATIF.
Au temps present.

S. Malo, *i'aime mieux*.
Mauis, *tu aimes mieux*,
Mauult, *il aime mieux*.
P. Málumus, *nous aimons mieux*,
Mauúltis, *vous aimez mieux*,
Malunt, *ils aimẽt mieux*.

Il retient l'A par tout, Malim, Mallem, Malle.

FERO, *comme* Lego.

L'INDICATIF.
Au temps present.

S. Fero, *ie porte*, fers, fert.
P. Férimus, fertis, ferunt.

IRREGVLIERS.

L'IMPERATIF.
S. Fer, *vel* ferto.
P. Ferte, *vel* fertóte, ferúnto.

LE SVBIONCTIF.
Au temps prefent.
S. Ferrem, ferres, ferret.
P. Ferrémus, ferrétis, ferrent.

L'INFINITIF.
Au temps prefent.
Ferre, *porter.*

LE PASSIF.
S. Feror, ferris, *vel* ferre, fertur.
P. Férimur, ferímini, ferúntur.

EDO, *comme* Lego.   COMEDO.

A L'INDICATIF.

Edo, *ie mange,*
Edis, *vel,* es, *tu manges,*
Edit, *vel* est, *il mange.*

Comédo, *ie mange,*
Comédis, *vel* comes,
Comédit, *vel* comest.

A L'IMPERATIF.

Ede, *vel* es;
Edito, *vel* esto, *tu vel ille.*

Comédito; *vel* comésto, *tu vel* ille.

AV SVBIONCTIF.

S. Ederem, *vel* essem, es et, *ie mangerois.*
P. émus, étis, ent.

S. Coméderem, *vel* coméssem, es, est,
P. émus, étis, ent.

A L'INFINITIF.

Edere, *vel* esse,
On dit aussi au Passif,
Editur, *vel* estur.

Comédere, *vel* coméffe.

Il y a encore d'autres Verbes que l'on nomme DEF-
FECTIFS, c'est à dire à qui il manque quelque chose;

parce qu'ils ne se coniuguent que par certains temps & certaines personnes.

Les vns n'ont que le Preterit auec les autres temps qui en dépendent, sous lesquels ils comprenent la signification du Present & de l'Imparfait, comme

Mémini, ie me souuiens, & ie me suis souuenu.

Meminerā, ie me souuenois, & ie m'estois souuenu.

Meminero, ie me souuiendray, & ie me seray souuenu, &c.

Et de la mesme sorte se coniuguent *Noui*, ie connois, ou i'ay connu; *Odi*, ie hay, ou i'ay haï; *Cœpi*, ie commence, ou i'ay commencé.

Les autres n'ont que fort peu de temps en vsage, comme

INQVAM, *dis-je*.	AIO, *ie dis*.
Le present.	*Le present.*
Inquam, inquis, inquit,	Aio, ais, ait,
Inquimus, inquitis, inquiūt.	Aimus, aitis, aiunt.
L'Imparfait.	*L'Imparfait.*
Imquiébam, as, at, &c.	Aiébam, as, at, &c.
Le Preterit.	*Le Preterit.*
Inquísti.	Aïsti.
Le Futur.	*L'Imperatif.*
Inquies, inquiet, Inquient.	Aï.
L'Imperatif.	*Le Subjonctif.*
Inque, *vel* inquito.	Aïas, aïat.
Le Participe.	*Le Participe.*
Inquiens.	Aïens.

Les autres n'ont qu'vn seul temps ou vne seule personne, comme

FOREM, *ie serois,* es, et,
Plurier, Forent,
Le Futur de l'Infinitif,
Fore,
FAXO, *ie feray,*
Faxim, is, it, *que ie fasse,*
Faxitis, faxint,
AVSIM, *i'oserois,* is, it,
QVÆSO, *ie prie,*
Quæsumus, *nous prions,*
AVE auéte, *bon-jour,*
SALVE saluéte, saluére, le mesme.
VALE valéte, *à Dieu,*
CEDO, *dites, ou donnez moy,* c'est l'Imperatif.
INFIT, *il dit,*
OVAT, *il se réjouït.* D'où vient,
Ouans, ouántis, *qui est gay & joyeux.*
DEFIT, *pour* deest. Deficri, *manquer.*

DES PARTICIPES.

Le Participe est vn nom Adjectif formé du Verbe, dont la signification marque quelque temps.

Les Verbes Actifs ont deux Participes; celuy du present terminé en NS, comme *Amans* qui aime; *Legens*, qui lit: Et celuy du Futur terminé en RVS, comme *Amatúrus*, qui aimera; *Lectúrus*, qui lira.

Les Verbes Passifs en ont aussi deux; celuy du Preterit terminé en VS, comme *Amátus*, qui a esté aimé: Et celuy du Futur terminé en DVS, comme *Amandus*, qui sera aimé. Les autres Verbes se reglent sur ces deux-là.

Le Verbe neutre a deux Participes de mesme que l'Actif; comme *Sto* fait *stans*, qui est debout, & *Statúrus*, qui sera debout.

Le Deponent en a trois; deux comme l'Actif; Ainsi *Sequor* fait *Sequens*, qui suit; & *Sequutúrus*, qui suiura. Et vn en VS comme le Preterit Passif; mais qui a pourtant la signification actiue, cóme *Sequútus* qui a suiuy.

Quelques-vns mesmes de ces Verbes ont encore le Participe du Futur Passif, comme celui-cy â *Sequéndus*, qui sera suiuy, *Vtor* â *vténdus*, de qui on se seruira.

Le Verbe Commun en â quatre, deux comme l'Actif, & deux comme le Passif. *Críminor* â *críminans*, qui blasme; *Criminatúrus*, qui blasmera: auec *Criminátus*, qui a blasmé, ou qui a esté blasmé; & *Criminándus*, qui doit estre, ou qui sera blasmé.

ADVERTISSEMENT.

Du Participe du Preterit en VS, se forme le Preterit du Verbe Passif, auec tout ce qui en depend, en y joignant seulement les temps du Verbe SVM, comme i'ay monstré cy-dessus dans les Coniugaisons : Et ce Preterit s'accorde tousiours auec la personne ou le Substantif, en Genre, en nombre & en Cas.

La mesme chose se doit dire du Futur de l'Infinitif en RVS pour l'Actif, & de celuy en DVS pour le Passif, qui sont formez des Participes auec le Verbe SVM, & qui doiuent pareillement s'accorder auec le Substantif.

MAIS REMARQVEZ que le Futur terminé en VM auec l'Infinitif IRI, comme *Amatum iri*, ne se decline point; & qu'il se prend tousiours en signification Passiue, mesme dans les Verbes Deponens & Communs, aussi bien que le Supin en V, & le Participe en DVS: comme au contraire les Participes en NS & en RVS, gardent tousiours leur signification actiue dans ces mesmes Verbes.

DES ADVERBES.

L'Aduerbe est vn mot qui estant joint aux autres, determine ou specifie leur signification.

Les Aduerbes sont de diuerses sortes.

LES VNS MARQVENT LE LIEV.

Pour la question VBI,
Où est-il?
Hic, *icy où ie suis*,
Istic, *là où vous estes*,
Illic, *là où il est*.
Pour la question QVO,
Où va-t'il?
Huc, *icy où ie suis*,
Istuc, *là où vous estes*,
Illuc, *là où il est*.
Pour la question VNDE,
D'où vient-il?
Hinc, *d'icy, où ie suis*,

Istinc, *de là où vous estes*,
Illinc, *de là où il est*,
Pour la question QVA, par
où a-t'il passé?
Hac, *par icy où ie suis*,
Istac, *par là où vous estes*,
Illac, *par là où il est*.

LES AVTRES SIGNIFIENT le temps.

Hódie, *auiourd'huy*,
Cras, *demain*,
Heri, *hier*,
Peréndie, *apres demain*,

Donec, *iusques à ce que*,
Quotidie, *tous les iours.*

LES AVTRES SERVENT
pour conter.

Semel, *vne fois*,
Bis, *deux fois*,
Ter, *trois fois*,

LES AVTRES POVR
interroger.

Cur ? Quare ? Quámobrem? Quid ita ? *Pourquoy.*
Quorsum? *à quoy bon cela?*

LES AVTRES POVR
asseurer.

Etiam, *ouy*,
Certè, *certainement*,
Profectò, *asseurément*,
Sanè, *certes*,
Scilicet, *sans doute.*

LES AVTRES POVR
nier.

Non, Haud, *non*,
Minimè, *nenny*,
Nequáquam, *nullement.*

LES AVTRES POVR
exhorter.

Eia, Euge, *courage*,
Age, Agedum ; *ô çà.*

LES AVTRES POVR
monstrer.

En, Ecce, *le voila, le voicy.*

LES AVTRES MARQVENT
la maniere.

Doctè loqui, *parler Sçauamment,*
Pulchrè dixisti, *vous auez bien dit,*
Fortiter pugnare, *combattre vaillemment.*

LES AVTRES MARQVENT
la quantité.

Multum, *beaucoup*,
Parum, *peu, guieres*,
Minimum, *le moins du mõde*,
Minimè, *nullement*,
Valdè, *grandement*,

LES AVTRES LA
ressemblance.

Quasi, Ceu, Vt, Vti, Velut, Veluti, Sic, Sicut ; *comme*
Ita, *ainsi*
Tanquam, *de mesme que.*

LES AVTRES SERVENT
pour appeller.

O, Heu, Hem.

Les Aduerbes terminez en E, & en ER, se comparent ainsi

Doctè, *doctement*; Doctius, *plus doctement*, Doctissimè, *tres-doctement.*

Fortiter, *fortement*; Fortius, *plus fortement.* Fortissimè, *tres-fortement.*

DES PREPOSITIONS.

LEs Prepositions sont des Particules qui se mettent deuant les autres mots, soit separément, comme *Apud patrem*, chez mon Pere; soit en composition, comme *Condúco*, ie conduits.

Il y en a qui sont insepara- CO, Coharco, *tenir en-*
bles, c'est à dire, qui ne *semble,*
se trouuent que dans la CON, Condúco, *condui-*
composition des mots. *re, prendre à leüage.*
DI, Didúco, *escarter & Il y en a 30. qui gouuernent*
ouurir, l'Accusatif.
DIS, Distraho, *separer,* Il y en a 15. qui gouuernent
escarter, l'Ablatif.
RE, Recipio, *receuoir,* Il y en a 4. qui gouuernent
promettre, tantost l'Accusatif, &
SE, Sécubo, *coucher à part,* tantost l'Ablatif.
AM, Ampléctor, *embraf-* On les peut voir toutes
ser, dans la Syntaxe. *pag. 192.*

DES CONIONCTIONS.

LEs Conjonctions sont des Particules qui seruent à joindre & vnir ensemble les mots & les periodes dans le discours.

LES VNES SERVENT Cum, Tum; *non seulement,*
à vnir les choses. *mais aussi*
Et, Que, Quoque, Etiam, LES AVTRES POVR
Atque, Ac, *&, aussi.* separer, comme
Prætéreà, *dauantage,* Aut, Vel; *ou*

Siue, *soit que*.

LES AVTRES POVR conclure.

Ergo, Igitur, *donc*, Ideò, *partant*, Quámobrem, Quócirca, Proinde; *c'est pourquoy*.

LES AVTRES POVR faire distinction.

Sed, Enim, At, Atqui, Autem, Verò, Porrò, Céterum; *mais*.

LES AVTRES POVR rendre raison.

Nam, Namque, Enim, Etenim, *car*.
Quod, Quia, Proptéreà-quod, Quippe, Vtpote, Síquidem, *parce que*.

DES INTERIECTIONS.

Les Interjections sont des Particules qui s'entremettent parmy le discours, & qui ne seruent que pour marquer les diuerses affections ou passions de celuy qui parle.

LES VNES MARQVENT la joye, comme

O, Euax.

LES AVTRES EXPRIMENT la douleur.

Heu, Hei, Ah.

LES AVTRES FONT VOIR l'indignation.

Proh, Heu.

LES AVTRES TESMOIgnent de l'admiration.

Pape, Hui, O.

Et ainsi des autres, ce que l'Vsage fera assez connoistre.

FIN.

NOVVELLE METHODE
POVR APPRENDRE
facilement, & en peu de temps
LA LANGVE LATINE,
CONTENANT
LES RVDIMENTS
ET
LES REGLES
DES GENRES, DES
Declinaisons, des Preterits, de la Syntaxe,
& de la Quantité.

MISES EN FRANÇOIS, AVEC
vn ordre tres-clair & tres-abregé.

DEDIEE AV ROY,

A PARIS,
Chez Antoine Vitré, Imprimeur ordinaire
du Roy, de la Reyne Regente, Mere de sa
Maiesté, & du Clergé de France.

M. DC. XLIV.
Auec Priuilege du Roy.

ADVIS AV LECTEVR,
touchant ces petites Regles.

IL y a long temps que plusieurs personnes ont remarqué, que la maniere dont on se sert d'ordinaire pour apprendre le Latin aux Enfans, est fort embroüillée & difficile, & qu'il eust esté à souhaitter qu'on leur rendist plus agreable l'entrée d'vne chose aussi vtile, comme est la connoissance de cette langue.

C'est ce qui a porté plusieurs personnes à trauailler sur ce sujet, qui dans cette fin commune qu'ils s'estoient proposée, ont agi neantmoins par des manieres bien differentes. Les vns considerans que les Vers de Despautere estoient souuent fort obscurs, ont tâché de faire d'autres Vers latins plus clairs & plus accomplis.

D'autres voyans la peine qu'ont les Enfans à apprendre toute sorte de Vers en vne langue qu'ils n'entendent point, ont mis toutes ces Regles en prose Françoise. Et d'autres encore, pour abreger dauantage, & pour espargner aussi bien la memoire que l'esprit des Enfans, ont reduit toutes ces Regles à de simples Tables.

Que s'il m'est permis de dire mon sentiment touchant le dessein de ces personnes, il me semble que les premiers ont eu raison de trouuer les Vers de Despautere obscurs en quelques endroits, mais qu'ils deuoient passer plus auant, & entrer dans la consideration des seconds, qui ont tres-bien veu qu'il n'y auoit nulle apparence de donner en Latin les Regles pour apprendre la langue Latine. Car qui est l'homme qui vouluft presenter vne Grammaire en Vers Hebreux pour apprendre l'Hebreu, ou en Vers Grecs pour apprendre le Grec, ou en Vers Italiens pour apprendre l'Italien? N'est-ce pas supposer qu'on sçait desia ce qu'on veut apprendre, & qu'on a desia fait ce qu'on veut faire, que de proposer les premiers elemens d'vne langue qu'on veut connoistre, dans les termes mesmes de cette langue, qui par consequent nous sont entierement inconnus?

Puis que le seul sens commun nous apprend qu'il faut tousiours commencer par les choses les plus faciles, & que ce que nous sçauons desia, nous doit seruir comme d'vne lumiere pour esclairer ce que nous ne sçauons pas, il est visible que nous nous deuons seruir de nostre langue maternelle comme d'vn moyen

ADVIS AV LECTEVR.

pour entrer dans les langues, qui nous sont estrangeres & inconnuës. Que si cela est vray à l'esgard des personnes âgées & iudicieuses, & s'il n'y a point d'homme d'esprit qui ne creust qu'on se mocquast de luy, si on luy proposoit vne Grammaire en Vers Espagnols pour luy faire apprendre l'Espagnol ; combien cela est-il plus vray à l'esgard des Enfans, à qui les choses les plus claires paroissent obscures, à cause de la foiblesse de leur esprit & de leur âge?

Pour ce qui regarde la troisiesme Methode, qui consiste à leur proposer de simples Tables, ie sçay que cette maniere surprend extremément d'abord, parce qu'il semble qu'il ne faille que des yeux pour se rendre habile en vn momét, & qu'on sçache presque aussi-tost les choses comme on les a veuës. Mais cette facilité apparente vient d'ordinaire, si ie ne me trompe, de ce que voyant en abregé sur des Tables ce que nous sçauons desia, nous nous figurons qu'il sera aussi facile aux autres d'apprendre ainsi ce qu'ils ne sçauent pas, qu'à nous de nous ressouuenir de ce que nous auons appris.

Car il est certain que comme les Tables sont fort abregées, elles sont aussi fort obscures, & qu'ainsi elles ne sont pas bonnes pour ceux qui commencent, parce que celuy qui commence a autant de besoin qu'on soulage

ã ij

son esprit par l'esclaircissement des choses, que sa memoire par la breueté. Et c'est pourquoy on ne s'en sert d'ordinaire vtilement, que pour se representer tout d'vn coup ce qu'on a appris en beaucoup de temps; Comme i'ay moy-mesme pour ce sujet renfermé en deux Tables tout ce que i'ay dit plus au long, des Noms, des Pronoms & des Verbes, dans le Rudiment.

Mais quand bien les Tables pourroient seruir à des hommes auancez en âge pour commencer d'apprendre la langue Latine, il est difficile qu'elles puissent seruir generalement à des Enfans. Car il faut bander l'imagination pour se les imprimer dans l'esprit, ce que les Enfans sont peu capables de faire, ne pouuans s'appliquer de la sorte fixement à vne chose, qui leur est de soy extremément penible, & ayans d'ordinaire l'imagination aussi foible que l'esprit. Il n'y a que la memoire qui soit forte & agissante dans eux ; c'est pourquoy il faut establir sur elle le principal fondement de tout ce qu'on leur veut apprendre.

Que si neantmoins proposant des Tables aux Enfans, on auoit grand soin de les faire passer tout d'vn coup dans la prattique, & de les entretenir dans la lecture des Auteurs, commençant par les plus faciles; cela pourroit peut-estre reüssir en plusieurs : mais ie

ADVIS AV LECTEVR.

croy qu'alors ce seroit plustost cét vsage assidu, que non pas les Tables, qui seroit cause de leur aduancement, parce qu'elles n'agissent que sur leur imagination, au lieu que l'vsage imprime peu à peu les choses dans la memoire.

Ayant donc consideré tout cecy auec vne grande indifference, i'ay creu qu'on deuoit donner aux Enfans en François les Regles de la langue Latine, en les leur faisant apprendre par cœur. Mais i'ay trouué en suitte par experience, qu'il arriuoit vn autre inconuenient, qui est; Que les Enfans comprenans si aisément le sens des Regles, & ayans l'intelligence des mots, se donnoient la liberté de changer la disposition ou les paroles, prenans tantost le Masculin pour le Feminin, ou vn Preterit pour vn autre; & qu'ainsi se contentans de dire à peu prés le sens de leurs Regles, ils s'imaginoient les sçauoir aussi-tost qu'ils les auoient leuës.

C'est pourquoy demeurans ferme dans ce principe du sens commun, qu'il falloit leur donner les Regles de la langue Latine en François, qui est la seule langue qui leur soit connuë; comme dans l'vsage ordinaire on donne les preceptes de la langue Grecque & Hebraïque en Latin, parce qu'on suppose qu'il est entendu de ceux qui les apprennent;

i'ay creu que foulageant leur efprit en leur rendant les chofes fi claires & fi intelligibles, il falloit en mefme temps arrefter leur memoire en mettant ces Regles en petits Vers François, afin qu'ils n'euffent plus la liberté de changer les mots, eftant aftreints au nombre determiné des Syllabes, qui les compofent, & à la rencontre de la Rime qui les leur rend tout enfemble & plus aifez & plus agreables.

Il eft vray que d'abord ie croyois que cela me feroit tout à fait impoffible, ayant enuie que nonobftant la contrainte du Vers ces Regles fuffent prefque auffi courtes, auffi claires, & auffi intelligibles qu'elles euffent efté en profe. L'vfage neantmoins m'a rendu la chofe vn peu plus facile. Et fi ie n'ay pas reüffi felon le deffein que ie m'eftois propofé, au moins i'ay trauaillé pour le faire.

Ie ne penfe pas auoir icy befoin de fupplier le Lecteur, qu'il ne cherche pas l'elegance des Vers dans ce petit Ouurage. I'efpere que ceux qui entendent la Poëfie Françoife me pardonneront bien, fi ie n'ay pas fuiuy la Regle des Mafculins & des Feminins, l'exactitude des Rimes, & les autres chofes qu'on dit eftre obferuées par ceux qui fçauent faire des Vers en noftre langue. Car mon vnique deffein a efté d'eftre le plus court & le plus clair qu'il me feroit poffible, & d'euiter pour ce fujet toutes les circumlocutions, auſquelles engagent les Regles des Vers. Et c'eſt particulierement en cette rencontre qu'on doit eſcouter cette parole d'vn excellent Poëte,

Ornari res ipſa negat, contenta doceri.

I'ay ſuiuy l'ordre de Deſpautere autant que i'ay peu, & ie n'ay changé ſes expreſſions que pour en mettre d'autres qui m'ont paru plus claires & plus faciles. Ie n'ay paſſé aucun mot que ceux qui eſtoient Grecs ou inuſitez, & qui par conſequent doiuent eſtre reſeruez à la lecture des Auteurs, & i'en ay adjouſté d'autres en meſme temps que Deſpautere n'auoit pas marquez dans ſes Vers.

I'ay retranché quantité de choſes non neceſſaires dans les Heteroclites, qui ſont d'ordinaire la croix des Enfans; parce que c'eſt vne Regle conſtante qu'on ne doit point d'abort embroüiller l'eſprit de ceux qui commencent, par tant de remarques particulieres, & ſouuent inutiles, mais que les faiſans paſſer le plus viſte qu'il ſe peut par la connoiſſance des Regles generales, il faut tout d'vn coup les mettre dans la prattique, qui leur apprendra parfaitement & auec plaiſir, ce qu'ils n'euſſent appris dans les Regles, qu'auec confuſion & auec degouſt. Car comme les Regles donnent entrée à l'vſage; l'vſage auſſi confirme les Regles, & rend tres-clair ce qui paroiſſoit obſcur.

Mais quoy que ie n'aye rien omis qui m'ait paru vtile, & que i'aye marqué meſme en pluſieurs Regles quelques mots qui pourront ſembler peu neceſſaires, ayant mieux aimé mãquer de ce coſté là que de l'autre; Il eſt aiſé neantmoins de faire voir combien ces Regles ſont plus courtes que celles de Deſpautere; puis que ces petits Vers n'ont que huict Syllabes, au lieu que les ſiens en ont pour l'ordinaire, quinze, ſeize ou dix-ſept, & que les Enfans apprendront le plus ſouuent huict ou dix de ces Vers contre deux des ſiens. Outre que ce n'eſt rien de ſçauoir les Vers de Deſpautere ſi on n'en ſçait la gloſe, qui eſt ſouuent plus difficile à retenir que le Texte; Au lieu que ces petites Regles ſemblent ſi claires, qu'il y aura peu d'Enfans qui ne les entendent, ou d'euxmeſmes, ou auec le moindre eſclairciſſement de viue voix, qu'on leur puiſſe donner.

Car ce qui groſſit vn peu ce Liure, quoy qu'il ſoit touſiours aſſez petit, ce ſont les exemples traduits en François, que i'ay mis par tout, auec les Aduertiſſemens, & particulierement tous les Verbes ſimples en lettre Capitale, auec tous leurs Compoſez traduits auſſi en François, que i'ay marquez dans tous les Preterits. Ce que ie n'ay fait que pour ſou-

ADVIS AV LECTEVR.

lager tant les Enfans que ceux qui leur monſtrent, afin qu'ils n'ayent plus beſoin de rechercher des exemples & des eſclairciſſemens pour ces Regles, dans vn autre Liure que dans celui-cy.

Auſſi i'ay tâché de mettre en ce petit Ouurage tout ce qui peut contribuer à la facilité & à l'eſclairciſſement des choſes. I'ay mis vn chiffre ſur chaque Regle auec vn Tiltre qui marque ce qui y eſt exprimé, afin qu'on recõnoiſſe d'abord ce dont elle traitte, & qu'on la trouue plus aiſément. I'ay diuiſé les grandes Regles en pluſieurs parties, afin que cela ne laſſe pas tant les Enfans. I'ay fait mettre les accens ſur tous les mots Latins, pour les accouſtumer de bonne heure à bien prononcer. I'ay fait marquer les Syllabes communes par cette marque ˘ dans les Quantitez, auſſi bien que les longues & les brefues par leurs marques ordinaires. I'ay fait imprimer les Terminaiſons, comme VEO, BO, LO, & ſemblables en lettres Capitales, les mots Latins en autres Charactères differens du François, & les Aduertiſſemens en plus petite lettre; afin que tout fuſt bien diſtingué & ſans aucune confuſion, & qu'on peuſt meſme paſſer ce qui eſt moins proportionné à la foibleſſe de ceux qui commencent. C'eſt pourquoy on ſe pourra contenter d'abord, que les

Enfans sçachent simplement leurs Regles, en suitte leur faire apprendre les Exemples les plus communs auec la signification Françoise, puis leur faire remarquer dans les rencontres ce qu'il y a de plus necessaire dans les Aduertissemens; afin que leur instruction croisse peu à peu à proportion de leur aduancement.

Ie croy que pour leur rendre cecy fort vtile, il sera bon en les faisant exercer sur leurs Regles, de les accoustumer à se demander l'vn à l'autre d'où vient *Itineris*, d'où vient *Iouis*: & non pas; comment *Iter & Iupiter* ont ils au Genitif; Et qu'ainsi il ne demandent pas dans les Verbes *Nanciscor* au Preterit, mais d'où vient *Nacturus*, & ainsi des autres, parce que la fin principale qu'on se doit proposer, est de leur faire entendre le plustost qu'il se pourra les Auteurs Latins, & qu'ainsi ce qu'ils doiuent particulierement sçauoir, est de reduire tous les Genitifs à leur Nominatif, & tous les temps des Verbes à leur present.

Apres tout cela, ie ne doute pas neantmoins qu'il ne se puisse trouuer quelques personnes, qui d'abord trouuent vn peu estrange, qu'on vueille introduire vne Methode nouuelle dãs vne chose aussi ancienne qu'est l'instruction des Enfans. Mais ie les supplie de considerer, qu'auant que Despautere eust fait ses Vers, & mesme auant qu'il fust né, c'est à dire, il n'y a

ADVIS AV LECTEVR.

pas deux cens ans, on auoit sans doute vne autre Methode que la sienne: De sorte que si les raisons qu'ils peuuent auoir pour dire qu'il ne faut iamais rien changer dans les Arts, eussent esté considerées alors, iamais on n'eust receu les Vers de cét Auteur, pour estre mis entre les mains des Enfans. Encore que ie puis dire, que bien que la Methode que ie propose soit nouuelle à l'esgard de la France, puis qu'on n'a pas encore donné communément tous les preceptes de la langue Latine en François, & moins encore en Vers François; elle n'est pas neantmoins nouuelle à l'esgard de Despautere, puis que ces Regles cy passeront presque, ou pour vne traduction, ou pour vn abregé, ou pour vn esclaircissement des siennes. De sorte que s'il y a quelque loüange à acquerir dans vn Ouurage aussi petit & aussi peu considerable qu'est celui-cy, c'est à luy seul qu'elle est deuë, puis que c'est de luy principalement que i'ay pris les principes & les fondemens de la langue Latine, & tant d'obseruations sur des mots particuliers, qu'on n'eust peu rechercher dans les Auteurs, qu'auec beaucoup de temps, & beaucoup de peine; & que ie n'ay eu qu'à retrancher, ou à exprimer plus clairement quelques choses, qu'il auoit desia marquées: & qu'ainsi ce petit Liure doit passer pour vn ruisseau dõt il est la source.

ADVIS AV LECTEVR.

Ce n'est pas que i'ignore que quelques-vns trouuent à redire à plusieurs de ses Regles, soûtenant qu'il faut que les personnes mesmes habiles, fassent contention d'esprit pour bien prendre le sens de quelques-vnes. Que cette expression, *Fuge Cyclopis, atque Dolopis*; semble vn Enygme plustost qu'vne Regle; Que par la Regle, *Ro, vi, tumque dabit*; Tero doit auoir *teui, tetum*; *Queo, queui, queatum*; & *Fero, feui, fetum*: comme par cette autre, *Ponere cum gigno per iii per itumque locabo*; Pono doit auoir *ponii, ponitum*, & *Gigno, gignui, gignitum*: & que sa Syntaxe particulierement est si embroüillée, que plusieurs qui monstrent le reste de son Liure ne la monstrent point.

Mais quoy qu'il puisse auoir moins reüssi en quelques endroits de son Ouurage, & que pour cette raison ie ne l'aye suiuy qu'auec discretion & discernement; il est certain neantmoins que nous ne pouuons pas, sans vne extreme ingratitude, ne point reconnoistre l'obligation tres-particuliere que nous luy auons, puis que s'il a fait quelques fautes, il nous a empesché d'en faire vne infinité d'autres plus grandes, par la lumiere qu'il nous a donnée.

C'est pourquoy quand Despautere luy-mesme seroit viuant, ie croy qu'il trouueroit fort bon, qu'on traduisist en France ses Vers

ADVIS AV LECTEVR.

en François en Espagne, en Espagnol; & en Italie, en Italien, puis qu'il ne pourroit pas douter, estant aussi habile qu'il a esté, combien cette Methode soulageroit les Enfans & ceux qui ont soin de les instruire. Et il est certain qu'il ne luy pourroit arriuer rien de plus glorieux, sinon qu'on traduisist ses Vers en la langue particuliere de chaque païs, afin qu'il deuinst ainsi le premier maistre de la langue Latine dans tout le monde.

Mais ie ne m'apperçois pas que ie m'estens vn peu à l'entré d'vn Liure, ou i'ay tâché d'abreger autant que i'ay peu, & qu'on m'accusera peut estre de faire vne porte plus grande que la maison mesme. I'adjousteray seulement que ces petites Regles seront vtiles, non seulement aux Enfans, mais encore à toutes les personnes vn peu auancées en âge, qui desirent d'apprendre le Latin, & qui en sont souuent destournez par l'obscurité & la grosseur du Despautere qui les espouuante. Ils trouueront icy vne facilité toute entiere, puis que pour ne rien dire que ce que i'ay veu par l'experience, qui est la Regle principale que i'ay suiuie dans cette Methode, ie croy pouuoir asseurer, apres auoir fait apprendre ces Regles, à quelques Enfans qui auoient l'esprit & la memoire assez mediocres, qu'en moins de six mois on peut sçauoir sans peine tout le

ADVIS AV LECTEVR.

Defpautere par le moyen de ce petit Liure, quoy que les Enfans ne l'apprennent pas en trois ans pour l'ordinaire, apres vn trauail & vn degouſt qui leur fait ſouuent haïr tant qu'ils ſont jeunes, & la langue Latine & ceux qui la leur monſtrent. Car on ſçait aſſez qu'apres l'auoir appris dans la Sixieſme, la Cinquieſme & la Quatrieſme, on leur fait encore apprendre ou repeter ſouuent les Quantitez dans la Troiſieſme.

Il me reſteroit icy à dire ce que i'ay eprouué apres pluſieurs autres, combien eſt vtile cette maxime de Ramus; PEV DE PRECEPTES ET BEAVCOVP D'VSAGE. Et qu'ainſi, auſſi-toſt que les Enfans commencent à apprendre ces Regles, il ſeroit bon de les leur faire remarquer dans la prattique, en leur faiſant voir d'abord quelques Dialogues choiſis, ou quelques Auteurs les plus purs & les plus faciles : comme ſont les Commentaires de Ceſar, leur faiſant traduire de Latin en François, pour apprendre enſemble les deux langues, & non de François en Latin, ſi ce n'eſt lors qu'ils ſeront deſia fort auancez, comme eſtant la partie de la langue Latine, ſans comparaiſon la plus difficile

Mais ce n'eſt pas icy le lieu de traitter cette matiere, qui deſireroit vn diſcours entier; outre qu'il y peut auoir ſur cecy des opinions

ADVIS AV LECTEVR.

differentes. Mais pour ce qui est de ces Commencemens, ie croy qu'il n'y a guere de personne qui ne demeure d'accord, qu'on abregera beaucoup de temps en se seruant de ces petites Regles; Et i'espere que pour le moins les Enfans me sçauront quelque gré, d'auoir trauaillé pour les exempter de tant de peines & d'inquietudes, qu'ils ont à apprendre le Despautere, & d'auoir tâché de leur changer vne obscurité ennuyeuse en vne agreable lumiere; & de leur faire cueillir des fleurs, où ils ne trouuoient que des espines.

LES GENRES.

Il y a trois Genres principaux.

HIC, marque le Masculin; *Hæc* le Feminin; *Hoc*, le Neutre.

Il y a encore le Commun & le Douteux, qui sont composez de deux de ceux là; comme *Hic & hæc Homo*, l'homme & la Femme. *Hic aut hoc Vulgus*, le menu Peuple.

Ces Genres se connoissent, ou par la signification du Nom, ou par sa terminaison. Par exemple *Æneas*, Enée, est Masculin; parce que c'est vn nom d'homme; *Pietas*, la Pieté, est du Feminin; parce qu'il est terminé en *as*. Cela se verra amplement par les Regles suiuantes.

REGLE I.

Des Noms d'Hommes & de Femmes; & de ceux qui sont communs à tous les deux.

1. *Tout Nom d'Homme soit Masculin;*
2. *Tout Nom de Femme Feminin:*
3. *Lors qu'vn Nom est commun aux deux, Son Genre est Commun & Douteux.*

EXEMPLES.

1. Tous les Noms qui conuiennent à l'Homme seul, sont du Genre Masculin; comme *Vir magnus*, vn grand Homme. *Doctus Plato*, le sçauant Platon. *Hic Diná-*

cium, nom d'homme. *Primi Senatóres*, les premiers Senateurs. *Rex magnus*, vn grand Roy. *Hostis infensus*, vn Ennemy mortel.

2. Les Noms qui conuiennent à la Femme sont du Feminin; comme *Mulier pudica*, vne honneste Femme. *Maria sanctissima*, Marie tres-sainte. *Catharina sapientissima*, Catherine tres-sage. *Sancta Eustochium*, Sainte Eustochium. *Mater optima*, vne tres-bonne Mere.

3. Les Noms qui conuiennent à l'Homme & à la Femme, sont du Commun Genre; comme *Hic & hæc homo*, l'Homme & la Femme. *Parens Sanctus*, Pere Saint. *Parens Sancta*, Mere Sainte. *Ciuis bonus*, bon Citoyen. *Ciuis bona*, bonne Citoyenne.

ADVERTISSEMENT.

Rapportez à cette Regle les Noms des Anges; comme *Michael*, *Raphael*, *Gabriel*. Ceux des Demons; comme *Beélzebuth*. Ceux des faux Dieux; comme *Iupiter*, *Mars*; qui sont du Masculin.

Rapportez pareillement icy les Noms des Deesses; comme *Iuno*, *Pallas*, qui sont du Feminin.

Rapportez encore à cette Regle les Noms des Animaux, qui sont Masculins, lors qu'ils se prennent pour le masle, & Feminins, lors qu'ils se prennent pour la femelle; comme *Sus immundus*, vn sale Cochon; *Sus amica luto*, vne Truie qui se plaist dans la bouë.

Que s'ils se prennent indifferemment; rapportez les ou au Genre de l'Article François; comme *Hic Glis*, vn Loir. *Hic Bombix*, vn Ver à soye. *Hic Aries*, vn Belier. *Hic Vultur*, vn Vautour. *Hic Palumbes*, vn Pigeon ramier. *Hæc Perdix*, vne Perdrix. *Hæc Grus*, vne Gruë. *Hic Elephas*, vn Elephan.

Ou à celuy de la terminaison latine; comme *Hic Lepus*, vn Lieure. *Hic Mus*, vne Souris. *Hic Pauo*, vn Paon. *Hæc Aquila*, vn Aigle. *Hæc Tigris*, vn Tigre. *Hæc Anas*, vn Canard. *Hæc Vulpes*, vn Renard.

Il y en a quelques-vns d'exceptez que l'vsage apprendra; comme *Hic Turtur*, vne Tourterelle.

REGLE II.
Des Noms Adjectifs.

Aux Noms Adjectifs appellez,
Tous les trois Genres sont donnez.

EXEMPLES.

Il y a trois sortes d'Adjectifs, les vns n'ont qu'vne seule terminaison, & sont pourtant de tous Genres; comme *Hic & hæc & hoc Fœlix*, heureux *ou* heureuse.

Les autres ont deux terminaisons, la premiere pour le Masculin & Feminin, & la derniere pour le Neutre; comme *Hic & hæc omnis, & hoc omne*, tout *ou* toute.

Les derniers ont trois terminaisons, pour les trois Genres; comme *Bonus*, bon, pour le Masculin; *Bona*, bonne, pour le Feminin; & *Bonum*, bon, pour le Neutre.

Remarquez qu'en François nous n'auons point de Neutre; mais que nous l'exprimons par le Masculin.

REGLE III.
Des Noms de Riuieres, de Vents & de Montagnes.

Masculins tu feras les Noms,
Des Fleuues, des Vents & des Monts.

EXEMPLES.

Les Noms de Fleuues & de Riuieres; comme *Ganges*, le Gange, fleuue des Indes. *Euphrates*, l'Euphrate, fleuue d'Armenie. *Tigris*, le Tigre. *Sequána*, la Riuiere de Seine. *Mátrona*, celle de Marne. *Garúmna*, la Garonne.

Les Noms des Vents; comme *Eurus sauus*, le cruel vent d'Orient. *Auster*, le vent de Midy. *Aquilo*, le vent du Septentrion. *Zéphirus*, le vent d'Occident.

Les Noms des Montagnes; comme *Acragas árduus*, montagne de Sicile. *Erix*, autre montagne de Sicile. *Othrix nemorósus*; Othrix plein de Bois.

REGLE IV.
Des Noms de Villes, d'Isles, & de Prouinces.

Le Feminin prennent les Isles,
Les Prouinces auec les Villes.

EXEMPLES.

Les Noms de Villes sont du Feminin; comme *Roma*, la Ville de Rome. *Constantinópolis*, Constantinople. *Rauénna*, Rauenne. *Lutétia*, Paris. *Neápolis*, la Ville de Naples. *Hæc Corínthus*, la Ville de Corinthe. *Hæc Sagúnthus*, Ville d'Espagne.

Les Noms de Prouinces; comme *Gállia amœníssima*, la France tres-agreable. *Ægyptus fertilíssima*, l'Egypte tres-fertile.

Les Noms d'Isles; comme *Cyprus opíma*, l'Isle de Cypre tres-grasse.

ADVERTISSEMENT.

* Les Noms de Villes pour la pluspart, suiuent le Genre de leur terminaison. C'est pourquoy, ceux qui sont au nombre plurier, suiuent tousiours la Regle que nous auons mise cy-apres pour les Pluriers; comme *Hi Gábij, Gabiórum*; Ville d'Italie. *Hæ Venétiæ, Venetiárum*; la Ville de Venise. *Hæc Hierosó-*

lyūsa, *Hierosolymórum*; la Ville de Hierusalem.

Et ceux qui sont terminez en VM, sont tousiours du Neutre; comme *Ilium supérbum*, le superbe & magnifique Chasteau de Troye. *Mediolinum magnum*, la grande Ville de Milan.

REGLE V.
Des Noms d'Arbres.

1. *Le nom d'Arbre est du Feminin.*
2. *Oleáster est Masculin,*
   Ainsi que Spinus *&* Rubus.
3. *Neutres sont* Robur, Acer, Thus.

EXEMPLES.

1. Les Noms d'Arbres sont du Feminin, comme *Pinus alta*, vn haut Pin. *Quercus magna*, vn grand Chesne. *Vlmus annósa*, vn vieil Orme. *Infaústa Cupréssus*, Malheureux Cyprez. *Plátanus Cæsariána*. Marr. le Plane de Cæsar. *Hæc Pomus*, ou *Malus*, vn Pomier. *Hæc Pirus*, vn Poirier. Mais remarquez que le nom de leur fruit est terminé en VM, comme *Hoc Malum*, vne Pome. *Hoc Pirum*, vne Poire.

2. Les trois suiuans sont du Masculin. *Hic Oleaster*, vn Oliuier sauuage. *Hic Spinus*, vn Prunier sauuage. *Asper Rubus*, vn Buisson rude & picquant. Ce dernier est quelquefois Feminin. *Rubus contorta* Prud.

3. Ceux-cy sont du Neutre. *Hoc Robur*, ce qu'il y a de plus dur dans le Chesne. Il se prend aussi pour la force & le courage. *Hoc Acer*, de l'Erable. *Hoc Thus*, de l'Encens, ou l'Arbre sur lequel il croist.

Les deux suiuans sont aussi du Neutre. *Siler molle*, Virg. du Siler tendre. *Suber sylueſtre*, du liege sauuage.

ADVERTISSEMENT.

Iusques icy sont les Regles des Genres selon la signification, celles qui suiuent seront selon l'ordre de la terminaison. Mais remarquez, que quelquefois on ne prend pas garde à la signification, pour suiure la Regle de la terminaison Ainsi, *Ætna*, le Mont Ethna, est du Feminin; *Ætna rapida flammis*; Ouide. *Tibur*, *Hispal*, *Reate*, *Præneste*, *Cere*, *Nepet*. Noms de Villes, sont du Neutre. *Sulmo*, *Hippo*. *Narbo*, *Croto*. Noms de Villes, sont du Masculin, suiuant chacun la Regle de leur terminaison. *Allia*, *Garumna*, Noms de Riuieres se trouuent Feminins. *Allia sanguinolenta*. Ouide. *Garumna æquorea*. Ausone.

REGLE. VI.
Des Noms qui sont au Plurier.

1. *I Plurier est Masculin,*
2. *A Tousiours Neutre,* 3. *Æ Feminin.*

EXEMPLES.

1. Les Noms en I au Plurier, sont du Masculin; comme *Domini*, les Seigneurs. *Hi Parisij*, *Parisiórum*, la Ville de Paris. *Hi Cancélli, órum*; des Treillis, des Barreaux, des Ballustres.

2. Ceux en A, sont du Neutre; comme *Templa*, les Temples. *Arma impia*, Armes contraires à la pieté. *Castra, órum*, vn Camp. *Ilia, órum*, les Flancs. *Bactra, Bactrórum*, Nom de Ville.

3. Et ceux en Æ, sont du Feminin; comme *Musæ*, les Muses, Deesses des sciences. *Doctæ Athénæ*, la sçauante Ville d'Athenes. *Ténebræ densæ*, Tenebres espaisses.

REGLE VII.
Des Noms terminez en A.

1. *Donne* Hæc *à tous les Noms en* A.
2. *Dis*, Hic Cométa, Planéta:
3. Hoc Pascha, Manna; 4. *& le Nom De troisiesme Declinaison.*

EXEMPLES.

1. Les Noms en A, sont du Feminin; comme *Hac Ara*, cét Autel. *Fama multa*, grande Renommée.

2. Ces deux sont du Masculin; *Dirus Cométa*, vne cruelle Comete. *Pulcher Planéta*, vne belle Planette.

3. Ces deux sont du Neutre, *Pascha próximum*, Pasque prochain. *Manna cæléste*, Manne du Ciel.

4. Les Noms en A qui sont de la troisiesme Declinaison sont aussi du Neutre; comme *Hoc Diadéma, atis*; vn Diademe. *Ænigma, atis*; vne Enigme, vne chose difficile à expliquer.

REGLE VIII.

Des Noms terminez en E, en I, & en V.

Fais Neutres les Noms E, I, V; *Comme* Mare, Moli, Veru.

EXEMPLES.

Les Noms terminez en E, en I, & en V, sont du Neutre; comme *Mare solicitum*, vne Mer agitée. *Cubíle cróceum*, vn Lit jaune.

Gummi óptimum, de tres-bonne Gomme. *Sinápi salubérrimum*, de tres-saine Moustarde. *Moli album*, vne sorte d'Herbe qui est blanche.

Veru, vne Broche. *Cornu*, vne Corne. *Genu*, le Genoüil.

REGLE IX.
Des Noms terminez en O.

1. Hic *demandent les Noms en* O:
2. Caro, *prend* hæc; 3. hoc, *veut* Pondo.
  Ceux en 4. IO, 5. DO, 6. GO, *finis,*
  Au Genre Feminin sont mis:
7. *Mais* Vnio, Ligo, Cardo,
  Sont Masculins, auec Ordo.

EXEMPLES.

1. *Sermo promptus,* vne Parole viste & prompte. *Mucro tener,* vne Pointe qui est tendre & delicate.
2. *Caro bona,* de bonne Viande.
3. *Pondo,* le Poids d'vne liure.
4. *Ratio iusta,* vne juste Raison. *Lectio pia,* la Lecture deuote. *Vnio sancta,* l'Vnion sainte.
5. *Arundo mota est,* le Roseau a remué. *Formido maxima,* vne tres-grande Crainte.
6. *Imago aurea,* vne Image d'or. *Fuligo assidua,* de la Suye continuelle.
7. *Hic Vnio,* vne Perle. *Ligo,* vn Hoyau. *Cardo,* le Gon d'vne porte. *Ordo magnus,* vn grand Ordre.

REGLE X.
Des Noms finis en C, D, L, & T,

1. C, D, L, T, *Neutres seront,*
2. Sal, hic & hoc; 3. Sol, hic, *prendront.*

GENRES.

EXEMPLES.

1. Les Noms terminez en C, en D, en L, & en T, sont du Neutre ; comme *Lac nouum*, du Laict nouueau. (Remarquez qu'au Plurier on dit aussi *Lactes, lactium,* du Feminin,) *Quicquid inualidum,* tout ce qui est foible. *Animal fortissimum,* vne beste tres-forte. *Mel purum,* du Miel pur. *Caput nitidum,* vne Teste nette.

2. SAL est du Genre douteux. *Sal siccus,* du Sel sec. *Sal acerbum,* du Sel picquant. *Sales vrbanissimi,* des Railleries fort plaisantes. Quand il se prend ainsi pour la pointe d'esprit, il est plus souuent Masculin *Qui habet salem qui in te est.* Terence.

3. Celui-cy est du Masculin. *Sol igneus,* vn Soleil ardent.

REGLE XI.
Des Noms terminez en VM.

Mets au Neutre les Noms en VM, Comme Bálzamum, Lugdúnum.

EXEMPLES.

Tous les Noms en VM, sont du Genre neutre ; comme *Aurum fuluum,* de l'Or jaune. *Solum omne,* toute Terre. *Bálzamum orientále,* du Baûme d'Orient. *Lugdúnum,* la Ville de Lyon.

ADVERTISSEMENT.

Remarquez ces deux derniers Exemples, qui sont dans la Regle, pour faire voir que les Noms d'Arbres & les Noms de Villes, aussi bien que ceux des Prouinces, terminez en VM, sont Neutres, sans les comprendre sous la Regle de leur signification. *Hoc Cinnamómum,* de la Canelle. *Hoc Illíricum,* l'Illiric Prouince. *Hoc Brundúsium,* la Ville de Brindes. *Augustodúnum,* la Ville d'Autun.

Ce qu'on ne peut pas dire des Noms propres d'Hommes & de Femmes, qui retiennent touſiours leur Genre ; comme *Pégnium*, Maſculin, Nom d'Homme. *Euſtóchium*. Feminin, Nom de Femme.

REEGLE XII.
Des Noms terminez en EN.

1. *Neutres ſeront les Noms en* EN,
2. *Maſculins* Splen, Lien, Pecten.

EXEMPLES.

1. Les Noms en EN ſont du Neutre, comme *Flumen rápidum*, vne Riuiere rapide. *Lumen iucúndum*, vne Lumiere agreable.

2. Ces trois-cy ſont du Maſculin. *Hic Splen*, la Rate. *Hic Lien*, la Rate. *Hic Pecten*, vn Peigne, vn Archet de Violon, vne Nauette de Tiſſeran.

Ces deux autres ſont auſſi Maſculins. *Hic Lichen*, Feu ſauuage, Dartre. *Ren*; au Plurier, *Renes*, les Reins.

REGLE XIII.
Des Noms terminez en AR.

AR, *en tout Nom le Neutre a pris,*
Teſmoin Láquear *vn Lambris.*

EXEMPLES.

Les Noms en AR, ſont du Neutre ; comme *Láquear*, ou *Lacúnar áureum*, vn Plancher, vn Lambris d'or. *Iubar*, la ſplendeur du Soleil. *Calcar argénteum*, vn Eſperon d'argent.

GENRES.

REGLE XIV.
Des Noms terminez en ER.

1 ER est Masculin; 2 Neutre Vber, Iter, Ver, Cadáuer, Tuber, Verber, 3 & les Plantes ou Fruits, Cúcumer Masculin horsmis.

EXEMPLES.

1. Les Noms terminez en ER, sont du Masculin; comme *Ager almus*, vne Terre fertile & nourriciere. *Imber frigidus*, vne Pluye froide. *Aër salúbris*, Air sain.

2. Ceux-cy sont du Genre Neutre. *Vber beátum*, heureuse Mammelle. *Iter altum*, le haut Chemin. *Ver amœnum*, l'agreable Printemps. *Cadáuer informe*, Corps mort difforme. *Tuber*, vne chose dont se nourrissent les Pourceaux. *Verber lentum*, vn coup leger, vne verge souple.

3. Les Noms de Plantes & de Fruits terminez en ER, sont aussi du Neutre; comme *Piper crudum*, du Poiure crud. *Siser*, Cherüy. *Cicer*, Pois chiches.

Exceptez celuy-cy qui est Masculin. *Hic Cúcumer*, ou *Cúcumis*, vn Concombre.

REGLE XV.
Des Noms terminez en OR.

1 OR, prend hic : 2 mais dis 3 hæc Arbor; Hoc Cor, Ador, Marmor, Æquor.

EXEMPLES.

1. Les Noms terminez en OR, sont du Masculin; comme *Amor divinus*, l'amour de Dieu. *Dolor acerbus*, vne cuisante Douleur.

2. Il y en a vn du Feminin, *Arbor mala*, vn mauuais Arbre.

3. Ces quatre sont du Neutre; *Cor lapideum*, vn cœur de pierre. *Ador*, du pur Froment. *Marmor antiquum*, du Marbre ancien. *Æquor túmidum*, vne Mer agitée.

REGLE XVI.
Des Noms terminez en VR.

1 *Donne le Neutre aux Noms en* VR,
2 *Horsmis* hic Furfur, hic Turtur.

EXEMPLES.

1. *Murmur raucum*, Bruit sourd, murmure. *Ebur venale*, de l'Yuoire à vendre. *Guttur siccum*, le Gosier sec.

2. *Hic Furfur*, du Son. *Turtur áureus*, vne Tourterelle jaune. Ces deux sont du Masculin.

REGLE XVII.
Des Noms terminez en AS.

1 *Tous les Noms en* AS *terminez,*
  Au Feminin seront donnez.
2 Hoc *ont* Fas, Nefas, Vas vasis;
3 Hic Adamas, *comme* As assis.

EXEMPLES.

1. Les Noms en AS, sont du Feminin; comme *Æstas formósa*, vn bel Esté. *Lampas noctúrna*, vne Lampe de nuict. *Pietas antíqua*, Pieté ancienne.

2. Ces trois sont du Neutre; comme *Fas*, vne chose permise. *Nefas*, vne chose defenduë, vne mauuaise action, vn Crime. *Vas, vasis*, toutes sortes de Vases & de Vaisseaux.

3. Ces deux sont du Masculin, *Adamas notíssimus*, vn Diamant signalé. *As, assis*, vn As, monnoye ancienne, vne Liure, vn Sol. Ses Composez sont terminez en IS, se formant du Genitif, mais ils suiuent le Genre de leur Simple; comme *Hic semíssis*, la moitié d'vn As, ou d'vn Sol. *Decússis*, vne piece de dix Sols. *Centússis*, vne piece de cent Sols.

REGLE XVIII.
Des Noms terminez en ES.

1 ES, *au Feminin se mettra,*
2 Dies *Douteux; Neutre* 3 Æs *sera,*
4 *Masculins sont* Poples, Limes,
 Stipes, Páries, *&* Fomes,
 Pes, Palmes, *&* Trames *aussi,*
 Ioints Gurges, Termes, *à ceux-cy,*
 Auec Magnes, Vepres, *buisson,*
 Tapes, Lebes, Cespes, *gason.*

EXEMPLES.

1. Les Noms terminez en ES, sont du Feminin;

comme *Rupes immóta*, vn Rocher inesbranlable. *Merces tuta*, Recompense asseurée. *Fides sancta*, Foy sainte.

2. *Ille Dies*, ce Iour. *Dies sacra*, vn Iour saint. *Longa Dies*, pour dire; Beaucoup de Iours, vn Long-temps; estant indeterminé, & se prenant ainsi pour vn long espace de temps, il est plustost Feminin. Mais au Plurier il est tousiours Masculin. *Pratériti dies*, les Iours passez. Ses Composez sont aussi tousiours Masculins; comme *Merídies*, Midy. *Sesquidies*, vn Iour & demy.

3. *Æs*, Genitif *æris*, du Cuiure, de l'Airain, du Laiton; il est du Genre Neutre.

4. Ceux-cy sont du Masculin; *Poples*, le Iarret. *Limes*, vne Borne & limite. *Stipes*, vne Souche, vn Pieu, le tronc d'vn arbre. *Páries*, vn Mur, vne Muraille. *Fomes*, ce qui fomente & entretient. *Pes*, le Pied. *Palmes*, vne branche de Sarment. *Trames*, vn Sentier, vn petit chemin. *Gurges*, vn Gouffre. *Termes*, vn Rameau auec le fruit. *Magnes*, vne pierre d'Aimant. *Vepres*, *vepris* au Singulier; ou *vepres*, *véprium*, *vépribus* au Plurier; vn Buisson, des espines. *Tapes pulcher*, vn beau Tapis. *Lebes áureus*, vn Chaudron de cuiure. *Cespes*, vne Motte de terre, vn Gason.

REGLE XIX.

Des Noms terminez en IS.

¹ IS, *rendra les Noms Feminins*.
² *Ceux en* NIS *seront Masculins*,
³ *Auec* Cassis, Postis *poteau*,

GENRES. 15

Enſis, Aquális *pot à l'eau*,
Puluis, Vermis, Caulis, Collis,
Axis, Orbis, Callis, Follis,
Fuſtis, Lapis, Piſcis *poiſſon*,
Sentis, Vnguis, Torris *tiſon*,
Pollis, Sanguis, Vectis *leuier*,
Canális, Torquis *vn collier*,
Menſis, Aprílis & Faſcis,
Ceux d'As *auec* Acinácis.

EXEMPLES.

1. Les Noms en IS, ſont du Feminin; comme *Veſtis áurea*, vne Robe d'or. *Pellis árida*, vne Peau ſeche. *Hæc Caſſis, cáſſidis*, vn Caſque, Habillement de teſte.

2. Ceux qui ſont terminez en NIS, ſont du Maſculin; comme *Panis Angélicus*, le Pain des Anges. *Crinis ſolútus*, Cheueux eſpars. *Fines Latini*, les frontieres du païs Latin. *Finis vltimus*, la fin derniere. Il ſe trouue quelquefois Feminin; comme *Quæ finis ſtandi*; Virgile. Iuſques à quand; & lors il ſe prend pour la durée du temps.

3. Tous ceux-cy ſont encore du Maſculin; *Caſſis*, Genitif *caſſis*, des Rets, des Filets. *Poſtis ferratus*, vn Poſteau ferré. *Enſis diſtrictus*, vne Eſpée nuë. *Aqualis*, vn Pot à l'eau, vne Eſguiere. *Puluis multus*, beaucoup de Pouſſiere. Il eſt quelquefois Feminin. *Puluis Hetrúſca*; Virgile. *Vermis*, vn Ver. *Caulis tener*, vne Tige d'herbe, ou Chou tendre. *Collis apertus*, vne Montagne deſcouuerte. *Axis*, l'Eſſieu d'vne rouë. *Orbis*, vn Cercle, vn Rond, le Monde. *Callis*, vn Chemin battu

& frayé. *Follis laxus*, vn large Soufflet, vn Ballon. *Fustis recisus*, vn Baston racourcy. *Lapis pretiósus*, vne Pierre precieuse. *Piscis squamósus*, vn Poisson couuert d'escailles. *Sentis*; il est plus vsité au Plurier. *Sentes densi*, des Espines espaisses. *Vnguis adúncus*, Ongle crochu. *Torris obústus*, vn Tison bruslé. *Pollis*, la fleur de la Farine; c'est aussi la folle farine qui s'attache aux murailles. *Vectis æreus*, vn Leuier, vn Pieu, vne Barre d'acier. *Canális longus*, vn long Canal. *Torquis decórus*, vn beau Collier, vn Carquan; Ces deux derniers se trouuent aussi quelquefois Feminins. *Mensis nouus*, vn nouueau Mois. *Aprilis*, le mois d'Auril. Remarquez que tous les autres noms des Mois sont aussi Masculins. *Fascis*, vn Fagot. Les Composez d'*As*; comme *Semissis*, vn demy As; *Decússis*, vne piece de dix Sols. *Acinácis*, vne sorte d'Espées dont vsoient les Perses.

REGLE XX.

Des Noms terminez en OS.

1. *Ceux en* OS *Masculins seront.*
2. Cos, Dos, *Feminins se diront :*
3. *Et Neutres*, Melos, *&* Chaos,
   Comme Os oris, *ou d'*Ossis os.

EXEMPLES.

1. Les Noms terminez en OS, sont du Masculin; *Flos purpúreus*, vne Fleur de couleur de pourpre. *Ros gratíssimus*, vne Rosée agreable. *Mos peruérsus*, vne meschante Coustume.

2. Ces

GENRES. 17

2. Ces deux sont du Feminin ; *Cos*, vne Pierre à aiguiser. *Dos*, le Doüaire d'vne femme, les Aduantages.

3. Ceux-cy sont du Genre Neutre ; *Melos suauissimum*, vne tres-douce Harmonie. *Chaos antiquum*, l'ancien Chaos, Confusion. *Os, oris*; la Bouche, le Visage. *Os, ossis*; vn Os.

REGLE XXI.
Des Noms terminez en VS.

1. VS *sera Neutre dans le Nom,*
De troisiesme Declinaison.
2. VS *en toute autre est Masculin:*
3. *Mais* Domus *est du Feminin,*
Auec Penus, Colus, Acus,
Pecus *beste,* Manus, Incus,
Idus *&* Inuéntus *jeunesse,*
Humus *&* Senéctus *vieillesse,*
Auec Ficus *Figue, &* Palus,
Pórticus, Virtus *&* Salus,
Tellus, Aluus, Tribus *suiuront,*
Vannus, Séruitus, *s'y joindront.*
4. Specus Hic *ou* Hæc *choisira,*
Et rarement Hoc *receura.*
5. *Fais Neutres* Virus, Pélagus.
6. *Et Neutre ou Masculin* Vulgus.

EXEMPLES.

1. Les Noms en VS de la troisiesme, sont du Neutre; comme *Munus magnum*, vn grand Present, vne grande Charge. *Tempus irreparábile*, le Temps qui ne

B

se peut recouurer. *Latus siniſtrum*, le Coſté gauche. *Hoc Acus áceris*; de la Paille.

2. Les Noms en V'S de la ſeconde, & ceux de la quatrieſme Declinaiſon, ſont Maſculins; comme *Oculus fixus*, vn Oeil fixe. *Ventus secúndus*, vn Vent fauorable. *Fructus Autumnális*, du Fruit d'Automne. *Hic Acus, aci*; vne eſpece de Poiſſon.

3. Ceux-cy ſont du Feminin, *Domus ampla*, vne grande Maiſon. *Penus, peni*; la Prouiſion de viures: (Remarquez qu'on dit auſſi *Penus, penóris*; & *Penum, peni*; Neutres.) *Colus ebúrnea*, vne Quenoüille d'yuoire. *Acus, us*; vne Eſguille à coudre. *Pecus pécudis*; vne Beſte. (*Pecus, pécori*; vn Trouppeau; eſt du Neutre.) *Manus déxtera*, la Main droitte. *Incus férrea*, Enclume de fer. *Idus Maiæ*, les Ides du mois de May (il eſt du Plurier. *Idus, íduum, ídibus*) *Iuuéntus paruo aſſuéta*, Ieuneſſe accouſtumée à ſe paſſer de peu. *Humus ſicca*, Terre ſeiche. *Senectus tarda*, la Vieilleſſe tardiue. *Hæc Ficus, us*, vne Figue ou vn Figuier. (Mais *Hic Ficus, fici* ſe prend pour vne ſorte de maladie.) *Palus vaſta*, vn grand Mareſt. *Pórticus ampla* vne grande Gallerie, vn Porche. *Virtus diuina*, vne Vertu diuine. *Salus vna*, l'vnique Salut, la Santé. *Noua Tellus*, Terre neufue. *Aluus cæca*, Ventre obſcur. *Tribus ínfima*; la derniere Famille, Race. *Vannus rúſtica*; Van pour les champs. *Séruitus dura*, dure Seruitude.

4. *Specus* eſt ordinairement du Maſculin ou du Feminin, & quelquefois du Neutre. *Specus denſus*, vne Cauerne ſombre. *Specus vltima*, la derniere Cauerne. *Specus horréndum*. Virg. vne Cauerne horrible.

5. Ces deux cy ſont du Neutre; *Virus mortíferũ*, Poiſon mortel. *Pélagus Carpáthium*. Hor. la Haute mer.

6. Celui-cy eſt du Genre Douteux; *Vulgus dili-*

géntior, la Populace plus diligente. *Vulgus incértum*, la Populace inconstante & legere.

REGLE XXII.

Des Noms terminez en S, jointe à vne autre Consone.

1. *Lors qu'S les Noms finissante,*
Est jointe à vne Consonante;
Ces Noms Feminins se diront.
2. *Laus & Fraus mesme Genre auront.*

EXEMPLES.

1. Les Noms finis par vne S, & vne autre Consone, sont Feminins; comme *Vrbs opulénta*, vne Ville riche. *Scrobs sacra*, vne Grotte sacrée. *Puls nínea*, de la Boullie blanche. *Hiems ignáua*, l'Hiuer paresseux, qui nous rend paresseux. *Frons, frondis*; vne Fueille d'Arbre. *Frons, frontis*; le Front. *Lens, lendis*; vne Lentille, sorte de legume. *Lens, lentis*; vne Lente qui s'engendre à la teste. *Stirps sancta*, vne Race sainte. *Ars operósa*, vn Mestier difficile, vne Artifice, vne Inuention.
2. Ces deux sont aussi du Feminin; *Laus vera*, la Loüange veritable. *Fraus iníqua*, vne Tromperie injuste, vne Fourberie.

REGLE XXIII.

Exception de la Regle precedente.

Dens *est Masculin*, Chalibs, Mons, Adeps, Rudens, Quadrans, Fons, Pons.

EXEMPLES.

Ces Noms cy sont du Masculin, quoy qu'ils finissent par vne S, auec vne autre Consone. *Chalibs vulníficus*, Acier qui fait des playes. *Mons incúltus*, vne Montagne deserte. *Adeps lupínus*, graisse de Loup. *Rudens exténtus*, vn Chable, vne grosse Corde tenduë. *Quadrans*, la quatriesme partie d'vne chose; comme trois onces en vne liure, vn Quadran. Il faut rapporter à ce Nom les autres semblables; comme *Triens*, *Sextans*, &c. *Fons limpidíssimus*, vne Fontaine tres-claire. *Pons sublicius*, vn Pont de bois.

Hydrops, est aussi Masculin; Hydropisie; *Hor-*

REGLE XXIV.
Des Noms terminez en X.

1 *Les Noms en* X, *sont Feminins.*
2 *Fais* Calix, Fornix *Masculins;*
  Auec Pollex, Apex, Vertex,
  Codex, Thorax, Ramex, Latex,
  Quincunx, Obex, Grex *vn trouppeau*,
  Spadix, Frutex *vn arbrisseau*.
3 *Dis*, hic aut hæc Cortex, Onix,
  Silex, Pumex, Calx *&* Natrix.

EXEMPLES.

1. Les Noms en X, sont du Feminin; comme *Fax funésta*, vn Flambeau funeste. *Pax diutúrna*, vne longue Paix. *Fæx subálba*, de la Lie qui tire sur le blanc. *Pix atra*, de la Poix noire.

2. Ceux-cy sont du Masculin; *Calix perspicuus*, vn Verre transparant, vne Tasse, vn Calice. *Fornix altus*, vne haute Voûte, vne Arcade. *Pollex*, le Poulce. *Apex*, le Sommet de quelque chose. *Vertex*, le haut de la Teste, le Sommet d'vne Montagne. *Codex*, vn Liure: C'est aussi le Tronc d'vn Arbre, & lors on escrit *Codex* ou *Caudex*. *Thorax*, vne Cuirasse, vn Pourpoint, la Poiĉtrine. *Ramex*, vne Rupture, vne Hergne. *Latex*, toute sorte de Liqueur. *Quincunx*, Cinq Onces. Rapportez à celuy-cy les autres Composez d'*Vncia*; comme *Septunx*, Sept Onces; *Deunx*, Onze Onces, &c. *Obex*, Empeschement, Barre, Verroüil. *Grex totus*, tout le Trouppeau. *Spadix*, vne sorte de Couleur luisante. *Frutex*, vn Arbrisseau.

Remarquez que tous les Noms en EX, qui ont plus d'vne syllabe, sont du Masculin.

3. Ceux-cy sont du Genre Douteux; *Cortex nouus*, nouuelle Escorce; *Cortex amára*, Escorce amere. *Onix*, Cornaline, pierre precieuse; *Sárdonix*, Pierre precieuse, est aussi Masculin, parce qu'il est Composé d'*Onix*. *Silex durus*, ou *dura*; vn dur Caillou. *Pumex*, vne Pierre Ponce. *Calx*, le dessous du Talon. *Natrix*, vne espece de Serpens qui nagent.

LES DECLINAISONS.

REGLES GENERALES.

REGLE I.

Des Noms Composez.

Tous les Noms seront declinez
Sur les Simples dont ils sont nez.

EXEMPLES.

Les Composez se declinent comme leur Simple. *Pes, pedis*; le Pied. *Compes, cómpedis*; les Fers qu'on met aux Pieds des Captifs. *Bipes, bípedis*; qui a deux Pieds.

Sanus, sani; Sain. *Insánus, insáni*; Mal sain, Insensé.

Il y en a quelques-vns exceptez ; comme *Sanguis, sánguinis*; le Sang. *Exánguis, exánguis*; & non pas *exánguinis*, qui n'a point de Sang.

REGLE II.

Des Noms qui sont Composez de deux Noms joints ensemble.

1. *Deux Nominatifs joints entr'eux,*
   Veulent se decliner tous deux.
2. *On en excepte* Altéruter,
   Qui ne decline point Alter.

³ *Mais le Genitif estant joint,*
Il ne se declinera point.

EXEMPLES.

1. Il y a des Noms Composez de deux Nominatifs, & alors ils se declinent tous deux; comme du Nominatif *Res*, & de *Pública*, se fait *Respública*; Gen. *Reipúblicæ*; Datif, *Reipúblicæ*; Accusatif, *Rempúblicam*, &c. *Iusiurándum*, Iurement; Composé de *Ius, iuris*; & de *Iurándum, iurándi*; Genitif, *Iurisiurándi*; Datif, *Iurijurándo*, &c.

2. Remarquez qu'on dit *Altéruter*; Genit. *Alterútrius*; Datif, *Altérutri*, &c. retenant tousiours *Alter*, & declinant seulement *Vter, útrius*.

3. Il y a d'autres Noms Composez d'vn Nominatif & d'vn Genitif : & alors le Nominatif se decline, & le Genitif demeure en tous les cas; comme *Senatusconsúltum*, vn Arrest du Senat. Il est Composé du Genitif *Senátus*, & du Nominatif *Consúltum*; & on dit au Genitif *Senatusconsúlti*, de l'Arrest du Senat; Datif *Senatusconsúlto*, à l'Arrest du Senat. Où l'on void aussi qu'en François le Genitif, *du Senat*, demeure en tous les Cas. De mesme *Paterfamílias*, le Pere de famille; Genitif *Patrisfamílias*, du Pere de famille; Datif *Patrifamílias*, au Pere de famille, &c.

LA I. DECLINAISON.

Nous ne mettrons icy que ce qu'il y a particulier, le reste est facile à sçauoir par le Rudiment.

REGLE III.
De ses Datifs Pluriers.

De *Musa, musis tu diras :*

DECLINAISONS.

Mais donne ABVS *au mesme Cas:*
A Fília, Mula, Duæ,
Equa, Nata, Dea, Ambæ.

EXEMPLES.

1. Les Datifs Pluriers de la premiere Declinaison, sont en IS; comme *Musa*; Datif plurier, *Musis.*

2. Il y en a quelques-vns exceptez, qui font ABVS; sçauoir, *Filia*; au Datif plurier *Filiábus*, vne Fille. *Mula, mulábus*; vne Mule. *Duæ, duábus*; Feminin de *Duo*, Deux. *Equa, Equábus*; vne Queualle, vne Iument. *Nata, Natábus*, vne Fille; Feminin de *Natus*, vn Fils. *Dea, deábus*; Deesse. *Amba, ambábus*; Feminin de *Ambo*, Deux.

ADVERTISSEMENT.

Remarquez qu'on dit aussi quelquefois *Natis* au Feminin; *Filijs, Equis.*

Remarquez encore que dans les Auteurs sacrez, on trouue *Animábus, Dominábus, Famulábus.*

LA II. DECLINAISON.

REGLE IV.

De son Genitif Singulier.

1 Dóminus *fera* Dómini.
2 Vnus *prend* IVS, *& ceux-cy,*
Alius, Quis, Totus, Vter,
Neuter, Vllus, Solus, Alter.

EXEMPLES.

1. Le Genitif Singulier de la seconde, se fait en I;

comme *Dóminus* ; Genitif *Dómini*, du Seigneur.

2. Les Noms suiuans se declinent; comme *Bonus, bona, bonum*, exceptez qu'ils font leur Genitif en IVS, & le Datif en I.

Vnus, vna, vnum, Vn; Genitif *Vnius*; Datif *Vni*.
Alius, ália, áliud, Autre; Genitif *Alíus*; Dat. *Alij*.
Qui, ou *quis, qua, quod*, Lequel; Gen. *Cuius*; Dat. *Cui*.
Totus, tota, totum, Tout; Genitif *Totius*; Datif *Toti*.
Vter, a, um, Lequel des deux; Gen. *Vtrius*; Dat. *Vtri*.
Netuer, tra, um, Ny l'vn ny l'autre; Gen. *Neútrius*; Datif *Neutri*.
Vllus, a, um, Quelqu'vn; Gen. *Nullius*; Datif *Nulli*.
Ainsi son Composé *Nullus, a, um*, Personne; Genitif *Nullius*; Datif *Nulli*.
Solus, sola, solum, Seul; Genitif *Solius*; Datif *Soli*.
Alter, a, um, l'Autre; Gen. *Altérius*; Datif *Alteri*.

ADVERTISSEMENT.

Ces Noms cy autresfois faisoient leur Genitif en I comme les autres: c'est pourquoy on trouue encore NEVTRI au Genitif. *Varr.*

REGLE V.
Du Vocatif Singulier.

1 *Les Vocatifs des Noms en* VS,
 En E *se font; horsmis* 2 Deus.
3 *Le Nom propre en* IVS *prend* I :
4 *Tu diras aussi* Fili, Mi.

EXEMPLES.

1. Le Vocatif par tout est semblable au Nominatif; mais les Noms en VS de la seconde Declinaison, font le Vocatif en E; comme *Dóminus* Vocatif *Dómine*; Seigneur. *Hérus, here*; Maistre.

DECLINAISONS.

2. *Deus*, fait au Vocatif *Deus*, Dieu.

3. Les Noms propres en IVS, font le Vocatif en I; comme *Virgílius* Vocatif *Virgíli*; Virgile. *Pompéius* Vocatif *Pompéi*; Pompée. *Antónius* Vocatif *Antóni*; Antoine

4. *Filius*, Fils, fait aussi *Fili*; & le Pronom *Meus*, fait *Mi* au Vocatif.

ADVERTISSEMENT.

Les autres Noms en IVS qui ne sont pas Noms propres, font leur Vocatif en E, comme le reste des Noms en VS. *Tabellárius* Vocatif *Tabelláne*; Messager. *Pius* Vocatif *Pie*; Pieux.

On trouve aussi ces Vocatifs en VS; *Flúuius*, Fleuue. *Pópulus*, Peuple. *Chorus*, Chœur. *Agnus*, Agneau. Mais ces quatre Noms font mieux leur Vocatif en E.

REGLE VI.

Du Datif Plurier.

1 *Les Datifs Pluriers ont* IS,
   Comme Dóminus, Dóminis;

2 *Mais* Ambo *veut prendre* Ambóbus,
   Ainsi que Duo, Duóbus.

EXEMPLES.

1. *Dóminus*; Au Datif Plurier *Dóminis*, aux Seigneurs. *Puer*; Datif Plurier *Púeris*, aux Enfans. *Lignum*, *lignis*.

2. *Ambo* & *Duo* sont du Plurier nombre, & font au Datif Plurier *Ambóbus*, *Duóbus*, pour le Masculin & le Neutre; comme *Ambábus* & *Duábus* pour le Feminin. Voyez la Regle III.

LA III. DECLINAISON.
REGLE VII.

Du Genitif des Noms terminez en A, & en E.

A *fait au Genitif* ATIS,
E *fait son Genitif en* IS.

EXEMPLES.

1. Les Noms terminez en A, font le Genitif en ATIS; comme *Ænigma, anigmatis*; Enigme. *Thema, thématis*; le Theme, le Sujet de quelque chose.

2. *Mantíle, mantílis*; vne Seruiette. *Sedíle, sedílis*; vn Siege, vne Escabelle.

REGLE VIII.

Des Noms terminez en O, en DO, & en GO.

1 ONIS *se donne aux Noms en* O.
2 INIS *veulent ceux en* DO, GO, *Quand ils se trouuent Feminins*:
3 *Et ceux-cy quoy que Masculins*; Ordo. Homo, Turbo, Cardo, Apóllo, Cupído, Margo.
4 Anio *fait* Aniénis:
5 *Et* Caro *veut auoir* Carnis.

EXEMPLES.

1. Les Noms terminez en O, font ONIS à leur

Genitif; comme *Mucro, mucrónis*; la Pointe d'vne Eſ-pée. *Sermo, sermónis*; la Parole, le Diſcours. *Cicero, Cicerónis*, Ciceron.

2. Les Noms Feminins en DO, & en GO, font au Genitif INIS; comme *Hæc Grando, grándinis*; de la Greſle. *Hæc Caligo, calíginis*; les Tenebres. *Virgo, vírginis*; vne Vierge.

Les autres Noms Maſculins en DO, GO, font ONIS; comme *Ligo, ligónis*; vn Hoyau : Horſmis ceux qui ſont icy exceptez.

3. *Hic Ordo, órdinis*; Ordre. *Homo, hóminis*; vn Homme. *Nemo, néminis*; Perſonne, Pas vn, Nul : Il vient d'*Homo*. *Turbo, túrbinis*; vn Tourbillon de vent. *Cardo, cárdinis*; le Gond d'vne porte. *Apóllo, Apóllinis*; le faux Dieu Apollon. *Cúpido, Cupídinis*; le faux Dieu Cupidon. *Margo, márginis*; la Marge d'vn Liure, le bord de la Mer.

4. *Anio, Aniénis*; fleuue d'Italie. *Virgil.*

5. *Caro, carnis*; de la Chair, de la Viande.

REGLE IX.

Des Noms terminez en C, & en D.

On dit Halécis *&* Lactis,
Dauid *auſſi fait* Dauídis.

EXEMPLES.

Halec ou *Halex*; Genitif *Halécis*, Hareng, ſorte de Sauſſe.

Lac, lactis; du Laict. *Dauid, Dauídis*; le Prophete Royal Dauid.

REGLE X.

Des Noms terminez en L.

1 Les Noms en L *adjouſtent* IS;
2 Mais Mel *&* Fel *adjouſtent* LIS.

EXEMPLES.

1. Les Noms qui finiſſent par vne L, font leur Genitif en adjouſtant I S apres L; comme *Animal, animál-is*; vne Beſte, vn Animal. *Sol, Sol-is*; le Soleil. *Conſul, Cónſul-is*; vn Conſul, Magiſtrat des Romains.
2. *Mel, mel-lis*; du Miel. *Fel, fel-lis*; du Fiel.

REGLE XI.

Des Noms terminez en N.

1 Apres la lettre N *ſe met* IS;
2 Mais le Neutre en EN *fait* INIS:
3 Auec Pecten *&* Tibicen;
 Quoy que Maſculins, & Flamen.
4 Quelquefois le Nom propre en ON
 fait ONTIS, *5 auec* Horizon.

EXEMPLES.

1. Les Noms qui finiſſent par vne N, adjouſtent I S, pour faire leur Genitif; comme *Titan*; Genitif *Titán-is*, Nom propre: Il ſe prend pour le Soleil. *Delphin, Delphin-is*; Dauphin, le Roy des Poiſſons.

Memnon, *Memnón-is*; le fils de l'Aurore.

2. Les Noms terminez en EN, changent E en I, & font INIS, & non ENIS, lors qu'ils sont du Genre Neutre. *Hoc Flumen, flúminis*; vn Fleuue, vne Riuiere. *Lumen, lúminis*; la Lumiere. *Nomen, nóminis*, vn Nom.

3. Ces trois cy font aussi INIS, quoy qu'ils soient du Masculin. *Hic Pecten, péctinis*; vn Peigne, vn Archet de Violon, vne Nauette de Tisseran. *Tibicen, tibicinis*; vn Iouëur de Fluste, *Flamen, Fláminis*; le Prestre de Iupiter.

Les autres Noms Masculins en EN suiuent la Regle generalle; comme *Ren, ren-is*; les Reins. *Lien, lién-is*, la Rate.

4. *Pháeton, Phaetóntis*; le fils du Soleil. *Xénophon, Xenophóntis*; Nom d'Homme.

5. Ainsi *Horizon, horizóntis*; l'Horizon.

REGLE XII.

Des Noms terminez en R.

1 *Ceux en R adjousteront* IS,
 Fur fur-is, Honor honór-is.
2 *Neantmoins* Farris *vient de* Far,
3 *Comme* Hépatis *se fait d'*Hepar.

EXEMPLES.

1. Les Noms qui finissent par vne R, font leur Genitif en adjoustant IS; comme *Acer, ácer-is*; arbre nommé Erable. *Carcer, cárcer-is*; vne Prison. *Fur, fur-is*;

vn Larron. *Furfur, fúrfur-is*; du Son. *Honor, honór-is*; l'Honneur.

2. *Far*, du pur Froment ; Genitif *Far-ris*; il prend double R.

3. *Hepar, hépatis*; le Foye. On disoit autrefois *Hépatos*.

REGLE XIII.

Des Noms terminez en BER.

¹ Fais en BRIS Céleber, Imber, Salúber ; *² & les Mois en* BER.

EXEMPLES.

1. *Céleber*; Genitif *Célebris*; Celebre, Renommé. *Imber, imbris*; la Pluye. *Salúber, salúbris*; Sain, Propre à la Santé.

2. *Septémber, Septémbris*; le mois de Septembre. *Octóber, Octóbris*; celuy d'Octobre. *Nouémber, Nouémbris*; Nouembre. *Décémber, Decémbris*; Decembre.

REGLE XIV.

Des Adjectifs terminez en CER.

L'Adjectif en CER *prendra* CRIS; *Ainsi l'on dit* Acer, acris.

EXEMPLES.

Acer; Genitif *Acris*, Aspre, Aigre. *Alacer, álacris*; Alaigre.

REGLE XV.

Des Noms terminez en TER.

1 TER *prend* TRIS, *ainsi que* Pater;
2 ERIS, Crater, Æther, Later.

EXEMPLES.

1. Le Nom en TER, fait son Genitif en TRIS; comme *Pater, patris*; Pere. *Frater, fratris*; Frere. *Accipiter, accipitris*; vn Espreuier.

2. Quelques-vns terminez en TER suiuent la Regle generalle, adjoustant seulement IS apres R; comme *Crater, cratér-is*; vne Tasse, vne Coupe. *Æther, æther-is*; le haut de l'Air, le Ciel. *Later, láter-is*, vne Tuille.

REGLE XVI.

De *Iter, Cor,* & *Iúpiter.*

On dit Iter itineris,
Cor cordis, Iúpiter Iouis.

EXEMPLES.

Iter; Genitif *Itineris*, le Chemin. *Cor*; Genitif *Cordis*; le Cœur. *Iúpiter*; Genitif *Iouis*, le faux Dieu Iupiter.

REGLE XVII.

De quelques Noms en VR.

Decline par ORIS, Iecur, Robur, Femur, *auec* Ebur.

EXEMPLES.

Iecur, iécoris; (& autresfois *Iecínoris*,) le Foye.
Robur, róboris; du bois de Chefne bien dur, la Force.
Femur, fémoris; la Cuiffe. *Ebur, éboris*; de l'Yuoire.

REGLE XVIII.

Des Noms terminez en AS.

1 ATIS *veulent les Noms en* AS,
2 ADIS *prennent* Pallas, Lampas:
3 Elephas, *&* Gigas, ANTIS,
   Comme Adamas adamántis.
4 AS *fait* ASSIS; *&* maris Mas;
   Hoc Vas vafis, hic vadis Vas.

EXEMPLES.

1. Les Noms en AS font au Genitif ATIS; comme *Píetas*; Genitif *Pietátis*, la Pieté. *Ætas, atátis*; l'Aage. *Bónitas, bonitátis*; Bonté.

2. Les Noms Grecs en AS qui font du Feminin, font d'ordinaire ADIS; comme *Pallas, Pálladis*; la Deeffe Pallas. *Lampas, lámpadis*; vne Lampe.

3. Les Noms Grecs en AS qui sont du Masculin, font d'ordinaire ANTIS; comme *Gigas, gigántis*; vn Geant. *Adamas, adamántis*; vn Diamant. *Pallas, Pallántis*; le nom d'vn jeune homme. *Elephas, elephántis*; vn Elephant: mais on dit aussi *Elephántus, elephánti*.

4. D'autres font diuersement leur Genitif; comme *As*; Genitif *Assis*, vn As, douze Onces. *Mas, maris*; vn Masle. *Vas* estant Neutre, fait *vasis*, vn Vaisseau, vn Vase. *Vas* estant Masculin, fait *vadis*, celuy qui se donne pour Caution.

REGLE XIX.

Des Noms terminez en ES.

Le Nom en ES *change* ES *en* IS, Verres verris : Vates vatis.

EXEMPLES.

1. Les Noms en ES font leur Genitif, changeant ES en IS; comme *Verr-es*; Genitif *Verr-is*, vn Verrat, Pourceau masle. *Vat-es, vat-is*; vn Poëte, vn Deuin, vn Prophete. *Vliss-es, Vliss-is*; nom d'homme. *Nub-es, nub-is*; vne Nuée. *Clad-es, clad-is*; vne grande Perte, vne Defaite d'Armée.

REGLE XX.

Des Noms en ES, qui font au Genitif ETIS & ITIS.

ETIS *on donne à* Lócuples, *A* Perpes, Páries, Seges.

Tapes, Intérpres *Truchement*:
Teges, Teres, Magnes *Aimant*,
Abies, Aries, Lebes,
Præpes, Quies, *auec* Hebes.
2. *Les autres Masculins*, ITIS
Receuront, comme Militis.

EXEMPLES.

1. Tous ceux-cy font leur Genitif en ETIS. *Lócuples*; Genitif *Locuplétis*, Riche. *Perpes, pérpetis*; Continuel, Entier. *Páries, pariétis*; vn Mur, vne Muraille. *Seges, ségetis*; les Bleds qui sont encore sur le pied. *Tapes, tapétis*; vn Tapis. *Intérpres, intérpretis*; vn Interprete, vn Truchement. *Teges, tégetis*; vne façon de grosse Couuerture. *Teres, téretis*; ce qui est rond en longueur comme vne Colomne. *Magnes, magnétis*; la pierre d'Aimant. *Abies, abiétis*; Arbre nommé Sapin. *Aries, ariétis*; vn Belier: Il se prend aussi pour vne machine de guerre. *Lebes, lébetis*; vn Chaudron. Remarquez que la pluspart des Noms Grecs en ES font ETIS.

Præpes, præpetis; Soudain, Prompt, Viste. *Quies, quiétis*; le Repos. *Hebes, hébetis*; Rebousché, Heberé.

Indiges, fait aussi *indigetis*: *Indigetes*, sont les Bienheureux. *Mãsues, mansuétis*; mais on dit plustost *Mansuétus*, Doux.

2. Les autres Noms Masculins, & mesme Communs en ES qui ne sont pas icy exprimez, font leur Genitif en ITIS; comme *Miles*; Genitif *Militis*, vn Soldat. *Veles, vélitis*; vn Soldat armé à la legere. *Eques, équitis*; vn Caualier. *Palmes, pálmitis*; vne Branche couppée auec le Fruit. *Fomes, fómitis*; ce qui fomente & entretient le Feu, ou la Chaleur.

REGLE XXI.

Des Noms en ES, qui font
EDIS, ou IDIS.

¹ IDIS *auront* Præſes, Reſes:
² Pes EDIS, ³ Hæres, Merces, Præs.

EXEMPLES.

1. *Præſes, præſidis*; vn Preſident, celuy qui Preſide. *Reſes, réſidis*; Pareſſeux, Endormy, Lent.
2. *Pes, pedis*; le Pied. Ainſi de ſes Compoſez *Bipes, bipedis*; qui a deux Pieds. *Cornipes, cornipedis*; qui a de la Corne aux Pieds.
3. *Hæres, harédis*; Heritier. *Merces, mercédis*; Recompenſe. *Præs, prædis*; celuy qui ſe donne Caution pour vn autre.

REGLE XXII.

De ceux qui font
ERIS.

Tu diras Ceres, Céreris,
Pupes, púberis; Æs, æris.

EXEMPLES.

Ceres; Genitif *Cereris*, la Deeſſe des bleds. *Pubes, púberis*; qui commence d'auoir du Poil follet. *Æs, æris*; de l'Airain, du Cuiure, du Laiton.

REGLE XXIII.
Des Noms terminez en IS.

Le Nom en IS, *au Genitif,*
Est semblable au Nominatif.

EXEMPLES.

Classis; Gen. Classis, vne Armée Naualle. Dulcis; Gen. Dulcis, Doux. Cassis; Genitif Cassis, des Rets & Filets.

REGLE XXIV.
Exception de la Regle precedente.

1 *Fais en* DIS Cassis, *&* Lapis,
Cuspis, Tyránnis, *&* Chlamis.
2 Quiris, Samnis, ITIS *auront,*
Dis *&* Lis *les imiteront.*
3 Puluis, Cinis *veulent* ERIS,
Glis gliris, Sanguis sánguinis.

EXEMPLES.

1. Cassis; Genitif Cássidis, vn Casque, vn habillement de Teste. Lapis, lápidis; vne Pierre. Cuspis, cúspidis; la Pointe de quelque chose. Tyránnis, tyránnidis; Tyrannie. Chlamis, chlámidis; vne sorte de Casaque.

2. Quiris, Quirítis; Romain. Samnis, Samnítis, Samnite, peuple d'Italie. Dis, Ditis; le Dieu des Richesses, vn Homme riche. Lis, litis; vn Procez, vn Different, vne Querelle.

3. Puluis, púlueris, de la Poudre. Cinis, cíneris, de la Cendre. Glis, gliris, vn Loir. Sanguis, sánguinis, le Sang.

Pollis, fait aussi *Póllinis*, de la folle Farine; ou bien, la fleur de la Farine.

REGLE XXV.

Des Noms terminez en OS.

1 OTIS *se donne aux Noms en* OS;
2 *Mais donne* ORIS *à* Mos, Flos, Ros.

EXEMPLES.

1. Les Noms en OS communément font leur Genitif en OTIS; comme *Dos*; Genitif *Dotis*, vn Doüaire. *Compos, cómpotis*; qui a en sa Puissance, Iouïssant. *Impos, impotis*; qui est Priué. *Nepos, nepótis*; Petit Fils; Neueu, vn Prodigue.

2. Ceux-cy sont exceptez, *Mos*; Genitif *Moris*, Coustume. *Flos, floris*; vne Fleur. *Ros, roris*; de la Rosée.

REGLE XXVI.

Du Nom *Os*.

Os *marquant vn os, fait* ossis;
Marquant la bouche, il fait oris.

EXEMPLES.

Le Nom *Os* fait au Genitif *Ossis*, lors qu'il signifie vn Os. *Inhumáta ossa*, des Os enterrez.

Ce mesme Nom fait au Gentif *Oris*, lors qu'il signifie la Bouche, ou le Visage. *Grauis odor oris*, la mauuaise odeur de la bouche. *Decor oris*, la beauté du visage.

REGLE XXVII.

De *Cuſtos*, *Bos*, & *Heros*.

Tu diras Cuſtos cuſtódis;
Bos bouis, Heros heróïs.

EXEMPLES.

Cuſtos; Genitif *Cuſtódis*, Gardien, celuy qui garde quelque choſe. *Bos, bouis*; vn Bœuf. *Heros, heróïs*; vn Homme vertueux, vn demy-Dieu.

REGLE XXVIII.

Des Noms terminez en VS.

VS, ORIS *veut bien receuoir;*
Pecus *vn trouppeau le fait voir.*

EXEMPLES.

Les Noms en VS font leur Genitif en ORIS; comme *Pecus*; Genitif *Pécoris*, vn Troupeau de beſtes. *Littus, littoris*; le Bord de la mer. *Lepus, léporis*; vn Lieure. *Nemus, némoris*; vn petit Bois. *Fœnus, fœnoris*; Vſure: C'eſt auſſi le Fruit que la terre porte d'elle-meſme ſans eſtre cultiuée. *Pignus, pignoris*; ce que l'on donne en gage, ou ce que l'on gage en jouänt, comme *Dare pignori*, Donner en gage. *Dare pignus cum aliquo*, Gager contre quelqu'vn.

Les Comparatifs ſont auſſi compris ſous cette Regle; comme *Mélius, melióris*; Meilleur. *Maius, maióris*; Plus grand. *Peius, peióris*; Pire, Plus mauuais.

REGLE XXIX.

Des Noms en VS qui font au Genitif ERIS.

Vulnus *prend* ERIS, *&* Venus,
Vlcus, Opus, Fœdus, Genus,
Pondus, Viscus, Vellus *toison*,
Latus, Onus, Munus *vn don*;
Ioins-y Sidus, Acus, Scelus,
Auec Funus, Vetus, Olus.

EXEMPLES.

Tous ces Noms cy font au Genitif ERIS. *Vulnus*; Genitif *Vúlneris*, vne Playe. *Venus, Véneris*; la Deesse Venus. *Vlcus, úlceris*; vne Vlcere, vne Blessure. *Opus, óperis*; Ouurage, Besongne, Trauail. *Fœdus, fœderis*; Alliance, Pacte, Accord. *Genus, géneris*; Genre, Race, Extraction. *Pondus, pónderis*; Poids, Pesanteur. *Viscus, vísceris*; les Entrailles, les Boyaux. *Vellus, vélleris*; la Toison, la Laine qu'on a tonduë d'vn mouton. *Latus, láteris*; le Costé, les Flancs. *Onus, óneris*; vne Charge, Fardeau, Obligation. *Sidus, síderis*; vn Astre, vne Estoille. *Acus, áceris*; de la Paille, d'où vient *Panis acerósus*, du Pain plein de Paille, comme du Pain d'orge. *Scelus, sceleris*; vn Crime, vne Meschante action. *Funus, fúneris*; Funerailles, Enterrement.

Rudus fait aussi *rúderis*, vieilles matieres d'Edifices. Et *Glomus, glómeris*; vn Ploton de fil.

REGLE XXX.

De ceux qui font au Genitif
VRIS, & VIS.

¹ VS *monosyllabe &* Tellus,
Font VRIS : VIS ² Grus, & Sus.

EXEMPLES.

1. Tous les monosyllabes en VS, font VRIS au Genitif *Thus, thuris*; de l'Encens, ou l'Arbre sur lequel il croist. *Rus, ruris*; les Champs. *Mus, muris*; vne Souris, vn Rat. *Plus, pluris*; Dauantage, Plus. *Jus, iuris*; le Droit, du Ius, du Potage. *Pus, puris*; le Pus & la Bouë qui sort d'vne playe. *Tellus*, fait aussi *telluris*; la Terre.

2. Ces deux-cy font VIS; *Grus, gruis*; vne Gruë. *Sus, suis*; vn Cochon, *ou* vne Truïe.

REGLE XXXI.

De ceux qui font au Genitif
VDIS.

Pecus *beste*, VDIS *a choisi*,
Palus *auec* Incus *aussi*.

EXEMPLES.

Ces trois-cy font au Genitif VDIS. *Pecus, pécudis*; vne Beste. *Palus, palúdis*; vn Marest. *Incus, incúdis*; vne Enclume.

REGLE XXXII.

De ceux qui font au Genitif
VTIS, AVDIS, ODIS.

1 Intércus, Salus, *& * Virtus,
 Iuuéntus *auec* Senéctus,
 Et Séruitus *prendront* VTIS:
2 Laus, Fraus AVDIS; 3 Tripus, ODIS.

EXEMPLES.

1. Ceux-cy font au Genitif VTIS. *Intércus, intércutis*; Hydropisie. *Salus, salútis*; le Salut, la Santé. *Virtus, virtútis*; la Vertu. *Iuuéntus, iuuentútis*; la Ieunesse. *Senéctus, senectútis*; la Vieillesse. *Séruitus, seruitútis*; Seruitude.

2. Ces deux cy font AVDIS. *Laus*; Genitif *Laudis*, Loüange. *Fraus*; Genitif *Fraudis*, Tromperie, Fourberie.

3. *Tripus* fait *tripodis*; vn Tripied.

REGLE XXXIII.

Des Noms terminez en
BS, & en PS.

1 *Les Noms en* BS *auront* BIS,
 Et ceux en PS *auront* PIS.
2 *Mais* I *pour* E *prennent* Celebs,
 Forceps, Adeps, *avec* Princeps.
3 Auceps *veut auoir* Aucupis,
 Puls, pultis ; Hiems, hiemis.

EXEMPLES.

1. Les Noms en B S, & ceux en P S font leur Genitif en mettant vn I deuant S; comme *Arabs*; Genitif *Arabis*, vn Arabe. *Stirps, stirpis*; de la Monnoye, vne Racine, vne Lignée. *Plebs, plebis*; le Peuple.

2. Les Noms qui ont plus d'vne syllabe, changent E en I à la penultiesme; comme *Celebs*, Genitif *Célibis*, & non pas *Célebis*, qui n'est pas Marié. *Forceps, fórcipis*, des Tenailles, des Ciseaux, des Pincettes. *Princeps, Príncipis*, vn Prince, le Premier.

Auceps change E en V, faisant *Aúcupis*, vn Oiseleur. *Puls*, fait au Genitif *Pultis*, de la Boüillie. *Hiems, hiemis*, l'Hyuer.

REGLE XXXIV.

Des Noms terminez en NS, & en RS.

Les Noms en NS *&* RS,
Auront TIS *en perdant leur* S.

EXEMPLES.

Les Noms en NS, ou en RS, font le Genitif en changeant S en TIS; comme *Mons*, Genitif *Mon-tis*, vne Montagne. *Frons, fron-tis*, le Front. *Expers, expér-tis*, Exempt. *Lens, len-tis*, vne Lentille.

REGLE XXXV.

Des Noms qui font leur Genitif en DIS.

Glans, Iuglans, Lens *lente*, *auront* DIS,
Et Frons *vne feuille a* frondis.

EXEMPLES.

Ces Noms cy font leur Genitif, changeant S en DIS. *Glans, glan-dis,* du Gland. *Iuglans, iuglán-dis,* vne Noix. *Lens,* vne Lente; Genitif *Len-dis* (autrement il a *Lentis.*) *Frons,* vne Feüille d'Arbre; *Frondis* (autrement il a *Frontis.*) Voyez les Exemples de la Regle precedente.

REGLE XXXVI.

Du Participe *Iens*, & de ses Composez.

En EVNTIS *fais* Périens,
*Et tous les Composez d'*Iens.

EXEMPLES.

Le Participe du Verbe *Eo,* Ie vais, & de ses Composez, font au Genitif EVNTIS; comme *Iens, eúntis,* Allant, Qui va. *Périens, pereúntis,* Qui perit, Perissant. *Abiens, abeúntis,* Qui s'en va, Qui sorts. *Rédiens, redeúntis,* Qui reuient. *Adiens, adeúntis,* Qui va trouuer vn autre. *Exiens, exeúntis,* Qui sorts. *Obiens, obeúntis,* Qui tourne à l'entour.

Quiens fait aussi *queúntis*, Qui peut. *Néquiens, nequeúntis*, Qui ne peut. Quelques-vns les prenans pour Composez de *Eo*.

REGLE XXXVII.

Du Nom *Caput*, & de tous ses Composez.

Caput, & tous ses Composez,
En ITIS *seront declinez.*

EXEMPLES.

Caput fait au Genitif *Cápitis*, la Teste.
Ses Composez font de mesme que luy ; comme *Sinciput, sincípitis*, le deuant de la Teste. *Occiput, occípitis*, le derriere de la Teste.
Anceps, ancípitis, qui a deux Testes. *Biceps, bicípitis*, qui a deux Testes. *Triceps, tricípitis*, qui a trois Testes.

REGLE XXXVIII.

Des Noms terminez en X.

1 *Change dans les Noms* X *en* CIS,
  Disant Fæx fæcis, Lux lucis.
2 *Mais* GIS *veulent* Frux, Lex, Rex, Grex,
  Stix, Phrix, Coniux ; IGIS Remex.
3 *Tout autre en* EX, ICIS *prendra,*
  Qui plus d'vne syllabe aura.

DECLINAISONS.

EXEMPLES.

Les Noms en X font leur Genitif, en changeant X en CIS; comme *Fæ-x, fa-cis*, de la Lie, de la Bouë. *Fœli-x, fœli-cis*, Heureux. *Fili-x, fili-cis*, de la Fougere, nom d'herbe. *Lu-x, lu-cis*, la Lumiere.

2. Ces Noms cy, changent X en GIS à leur Genitif; *Fru-x*, Genitif *Fru-gis*, du Bled, les Biens de la Terre. *Le-x, le-gis*, vne Loy. Comme aussi ses Composez, *Exle-x, exlé-gis*, qui n'a point de Loy. *Aquile-x, aquilé-gis*, Fontenier. *Re-x, Re-gis*, vn Roy. *Gre-x, gregis*, vn Trouppeau. *Sty-x, Sty-gis*, le Mareft d'Enfer. *Phri-x, Phri-gis*, qui eft de Phrigie. *Coniu-x, cóniu-gis*, le Mary & la Femme. *Remex, rémigis*, celuy qui tire à la Rame. Il change E en I, parce qu'il a plus d'vne syllabe.

3. Les autres en EX qui ont plus d'vne syilabe, changent aussi E en I, & font ICIS & non ECIS; comme *Iudex, iúdicis*, vn Iuge. *Index, indicis*, Celuy qui monftre quelque chofe, le Doigt d'apres le Poulce, duquel on fe fert pour monftrer.

REGLE XXXIX.

Exception de la Regle precedente.

Dis Senis, Noctis, *&* Niuis, Veruécis, Supelléctilis.

EXEMPLES.

Ceux-cy font diuerfement leur Genitif; *Senex, fe-*

nis, vn Vieillard, & non *Sénecis*. *Nox, noctis*, la Nuict. *Veruex, veruécis*, vn Mouton : Il ne change point E en I. *Supellex, supelléctilis*, le Mesnage, le Meuble de la maison.

REGLE XL.

Des Accusatifs.

Les Accusatifs sont en EM,
Comme Dux ducis, *fait* ducem.

EXEMPLES.

Les autres Cas se forment du Genitif, prenant la terminaison qui leur est propre, comme est celle en EM pour les Accusatifs. Par exemple, *Sermo, sermónis*, Accusatif *Sermónem*, Parolle, Discours. *Labor, labóris*, Accusatif *Labórem*, Peine, Trauail. *Dux, Ducis*, Accusatif *Ducem*, vn Duc, vn Capitaine, Conducteur, Guide.

REGLE XLI.

Des Accusatifs en IM.

Donne IM *à* Tussis, Amússis,
Sitis, Secúris, Decússis,
Ioins-y Vim, Peluim, Aquálim,
Ararim, Tigrim, Tiberim.

EXEMPLES.

Tous ces Noms icy ont l'Accusatif en IM. *Tussis*, Accusatif *Tussim*, la Toux. *Amússis, amússim*, vn Cordeau, vne Regle, vne Mesure. *Sitis, sitim*, la Soif.
Secúris,

DECLINAISONS.

Secúris, secúrim, vne Scie, vne Hache, vne Coignée. *Decússis, decússim*, vne piece de Dix sols. *Vis*; Accusatif *Vim*, la Force, la Violence, l'Abondance. *Pelnis, peluim*, vn Bassin à lauer les pieds. *Aquális, aquálim*, vn Pot à l'eau, vne Esguiere. *Arar*, ou *Araris, Ararim*, la riuiere de Saone. *Tigris, Tigrim*, le fleuue Tigris. *Tíberis, Tíberim*, le Tibre.

ADVERTISSEMENT.

Rauis & *Buris* sont aussi l'Accusatif en IM : L'on trouue mesme quelquefois *Cúcumim* & *Puluim*.

REGLE XLII.

Des Accusatifs terminez en EM, ou en IM.

IM *ou* EM, Turris *choisira*,
Et Seméntis *l'imitera;*
Comme Febris, Restis, Clauis,
Puppis *la pouppe, auec* Nauis.

EXEMPLES.

Ceux-cy ont l'Accusatif en IM, ou en EM. *Turris*; Accusatif *Turrem* ou *turrim*, vne Tour. *Seméntis, seméntem* ou *seméntim*, la Semaille, le temps de Semer. *Febris, febrem* ou *febrim*, la Fieure. *Restis, restem* ou *restim*, vne Corde. *Clauis, clauem* ou *clauim*, vne Clef. *Puppis, puppem* ou *puppim*, la Pouppe, le Derriere du Nauire. *Nauis, nauem* ou *nauim*, vn Nauire.

REGLE XLIII.

Des Ablatifs.

1. *Les Ablatifs seront en* E.
2. *Les Adjectifs ont* I *ou* E.

EXEMPLES.

1. Les Noms Substantifs font ordinairement l'Ablatif en E; comme *Corpus*, Genitif *Córporis*, Ablatif *Córpore*, vn Corps. *Stemma*; Genitif *Stémmatis*, Ablatif *Stémmate*, Armoiries. *Pater*, Genitif *Patris*, Ablatif *Patre*, Pere. *Bónitas*; Genitif *Bonitátis*; Ablatif *Bonitáte*, Bonté. *Pauper*, Ablatif *Páupere*, Pauure. *Sospes*, Ablatif *Sóspite*, Sain & Sauf. *Hospes*, Ablatif *Hóspite*, Hoste.

2. Les Noms Adjectifs font l'Ablatif en I, & en E; comme *Fœlix*, Gen. *Fœlícis*, Ablatif *Fœlíce* ou *fœlici*, Heureux. *Fórtior*, & *hoc fórtius*, Genitif *Fortióris*, Abl. *Fortióre* & *fortióri*, Plus fort. *Par*, Genitif *Paris*, Ablatif *Pare* & *pari*, Pareil. *Vetus, véteris*, Ablatif *Vétere* ou *véteri*, Vieil. *Memor, mémoris*, Ablatif *Mémore* & *mémori* : (le dernier est plus en vsage,) Qui se ressouuient, Qui a bonne memoire.

ADVERTISSEMENT.

Remarquez que les Adjectifs qui ont le Neutre en E, font le plus souuent leur Ablatif en I; comme *Dulcis & hoc dulce*; Abatif *Dulci* Doux; comme s'il venoit du Nominatif en E, selon la Regle suiuante.

EXCEPTIONS
DE LA REGLE
DES ABLATIFS.

REGLE XLIV.

Des Noms terminez en
AL, en AR, & en E.

1. *Les Ablatifs des Noms en* AR,
2. (*Hors* Nectar, Iubar, Far, Hepar.)
3. *De ceux en* AL; 4. *de ceux en* E,
Sont en I; *Mais* Sal *fait* sale.

EXEMPLES.

1. Les Noms en AR, font l'Ablatif en I. *Calcar, calcáris*; Ablatif *Calcári*, vn Esperon.

2. Ces quatre icy neantmoins le font en E. *Iubar*, Ablatif *Iubáre*, la splendeur du Soleil. *Nectar, nectáre*, la boisson des Dieux. *Far, farris*; Ablatif *Farre*, de la pure Farine de Froment. *Hepar, hépatis*; Ablatif *Hépate*, le Foye.

3. Ceux en AL, font aussi l'Ablatif en I. *Animal, animális*; Ablatif *Animáli*, vne Beste, vn Animal. Horsmis *Sal*, qui fait *Sale*, du Sel.

4. Ceux en E, font encor l'Ablatif en I. *Mare*, Ablatif *Mari*, la Mer. *Cubile*, Ablatif *Cubili*, vn Lit. *Supellectile*, Ablatif *Supellectili*, le Meuble, le Mesnage. *Fortis & hoc forte*, Fort, Ablatif *Forti*.

REGLE XLV.

Des Noms de Mois, & du Nom Auis, auec Plus.

1 *Les Ablatifs des Mois ont* I.
2 Auis *fait* aui; Plus pluri.

EXEMPLES.

1. Les Noms de Mois font I à l'Ablatif. *Aprilis*, Ablatif *Aprili*, le mois d'Auril. *Septémber*; Ablatif *Septémbri*, celuy de Septembre. *Octóber*, Ablatif *Octóbri*, Octobre, &c.

2. Ces deux-cy font auſſi l'Ablatif en I. *Auis*; Ablatif *Aui*, vn Oiſeau. *Plus*; Ablatif *Pluri*, Dauantage.

REGLE XLVI.

Des Noms qui ont l'Accuſatif en IM, & de ceux qui l'ont en EM, ou en IM.

EM, IM, *dans les Accuſatifs,*
Oſtant M, *font leurs Ablatifs.*

EXEMPLES.

L'Ablatif ſe forme de l'Accuſatif, en retranchant ſeulement M : ainſi ceux qui ont I M à l'Accuſatif, font leur Ablatif en I ; comme *Sitis*; Accuſatif *Sitim*; Ablatif *Siti*, la Soif. *Vis*; Accuſatif *Vim*; Ablatif *Vi*, la Force, la Violence.

Et ceux qui ont l'Accusatif en EM, & en IM tout ensemble, font aussi leur Ablatif en E, & en I; comme *Nauis*; Accusatif *Nauem* ou *nauim*; Ablatif *Naue* ou *naui*, vn Nauire. *Clauis*; Accusatif *Clauem* ou *clauim*; Ablatif *Claue* ou *claui*, vne Clef.

REGLE XLVII.

De quelques autres Noms qui font encor l'Ablatif en E, ou en I.

I ou E, *font* Amnis, Anguis,
Auec Imber, Ignis, Vnguis.

EXEMPLES.

Amnis; Ablatif *Amne* ou *amni*, vn Fleuue, vne Riuiere. *Anguis*; Ablatif *Angue* ou *Angui*; vne Couleuure, vn Serpent. *Imber, imbris*; Ablatif *Imbre* ou *imbri*, la Pluye. *Ignis*; Ablatif *Igne* ou *igni*, le Feu. *Vnguis*; Ablatif *Vngue* ou *vngui*, l'Ongle.

ADVERTISSEMENT.

Il y a encore quelques autres Noms, qui font l'Ablatif en E, ou en I. Nous auons marqué les plus communs, l'vsage & la lecture feront voir le reste. Aussi bien l'Ablatif en E, est-il le plus vsité dans ces sortes de Noms.

REGLE XLVIII.

Du Nominatif plurier des
Noms Neutres.

Le Plurier Nominatif,
Es Neutres vient de l'Ablatif:

¹ *S'il est en* E, *ils prennent* A;
² *S'il est en* I, *ils ont* I A:
Neantmoins tout Comparatif,
³ R A *prendra pour Nominatif.*
⁴ *De* Véteri, *dis* vétera,
Et Plus *de* pluri, *fait* plura.

EXEMPLES.

Le Rudiment fait assez voir que le Nominatif plurier de cette Declinaison est en ES; comme *Pater*, au Plurier *Patres*, les Peres. Il n'y a difficulté que pour les Noms Neutres, qui ont quelquefois A, & quelquefois I A, parce qu'ils le forment de l'Ablatif.

1. Si l'Ablatif singulier est en E, ils font leur Nominatif plurier en A; comme *Corpus*, le Corps; Ablatif *Córpore*; le Nominatif plurier *Córpora*, les Corps. *Caput, cápitis*, la Teste; Ablatif *Cápite*; le Nominatif plurier *Cápita*, les Testes.

2. Mais si l'Ablatif singulier est en I, le Nominatif plurier se fait en I A; comme *Mare*, la Mer; Ablatif *Mari*; le Nominatif plurier *Mária*, les Mers. *Dulcis & hoc dulce*, Doux; Ablatif *Dulci*; le Nominatif plurier *Dulces & hæc dúlcia*. *Animal*, vne Beste; Ablatif *Animáli*; le Nominatif plurier *Animália*.

3. Les Comparatifs ont l'Ablatif en E, & en I, puis qu'ils sont Adjectifs; comme *Púlchrior & hoc púlchrius*, Plus beau; Ablatif *Pulchrióre & pulchrióri*: mais parce que leur Ablatif en E est plus vsité, ils font le Plurier Neutre seulement en A; comme *Pulchrióres & pulchrióra*, & non pas *Pulchriória*. *Sánctius*, plus Saint; le Plurier *Sanctióra*. *Fórtius*, plus Fort; le Plurier *Fortióra*.

REGLE XLIX.
Des Genitifs pluriers.

1. *L'Ablatif en* E *singulier,*
Prend VM, *Genitif plurier;*

2. *Et ceux en* I, *prennent* ÏVM,
Comme Plus, pluri, plúrium.

EXEMPLES.

1. Le Genitif plurier se forme de l'Ablatif singulier; en sorte que si l'Ablatif est en E, le Genitif plurier se fait en VM, comme *Hæc Actio*, vne Action; Ablatif *Actióne*, Genitif plurier *Actiónum*. *Hoc Ænigma*, Enigme; Ablatif *Ænigmáte*, Genitif plurier *Ænigmátum*. *Hæc Virtus*, Vertu; Ablatif *Virtúte*, Genitif plurier *Virtútum*. *Artifex*, Artisan, Ouurier; Ablatif *Artifice*, Genitif plurier *Artificum*. *Hic & hæc Diues*, Riche; Ablatif *Diuite*, Genitif plurier *Diuitum*. *Hic & hæc Inops*, Pauure; Ablatif *Inope*, Genitif plurier *Inopum*.

2. Mais si l'Ablatif singulier est en I, le Genitif plurier est en IVM; comme *Plus*, d'auantage. Ablatif *Pluri*, Genitif plurier *Plúrium*. *Hoc Láquear*, vn Lambris, vn Plancher; Ablatif *Laqueári*, Genitif plurier *Laqueárium*. *Hoc Sedile*; Ablatif *Sedili*, Genitif plurier *Sedílium*, des Sieges. *Hic Mensis*; Ablatif *Mensi*, Genitif plurier *Ménsium*, des Mois. *Auis*; Ablatif *Aui*, Genitif plurier *Auium*, des Oiseaux. *Dulcis & hoc dulce*, Doux; Ablatif *Dulci*, Genitif plurier *Dúlcium*.

ADVERTISSEMENT.

1. Les Noms qui ont l'Ablatif en, E ou en I, d'ordinaire

forment leur Genitif de l'Ablatif en I, & font I V M; comme *Hæc Nauis*, vn Nauire; Abl. *Naue* ou *naui*; Genitif plurier *Náuium*. *Hic Imber*, la Pluye; Ablatif *Imbre* ou *imbri*; Genitif plurier *Imbrium*. *Fœlix*, Heureux; Ablatif *Fœlice* ou *fælici*; Genitif plurier. *Fœlicium*. *Amans*, Qui ayme; Ablatif *Amánte* ou *amánti*; Genitif plurier *Amántium*.

2. Les Noms en N S, font plus fouuent leur Cenitif en V M, felon Ver. Flaccus; comme *Prudens*: Genitif plurier *Pruiéntum*, hors les Participes qui retiennent I V M; comme *Docens* Enfeignant; Genitif plurier *Docéntium*.

EXCEPTIONS
DE LA REIGLE
DES GENITIFS PLVRIERS.

REGLE L.
Des Comparatifs, & de quelques Noms Adjectifs.

Le Plurier Comparatif,
Doit prendre V M *à fon Genitif;*
Vetus, Supplex, Memor außi,
Quoy que des Ablatifs en I.

EXEMPLES.

Comme les Comparatifs font le Nominatif plurier en A, en le formant de leur Ablatif en E, felon la Regle 48. Auffi font-ils le Genitif plurier en V M, & non en I V M; comme *Maior & hoc maius*, Plus grand; Plurier *Maióra*; Genitif *Maiórum*. *Fórtior & fórtius*, plus fort; Plurier *Fórtiora*, Genitif *Fórtiorum*. *Sánctior & fánctius*, Plus faint, Genitif *Sanctiórum*. *Dóctior & dóctius*, Plus fçauant, Genitif *Doctiórum*.

DECLINAISONS.

Ceux-cy font aussi le Genitif en VM, quoy qu'ils ayent l'Ablatif en I. *Vetus*, Vieil; Ablatif *Vétere* ou *véteri*; Genitif plurier *Véterum*. *Supplex*, Suppliant; Ablatif *Súpplice* ou *Súpplici*; Genitif plurier *Súpplicum*. *Memor*, Qui se ressouuient; Ablatif *Mémori*, Genitif plurier *Mémorum*.

REGLE LI.

Des Noms en ES, & en IS, qui ne croissent point en syllabes.

1. *Ceux en* ES, *en* IS *Singulier,*
Ne croissant point au Plurier,
Font leur Genitif en IVM;
Ainsi que Piscis píscium :
2. *Hors* Iúuenis, Prolis, Canis,
Vates, Vólucris, *&* Panis.

EXEMPLES.

1. Les Noms en ES & en IS, qui n'ont point plus de syllabes au Plurier qu'au Singulier, font leur Genitif plurier en IVM, encore qu'ils ayent l'Ablatif singulier en E. *Cladis*, vne Perte, vne Desfaite; Au Plurier *Clades, cládium*. *Vermis*, vn Ver; Au Plurier *Vermes, vérmium*. *Collis*, vne Colline; Au Plurier *Colles, cóllium*.

2. Ceux-cy en sont exceptez qui font leur Genitif plurier en VM, quoy qu'ils ne croissent pas en syllabes; *Iúuenis*, Ieune homme; Au Plurier *Iúuenes iúuenum*. *Prolis*, Race, Lignée; Au Plurier *Proles, prolum*. *Canis*, vn Chien, ou vne Chienne; Au Plurier *Canes, canum*. *Vates*, Deuin, Poëte, Prophete; Au Plurier

Vates, vatum. Vólucris, Oyſeau ; Au Plurier *Vólucres, vólucrum. Panis*, du Pain ; Au Plurier *Panes, panum.*

REGLE LII.

Des monoſyllabes finis en deux Conſones.

Le Nom d'vne ſyllabe eſtant
En deux Conſones finiſſant,
Au Plurier demande IVM ;
C'eſt ainſi qu' Ars *fait ártium.*

EXEMPLES.

Les monoſyllabes finis en deux Conſones, ſont I V M au Genitif plurier, quoy qu'ils ayent l'Ablatif en E ; comme *Ars, artis,* vn Art, vn Meſtier ; Ablatif ſingulier *Arte* ; Genitif plurier *Artium. Gens, gentis,* Peuple, Nation ; Ablatif ſingulier *Gente*; Genitif plurier *Géntium. Urbs, vrbis,* vne Ville; Ablatif ſingulier *Vrbe* ; Genitif plurier *Vrbium.*

REGLE LIII.

De quelques autres Noms qui font auſſi le Genitif en IVM.

Vires, Merces, Lis, Ius, Mos, Dos,
Linter, Vter, *& le double* Os,
Cor, Caro, Cos, Cohors, Quiris,
Glis, Faux, Nix, Nox, As, *&* Samnis.
Mas, *&* Vas vadis, *font* IVM,
Ioins-y Supellectilium.

EXEMPLES.

Tous ces Noms-cy font IVM au Genitif plurier, quoy qu'ils ayent l'Ablatif en E. *Vires*; Genitif *Virium*, les Forces; Le Plurier de *Vis, viris. Merces, mércium*, les Marchandises; Le Plurier de *Merx, mercis*; mais ce Singulier n'est gueres en vsage. *Lis, litis*, Procez, Querelle, Different ; Genitif plurier *Litium. Ius, iuris*; Genitif plurier *Iúrium*, le Droit, du Potage. *Mus, muris*; Plurier *Mures, múrium*, des Souris. *Dos, dotis*; Plurier *Dotes, dótium*, les Auantages, Dons de Nature, le Doüaire d'vne Femme. *Linter, lintris*; Plurier *Lintres, lintrium*, des Nacelles. *Vter, vtris*; Plurier *Vtres, útrium*; des Peaux de Cuir à mettre de l'eau. *Os, ossis*; Plurier *Ossa, óssium*, les Os. *Os, oris*, la Bouche; Plurier *Ora, órium. Caro, carnis*, de la Chair; Plurier *Carnes, cárnium. Cor, cordis*; Plurier *Corda, córdium*, les Cœurs. *Cos, cotis*, vne Pierre à esguiser; Plurier *Cotes, cótium. Cohors, cohórtis*; Plurier *Cohórtes, cohórtium*; vne Compagnie de gens de pied, de Soldats. *Quiris, Quirítis*; Plurier *Quirítes, Quirítum*, les Romains. *Glis, gliris*; Plurier *Glires, glírium*, des Loirs, especes de Rats. *Faux, faucis*, la Gorge, le Gosier; Plurier *Fauces, fáucium. Nix, niuis*; Plurier *Niues, níuium*, des Neiges. *Nox, noctis*; Plurier *Noctes, nóctium*, les Nuicts. *Samnis, Samnítis*; Plurier *Samnítes, Samnítium*, Peuple d'Italie.

Les monosyllabes en AS font IVM; comme *As, assis*, vn Sol; Plurier *Asses, ássium. Mas, maris*; Plurier *Mares, márium*, les Masles des Animaux. *Vas, vadis*, Respondant, Caution ; Plurier *Vades, vádium. Supéllex, supelléctilis*; Genitif plurier *Supellectilium*, les Meubles, le Mesnage. Remarquez que l'on dit aussi *Supelléctile, supelléctilis*, d'où ce Genitif semble plustost estre formé, quoy que ce Nom ne soit gueres en vsage au Plurier.

ADVERTISSEMENT.

1. Remarquez que quelquefois il se fait vne syncope, ou retranchement au Genitif plurier; comme *Apum* ou *Apium*, des Abeilles. *Serpéntum* ou *Serpéntium*, des Serpens. *Quirítum* ou *Quirítium*, des Romains. *Optimátum* ou *optimátium*, des Grands. *Locúpletum* ou *locuplétium*, des Riches.

2. Remarquez en second lieu, que les Noms en MA, font le Datif plurier en TIS; comme *Thema, thématis*; Au Datif plurier *Themátibus* ou *thématis*.

LA IV. DECLINAISON.

Elle suit entierement les Rudiments, excepté quelques Noms qui ont au Datif plurier VBVS, au lieu de IBVS.

REGLE LIV.

Des Noms qui ont le Datif plurier en VBVS.

1 *Les Datifs suiuront* Fructibus:
2 *Mais les suiuans prendront* VBVS,
   Acus, Arcus, *auec* Artus,
   Tribus, Portus, Veru, Partus,
   Quercus, Specus, *y seront joints*,
   Ficus, Lacus, *n'en sont pas moins*.

EXEMPLES.

1. Le Datif plurier de cette Declinaison, se fait regulierement en IBVS; comme *Fructus*, le Fruit; Da-

DECLINAISONS.

tif plurier *Fructibus*. *Manus*, la Main; Datif plurier *Mánibus*.

2. Ceux-cy le font en VBVS. *Acus*; Datif plurier *Acubus*, vne Esguille. *Arcus*; Datif plurier *Arcubus*, vn Arc. *Artus*, *ártubus*, les Membres, les Iointures. *Tribus*, *tríbubus*, vne Tribu, vne partie du Peuple, vne Famille. *Portus*, *pórtubus*, vn Port. *Veru*, *vérubus*, vne Broche. *Partus*, *pártubus*, Enfantement. *Quercus*, *quércubus*, vn Chesne. *Specus*, *spécubus*, vne Grotte, vne Cauerne. *Ficus*, *fícubus*, vne Figue, ou vn Figuier. *Lacus*, *lácubus*, vn Lac.

En tous ces Noms l'Ablatif est en VBVS comme le Datif; parce que ces deux Cas sont tousiours semblables au Plurier, en toutes les Declinaisons.

ADVERTISSEMENT.

Pour la cinquiesme Declinaison, il n'y a point de Regles particulieres à donner; sçachant decliner *Dies*, on sçait tout. Et à cela suffit le Rudiment, sans qu'il soit besoin de le repeter icy.

LES HETEROCLITES.

Les Heteroclites ou Irreguliers, sont les Noms qui se declinent autrement que les autres, changeant de Genre au Plurier, ou se rapportant à diuerses Declinaisons.

REGLE I.

De quelques Noms Masculins au Singulier, & Neutres au Plurier.

Locus *Singulier, fait* loca,
Et Cárbasus, *fait* cárbasa.

EXEMPLES.

Locus au Singulier est Masculin; *Locus amœnus,* Cic. vn Lieu de plaisance. *Locus decliuis,* vn Lieu qui va en pente. *Locus opácus & frígidus,* vn Lieu frais & ombrageux. Au Plurier il est du Neutre, *Loca opulénta,* des Lieux riches. *Abdita loca,* des Lieux resserrez, Secrets.

ADVERTISSEMENT.

L'on dit aussi *Loci* au Plurier; mais il n'est plus en vsage que dans la Dialectique, *Loci argumentatiónum,* les Lieux d'où on tire les arguments.

Cárbasus, Voile de fin lin; il est du Masculin ou Feminin au Singulier, *Cárbasus óptimus,* vn tres-bon Voile. *Cárbasus inténta,* Voile tendu. Au Plurier il est du Neutre, *Dedúcere Cárbasa,* Abbattre les Voiles,

REGLE II.

Du Nom *Cælum.*

Cælum *Neutre en son Singulier,*
Aura Cœli *pour Plurier.*

EXEMPLES.

Cælum est du Neutre au Singulier, & du Masculin au Plurier. *Cælum rotúndum*, le Ciel rond. *Líquidum cælum*, le Ciel pur & net, le beau Temps. Le Plurier *Cæli*, n'est gueres vsité que dans l'Escriture Sainte, *Cæli cælórum laudáte Deum.*

REGLE III.

De *Frænum* & de *Rastrum.*

Donne à Frænum, fræni, fræna,
Donne à Rastrum, rastri, rastra.

EXEMPLES.

Ces deux Noms sont Neutres au Singulier, & Neutres & Masculins au Plurier; *Frænum mordére*, Prendre le Frein aux dents.

Dare frena, Lascher la bride. *Frenos inijcere alicui*, Arrester les entreprises de quelqu'vn.

Rastrum curuum, vn Rasteau courbé. *Graues rastri*, de pesants Rasteaux. *Rastra cóquere.* Iuuen. Forger des Rasteaux.

REGLE IV.

De quelques Noms Neutres au Singulier, & Feminins au Plurier.

On dit Epulum, épulæ,
Delícium, delíciæ;
Bálneum bálneas *fera*,
Et fait bien encor bálnea.

EXEMPLES.

Ces Noms sont du Neutre au Singulier, & du Feminin au Plurier. *Epulum fúnebre*, Banquet de funerailles. *Dare épulas*, Traitter quelqu'vn.

Delícium domus, Le contentement de sa famille. Il n'est gueres vsité au Singulier. *Tullíola delíciæ meæ*. Tulliola mes delices, en qui ie mets tout mon contentement.

Hoc bálneum, vn Bain. Plurier *Bálnea coniúncta*, *Bálnea Palatinæ*.

REGLE V.

Du Nom *Vas, vasis*.

Du Singulier de Vas, vasis,
Vient Vasa, vasórum, vasis.

EXEMPLES.

Vas, vasis, vn Vase, vn Vaisseau: Il est de la troisiesme au Singulier. Et au Plurier *Vasa, vasórum*, il est de la seconde, parce qu'autrefois on disoit *Vasum, vasi*, selon Gellius.

In áureo vase, dans vn Vaisseau d'or. *Vasórum appellátio commúnis est*. Vlpian. Le nom de Vaisseau est general.

REGLE VI.

Du Nom *Domus*.

Domus *fait* domus dómui,
Et fait encor Domo domi.

EXEMPLES.

Domus, Maison, est en partie de la seconde, & en partie de la quatriesme, & se decline ainsi;

DOMVS

Au Genitif *domi* seulement à la Question *Vbi*; *Est domi*, & non *domus*, Il est au logis. *Malo esse domi meæ quam aliénæ.* Cic. I'ayme mieux estre en ma maison, qu'en celle d'vn autre. Mais il a tousiours *domus* hors cette Question, *Demoliri partem domus*, Abbattre vne partie de la maison.

Au Datif *dómui* seulement; *Domus & quæ dómui cedunt*. Plaut. La maison, & ses appartenances.

A l'Accusatif *domum*, pour la seconde & la quatriesme; *Ad me addúcta est domum*, Ter. On me l'a amenée chez moy.

Au Vocatif *domus*; *O domus antíqua*, O maison ancienne.

A l'Ablatif *domo*; *Fugit è domo sua*, Il s'en est fuy de sa maison. Autrefois on disoit *domu*. *Area ista cum domu collápsa est.* Traian. ad Plin. *Fúgere ex hac domu*, S'enfuir de cette maison.

AV PLVRIER.

Nominatif *Domus*, *Ipsæ domus*, Les maisons mesmes.

Au Genitif *domórum*; *Tecta domórum*, Virgil. Les Toicts des maisons. Et quelquefois *dómuum*; *Viscera magnárum dómuum*. Iuuen.

Au Datif *dómibus* seulement; *Dómibus inferre faces*, Mettre le feu aux maisons.

A l'Accusatif *domos*, pour l'ordinaire; *Obire domos*, Aller de maison en maison. Et quelquefois *domus*; *Domus lætum núntium ad líberos portáre*. Tit. Liu. Porter vne bonne nouuelle en leurs maisons à leurs enfans.

Au Vocatif *domus*.

A l'Ablatif *dómibus*, comme au Datif.

Tous les Cas inusitez en l'vne & l'autre Declinaison, sont joliment renfermez en ce vers, dans Alstedius,

Tolle *me, mi, mu, mis*, si declináre *Domus* vis.
Où il rejette *Domi*, parce qu'il ne se met qu'en la Question VBI.

REGLE VII.

De ces deux Noms *Vis*, la Force, & *Bos*, vn Bœuf.

Vis vis, *fait* vires víribus,
Et Bos bouis, boum bobus.

EXEMPLES.

Le Nom *Vis* est Heteroclite, en ce qu'il n'â point d'augment au Singulier, & qu'il en â au Plurier. Il se decline donc ainsi.

E ij

Nominatif *Vis*, Genitif *vis :* Il n'a point de Datif, Accusatif *vim.* Ablatif *vi.*

Au Plurier, il deuroit auoir *ves* ; mais on dit *Vires*, Genitif *virium*, Datif *viribus*, Accusatif *vires*, Vocatif *vires*, Ablatif *viribus.*

Ingénij vis, La viuacité de l'esprit. *Incutere vim*, Donner de la force. *Summa vî*, De toute sa force. *Inualida vires*, Des forces incapables. *Infirmitas virium*, La foiblesse de nos forces. *Inniti viribus*, S'appuyer sur ses forces.

Bos, bouis, vn Bœuf. Au Plurier *Boues*, Genitif *boum*, Datif & Ablatif *bobus* ; comme par syncope, au lieu de dire *bouum, bouibus.*

Intáctus bos, Vn Bœuf qui n'a jamais porté le joug. *Pasti boues*, Des Bœufs repeus. *Iuga boum*, Vne paire de Bœufs. *Aráre bobus*, Labourer auec des Bœufs.

REGLE VIII.

Des Noms qui n'ont point de Singulier.

Beaucoup de Noms sont Pluriers,
Sans estre jamais Singuliers,
Ainsi que Nugæ, Núptiæ,
Grates, Arma, Diuítiæ,
Et cent autres auec ceux-là,
Que l'vsage te monstrera.

EXEMPLES.

Il y a quantité de Noms qui n'ont point de Singulier ; comme ceux-cy *Meræ nugæ*, de pures Folies, Niaiseries.

HETEROCLITES.

Expers nuptiárum puélla, Vne fille qui n'a jamais esté mariée.

Repéndere grates, Rendre graces, Remercier.

Armórum denuntiátio, Le denoncement de la guerre.

Multa diuitiæ, Beaucoup de Richesses.

ADVERTISSEMENT.

Il y a encore quantité de Noms Irreguliers; les vns sont fort rares, & desquels on a fort peu à faire : Les autres se pourront remarquer dans l'vsage, & dans la lecture des Liures, qui est la meilleure maniere d'apprendre les Langues.

LES PRETERITS ET SVPINS.

Dans les Verbes Latins, on doit principalement remarquer le Preterit & le Supin pour bien Conjuguer, parce que de là se forment beaucoup d'autres Temps, & mesmes beaucoup de Noms.

Le Preterit est tousiours terminé en I, & le Supin en VM.

REGLES GENERALES.

REGLE I.

Des Verbes Composez.

Les Simples & leurs Composez,
Sont pareillement conjuguez.

EXEMPLES.

Les Verbes Composez se conjuguent comme leurs Simples, & forment leur Preterit & Supin sur le leur, comme
AMO, amáui, amátum, amáre ; *Aymer.*
Rédamo, redamáui, redamátum, redamáre ; *Aymer celuy qui nous ayme.*
SEDEO, Sedi, sessum, sedére ; *Estre assis.*
Possideo, possédi, posséssum, possidére ; *Posseder.*

ADVERTISSEMENT.

Si l'on a peine à trouuer le Preterit d'vn Verbe Composé, il faut tascher de trouuer son Simple, en retranchant la parti-

E iiij

cule de la Composition, afin qu'on voye plus aisément son Preterit. Comme *Exáudio*, retranchant *Ex*, reste *Aúdio, audiui, audítum* ; ainsi *exáudio, exaudiui, exaudítum*.

Mais il faut remarquer que souuent les Verbes Composez, changent la premiere voyelle du Simple en I; comme *Sédeo, possídeo*, & non pas *posiédeo*. *Ago, ádigo*, & non pas *ádago*.

Quelquefois ils la changent en E; comme *Carpo, discérpo*.

Quelquefois il s'y fait d'autres changemens que l'vsage monstrera; comme *Ago, cogo,* pour *coago*, &c.

REGLE II.

Des Verbes qui redoublent au Preterit.

¹ *Le Simple au Preterit doublant,*
   Doit perdre ce redoublement
   Dans ses Composez. Hors ceux-cy,
² Præcucúrri, Repúpugi,
³ *Et tous les descendans de* Do,
   De Sto, *de* Disco, *de* Posco.

EXEMPLES.

1. Il y a beaucoup de Verbes qui redoublent au Preterit ; mais ils perdent ce redoublement dans le Preterit de leurs Composez ; comme

MORDEO, mo-mórdi, morsum, mordére; *Mordre.*

Remórdeo, remórdi, remórsum, remordére; *Remordre, Rendre le mal pour le mal.*

PENDEO, pe-péndi, pensum, pendére; *Pendre d'en-haut, Estre pendu.*

Impéndeo, impéndi, impénsum, impendére; *Pancher dessus, Estre prés de tomber.*

PRETERITS ET SVPINS.

SPONDEO, spo-póndi, sponsum, spondére ; *Promettre, Accorder.*
Respóndeo, respóndi, respónsum, respondére ; *Respondre.*
TONDEO, to-túndi, tunsum, tondére ; *Tondre.*
Detóndeo, detúndi, detúnsum, detundére ; *Tondre tout à fait.*
CADO, cé-cidi, casum, cádere ; *Tomber, Cheoir.*
Récido, récidi, recásum, recídere ; *Recheoir.*
Occido, óccidi, occásum, occídere ; *Tomber, Mourir.*
CÆDO, cæ-cidi, cæsum, cædere; *Coupper, Frapper, Trancher, Abbattre.*
Occído, occídi, occísum, occídere ; *Tuer.*
CANO, cé-cini, cantum, cánere ; *Chanter.*
Cóncino, cóncini, concéntum, concínere ; *Chanter d'accord.*
PENDO, pe-péndi, pensum, péndere; *Peser, priser, Rendre, Payer.*
Impéndo, impéndi, impénsum, impéndere; *Despenser, Employer.*
TVNDO, tú-tudi, tunsum, túndere ; *Broyer, Piler, Battre.*
Retúndo, rétudi, retúsum, retúndere ; *Reprimer, Reboufcher vn tranchant.*
TANGO, té-tigi, tactum, tángere ; *Toucher.*
Attíngo, áttigi, attáctum, attíngere ; *Toucher aupres.*
TENDO, te-téndi, tensum, téndere ; *Tendre.*
Osténdo, osténdi, osténsum, osténdere ; *Monstrer.*

2. CVRRO, cu-cúrri, cursum, cúrrere ; *Courir.*
Il retient le redoublement en
Præcúrro, præcu-cúrri, præcúrsum, præcúrrere ; *Courir deuant.*
Il perd ordinairement le redoublement dans les autres.

Concúrro, concúrri, concúrsum, concúrrere; *Concourir.*
PVNGO, pú-pugi, punxi, punctum; *Picquer.*

Il y a vn de ses Composez qui redouble.

Repúngo, repúpugi, repúnxi, repúnctum, repúngere; *Repicquer, Rendre le mal pour le mal.*

3. Tous les Composez de ces quatre Verbes, *Do, Sto, Disco, Posco,* retiennent le redoublement au Preterit.

DO, de-di, datum, dare; *Donner.*
Reddo, réddidi, rédditum, réddere; *Rendre.*
STO, ste-ti, statum, stare; *Estre debout, S'arrester.*
Adsto, ádstiti, ádstitum, adstáre; *Assister, Se tenir aupres.*
DISCO, di-disci, discere; *Apprendre.*
Dedisco, dedidisci, dediscere; *Desapprendre, Oublier.*
POSCO, po-pósci, póscitum, póscere; *Demander.*
Depósco, depopósci, depóscitum, depóscere; *Demander auec importunité.*

REGLE III.
Des Verbes qui changent l'A du Simple en I, & prennent vn E au Supin.

¹ Si dans le Verbe Composé,
L'A du Simple est en I changé,
Son Supin vn E receura:
² Ceux en DO, GO, retiennent A.

EXEMPLES.

1. Les Verbes qui changent A en I dans leurs Composez, prennent vn E à la penultiesme du Supin; comme

PRETERITS ET SVPINS.

FACIO, feci, factum, fácere; *Faire.*
Perfício, perféci, perféctum, (*& non* perfáctum) perfácere; *Acheuer.*
IACIO, ieci, iactum, iácere; *Ietter.*
Reiício, reiéci, reiéctum, (*& non pas* reiáctum) reiícere; *Rejetter.*

2. Les Verbes Composez finis en DO, & en GO, suiuent entierement leur Simple pour le Supin, sans prendre d'E au Supin; comme

CADO, cécidi, casum, cádere; *Tomber, Checir.*
Récido, récidi, recásum, recídere; *Retomber.*
FRANGO, fregi, fractum, frángere; *Rompre.*
Effríngo, effrégi, effráctum, effríngere; *Rompre en pieces, Effondrer.*
AGO, egi, actum, ágere; *Faire, Mener.*
Adigo, adégi, adáctum, adígere; *Contraindre.*
TANGO, tétigi, tactum, tángere; *Toucher.*
Contíngo, contégi, contáctum, íngere; *Toucher aupres.*

ADVERTISSEMENT.

Cette Regle ne s'entend proprement que des Verbes qui ont vn A à la penultiesme de leur Supin; comme *Rápio, rápui, raptum; Arrípio, arréptum.* Et non de ceux qui nont l'A qu'à l'antepenultiesme comme *Hábeo, hábitum;* d'où vient qu'on doit dire *adhíbitum,* & non *adhébitum;* parce que cét A n'est pas proprement dans la terminaison du Supin, qui est ITVM.

Ainsi, l'on doit regler tous les autres autres Verbes sur la Regle de leurs Simples, s'ils n'en sont particulierement exceptez.

REGLE IV.
Des Verbes qui n'ont point de Preterit.

Tous les Verbes sans Preterit,
Sont sans Supin comme Gliscit.

EXEMPLES.

Les Verbes qui n'ont point de Preterit, n'ont point de Supin ; comme *Glisco, Gliscere*, Croistre. *Polleo, pollére*, Auoir puissance. *Furo, fúrere*, Estre en furie. *Labo, labáre*, Bransler, Glisser.

ADVERTISSEMENT.

Quand vn Verbe est sans Preterit, il n'a point aussi les autres Temps qui en sont formez. Et au contraire, ceux qui n'ont que le Preterit, n'ont que les Temps qui en sont formez; comme *Mémini, memineram, meminerim*, &c.

LA I. CONIVGAISON.

REGLE V.

Generale pour les Verbes de la premiere.

La premiere doit prendre AVI,
Comme Amo, amas, Amáui;
Et son Supin est en ATVM,
Comme Amo, amas, Amátum.

EXEMPLES.

Les Verbes de la premiere Conjugaison, font le Preterit en AVI, & le Supin en ATVM ; comme
AMO, amas, amáui, amátum, amáre ; *Aymer.*
AMBVLO, ambuláui, ambulátum, ambuláre ; *Se promener.*
ABDICO, abdicáui, abdicátum, abdicáre ; *Se desmettre d'vne charge, ou en deposer vn autre, Desheriter son fils.*

CREO, creáui, creátum, creáre; *Creer, Faire quelque chose de rien.*

Récreo, recreáui, recreátum, recreáre; *Remettre en vigueur.*

ENVCLEO, enucleáui, enucleátū, enucleáre; *Rompre vn noyau pour en auoir l'amande, Exposer, Descouurir.*

DELINEO, delineáui, delineátum, delineáre; *Tirer des lignes, Esbaucher, Tirer les premiers traits.*

MEO, meáui, meátum, meáre; *Passer.*

Cómmeo, commeáui, commeátum, commeáre; *Aller de costé & d'autre.*

Remarquez ces Verbes en EO de la premiere, car les autres en EO sont ordinairement de la seconde.

EXVNDO, exundáui, exundátum, exundáre; *Se desborder.*

Fecúndo, fecundáui, fecundátum, fecundáre; *Rendre fertile.*

Inúndo, inundáui, inundátum, inundáre; *Se desborder, Noyer.*

Redúndo, redundáui, redundátum, redundáre; *Regorger, Estre superflu.*

Remarquez ces Composez de VNDO, & ne les prenez pas pour Composez de DO.

REGLE VI.

Du Verbe *Do*, & de *Sto*, auec ses Composez.

¹ Dedi, datum, *demande* Do:
² Steti, statum, *veut prendre* Sto;
³ *Ses Composez* STITVM, STITIT,
  *Ainsi qu'*Extitum, extitit.

EXEMPLES.

1. DO, dedi, datum, dare ; *Donner.*
Circúmdo, circúmdedi, circúmdatum, circúmdare; *Enuironner, Entourer.*
Peſſúndo, dedi, datum, dáre ; *Fouler aux pieds.*
Satiſdo, ſatiſdedi, ſatiſdatum, ſatiſdare; *Donner caution.*
Vænúndo, vænúndedi, vænúndatum, vænúndare, *Vendre.*

Remarquez qu'il n'y a que ces Compoſez de *Do*, qui ſoient de la premiere, les autres ſont de la troiſieſme.

2. STO, ſteti, ſtatum, ſtare ; *Eſtre debout.*
3. Ses Compoſez font STITI, STITVM; comme
Exto, éxſtiti, éxſtitum, exſtáre ; *Eſtre dehors.*
Diſto, díſtiti, díſtitum, diſtáre, *Eſtre different.*
Inſto, ínſtiti, ínſtitum, inſtáre ; *Inſiſter.*
Obſto, óbſtiti, óbſtitum, obſtáre ; *Reſiſter.*
Conſto, cónſtiti, cónſtitum, conſtáre; *Conſiſter, Couſter.*
Proſto, próſtiti, próſtitum, proſtáre ; *Eſtre expoſé, Eſtre en vente.*

Remarquez que ces Verbes font auſſi quelquefois STATVM.

REGLE VII.

De *Lauo*, *Poto*, & *Iuuo*.

¹ Lauo *fait* lotum *de* laui,
  Lautum *&* lauátum *auſſi.*
² Poto potáui, *fait* Potum ;
³ *Et* Iuuo, *fait* Iuui, iutum.

PRETERITS ET SVPINS.

1. LAVO, laui, lotum, lautum, lauátum, lauáre; *Lauer.*
Rélauo, reláui, relótum, relauáre; *Relauer.*

2. POTO, potáui, potum, *& quelquefois* potátum, potáre; *Boire.*
Cómpoto, áui, átum, áre; *Boire ensemble.*
Pérpoto, áui, átum, áre, *Boire tousiours, Yurogner.*
Epoto, epotáui, epótum, *Boire tout.*

3. IVVO, iuui, iutum, iuuáre, *Ayder.*
Adiuuo, adiúui, adiútum, adiuuáre, *Ayder, Assister.*

REGLE VIII.
De ceux qui font VI, & ITVM.

1 ITVM, VI *donne à* Sono,
Cubo, Crepo, Domo, Tono,
Veto, Plico 2 Mico *les suit,*
Faisant sans Supin Mícuït:
3 *Mais* D'imico, *&* Súpplico,
Et les autres qui de Plico,
4 *Et d'vn Nom se composeront,*
ATVM, AVI *demanderont.*

EXEMPLES.

1. SONO, sónui, sónitum, sonáre, *Sonner.*
Cónsono, consónui, consónitum, consonáre, *Sonner auec, S'accorder.*
Dissono, dissónui, dissónitum, dissonáre, *Sonner differemment, Discorder.*

Insono, insónui, insónitum, insonáre, *Sonner fort, Faire bruit.*

Pérsono, persónui, persónitum, personáre, *Faire grand bruit.*

Résono, resónui, resónitum, resonáre, *Resonner.*

CVBO, cúbui, cúbitum, cubáre, *Coucher, Estre couché.*

Accubo, accúbui, accúbitum, accubáre, *Coucher contre.*

Décubo, decúbui, decúbitum, decubáre, *Coucher bas.*

Excubo, excúbui, excúbitum, excubáre, *Coucher dehors, Faire la sentinelle.*

Il y a aussi des Composez de *Cubo*, qui sont de la troisiesme, & ceux-là adjoustent vne M au Present, comme

Accúmbo, accúbui, accúbitum, accúmbere, *Estre couché prés.*

CREPO, crépui, crépitum, crepáre, *Craqueter, Faire bruit, Creuer.*

Cóncrepo, concrépui, concrépitum, concrepáre, *Faire bruit.*

Díscrepo, discrépui, discrépitum, discrepáre, *Discorder.*

Increpo, incrépui, incrépitum, increpáre, *Crier, Reprendre.*

DOMO, dómui, dómitum, domáre, *Dompter.*

Edomo, edómui, edómitum, edomáre, *Dompter entierement.*

Pérdomo, perdómui, perdómitum, perdomáre, *Dompter tout à fait.*

TONO, tónui, tónitum, tonáre, *Tonner.*

Intono, intónui, intónitum, intonáre, *Tonner, Parler fort, Chanter, Entonner.*

Cóntono, contónui, contónitum, contonáre, *Tonner à l'entour.*

VETO,

VETO, vétui, vétitum, vetáre; *Defendre, Empescher.*
PLICO, plícui, plícitum, plicáre; *Ployer,* ou *Plier.*
Cómplico, complícui, complícitum, complicáre; *Ployer l'vn auec l'autre, Assembler.*
Explico, explícui, explícitum, explicáre; *Expliquer, Estendre, Desuelopper.*
Implico, implícui, implícitum, implicáre; *Enuelopper, Embroüiller.*
Réplico, replícui, replícitum, replicáre; *Replier, Repliquer, Redire vne chose plusieurs fois.*
  2. MICO, mícui, *il n'a point de Supin,* micáre, *Reluire, Esclatter.*
Emico, emícui, emicáre; *Briller, Reluire.*
Intérmico, intermícui, intermicáre; *Entrereluire.*
Prómico, promícui, promicáre; *Paroistre de loin.*
  3. Dímico, dimicáui, dimicátum, dimicáre; *Combattre, Donner bataille.*
Súpplico, supplicáui, supplicátum, supplicáre; *Supplier, Presenter requeste.*
  4. Les Composez de PLICO, qui se forment d'vn Nom, font aussi AVI, ATVM.
Multíplico, multiplicáui, multiplicátum, multiplicáre; *de* Multum *&* de Plico; *Multiplier.*
Dúplico, duplicáui, duplicátum, duplicáre; *de* Duo, *& de* Plico; *Plier en deux.*

REGLE IX.

De ceux qui font VI,
& CTVM.

1 Frico, Seco, *font* VI, CTVM;
2 Neco, *de plus* AVI, ATVM.

F

EXEMPLES.

1. FRICO, frícui, frictum, fricáre; *Frotter.*
Affrico, affricui, affrictum, affricáre; *Frotter contre.*
Défrico, defrícui, defrictum, defricáre; *Frotter.*
Infrico, infrícui, infrictum, infricáre; *Frotter en esmiant*, ou *Esmier dedans.*
Réfrico, refrícui, refrictum, refricáre; *Renouueller, Refrotter.*
SECO, sécui, sectum, secáre; *Couper, Trancher, Scier.*
Déseco, desécui, desectum, desecáre; *Coupper tout.*
Disseco, dissécui, dissectum, dissecáre; *Coupper en pieces.*
Intérseco, intersécui, intersectum, intersecáre; *Entretailler, Entrecoupper.*
Réseco, resécui, resectum, resecáre; *Roigner.*
Circúmseco, circúmsecui, circúmsectum, circumsecáre; *Coupper à l'entour.*

2. NECO, nécui, nectum, *& de plus*, necáui, necátum, necáre; *Tuer.*
Eneco, enécui, enectum, enecáui, enecátum, enecáre; *Faire mourir, Suffoquer, Empoisonner.*
Intérneco, internécui, internectum, internecáui, internecáre; *Tuer tout, sans qu'il en demeure vn.*

ADVERTISSEMENT.

Il y a encore beaucoup de Verbes de ceux qui sont dans les Regles precedentes, qui ne laissent pas de faire AVI & ATVM, selon la Regle generale; comme
Cubo, cubáui, cubátum, cubáre.
Applico, ui, aui, itum, átum.
Cómplico, ui, áui, itum, átum.

LA II. CONIVGAISON.

REGLE X.

Generale pour les Verbes de la seconde.

La seconde demande VÏ,
Comme Móneo, mónui,
Et prend à son Supin ITVM,
Comme Móneo, mónitum.

EXEMPLES.

Les Verbes de la seconde, sont tousiours terminez en EO, & font le Preterit en VI, & le Supin en ITVM; comme

MONEO, mónui, mónitum, monére; *Aduertir.*
Admóneo, admónui, admónitum, admonére; *Aduertir.*
Commóneo, commónui, commónitum, commonére; *Exhorter, Aduertir.*
ARCEO, árcui, árcitum, (*le Supin n'est pas en vsage*) arcére; *Garder d'approcher, Chasser, Repousser.*
Coérceo, coércui, coércitum, coercére; *Retenir, Empescher.*
Exérceo, exércui, exércitum, exercére; *Exercer, Tourmenter, Donner de l'exercice.*
TERREO, térrui, térritum, terrére; *Espouuenter, Effrayer, Faire peur.*
Detérreo, detérrui, detérritum, deterrére; *Destourner.*
Extérreo, extérrui, extérritum, exterrére; *Espouuenter.*
Pertérreo, pertérrui, pertérritum, perterrére; *Faire grand peur.*

HABEO, hábui, hábitum, habére; *Auoir.*
Exhíbeo, exhíbui, exhíbitum, exhibére; *Monstrer, Donner.*
Inhíbeo, inhíbui, inhíbitum, inhibére; *Empescher, Retenir.*
Perhíbeo, perhíbui, perhíbitum, perhibére ; *Dire, Donner, Rendre.*
Prohíbeo, prohíbui, prohíbitum, prohibére; *Empescher.*

REGLE XI.

De quelques Verbes exceptez pour le Supin.

1 Dóceo, Doctum *veut auoir,*
2 Tórreo, Tostum *reccuoir.*
3 *Donne* Mistum *à* Mísceo,
4 *Comme* Censum *à* Cénseo,
5 Téneo *veut prendre* Tentum,
6 Cáreo, Cassum, Cáritum.

EXEMPLES.

1. Ces Verbes suiuent la Regle generale pour le Preterit, & sont seulement exceptez pour le Supin.
DOCEO, dócui, doctum, docére; *Enseigner.*
Condóceo, condócui, condóctum, condocére ; *Enseigner ensemble.*
Dedóceo, dedócui, dedóctum, dedocére ; *Ruiner ce qu'vn autre auoit enseigné, Apprendre le contraire.*
Edóceo, edócui, edóctum, edocére; *Enseigner.*

2. TORREO, tórrui, tostum, torrére ; *Rostir, Brusler.*

PRETERITS ET SVPINS.

3. MISCEO, miscui, mistum, miscére; *Mesler.*
Admisceo, admiscui, admistum, admiscére; *Mesler parmy.*
Commisceo, commiscui, commistum, commiscére; *Mesler ensemble.*
Immisceo, immiscui, immistû, immiscére; *Mesler auec.*
Intermisceo, intermiscui, intermistum, intermiscére; *Entremesler.*
Permisceo, permiscui, permistum, permiscére; *Mesler tout.*

5. CENSEO, cénsui, censum, censére; *Estimer, Compter.*
Recénseo, recénsui, recénsum, recensére; *Faire vne reueuë, Compter.*
Succénseo, succénsui, succénsû, succensére; *Estre fasché.*

5. TENEO, ténui, tentum, tenére; *Tenir.*
Ses Composez changent E en I au Present & au Preterit, & non au Supin.
Abstíneo, abstinui, abstentum, abstinére; *S'abstenir.*
Contíneo, continui, conténtum, continére; *Contenir.*
Obtíneo, obtinui, obténtum, obtinére; *Obtenir.*
Retíneo, retinui, reténtum, retinére; *Retenir.*
Sustíneo, sustinui, susténtum, sustinére; *Soustenir.*

6. CAREO, cárui, cáritum, *&* cassum, carére; *N'auoir point, Manquer de quelque chose.*

REGLE XII.

Des Verbes Neutres qui font VI au Preterit.

Le Verbe Neutre ayant VI,
Comme Flóreo flórui,

Iamais de Supin ne prendra;
² *Et* Timeo *l'imitera:*
³ *Exceptez* Valet, Pláceo,
Caret, Meret, *&* Táceo,
Paret, Licet, Nocet, Dolet,
Latet, Calet, *auec* Olet.

EXEMPLES.

1. Le Verbe Neutre, est celuy qui se Conjugue comme l'Actif, & qui n'a point de Passif. Ceux qui font VI au Preterit, n'ont point de Supin; comme

SPLENDEO, splendui, splendére; *Resplendir, Reluire.*

CLAREO, clárui, claróre; *Estre clair.*

FLOREO, flórui, floróre; *Fleurir, Estre fleurissant.*

STVDEO, stúdui, studére; *Estudier, Desirer.*

PALLEO, pállui, palléere; *Estre pasle, Deuenir pasle.*

2. TIMEO, tímui, timére; *Craindre.*

Il est Actif; mais il suit la Regle des Verbes Neutres.

EXCEPTION.

3. Ceux-cy sont exceptez, & ont vn Supin, quoy qu'ils soient Verbes Neutres.

VALEO, válui, válitum, valére, *Valoir, Auoir force, Se porter bien.*

Conuáleo, conuálui, conuálitum, conualére, *Reuenir en santé.*

Inuáleo, inuálui, inuálitum, inualére, *Se guerir, Estre receu en vsage.*

PLACEO, plácui, plácitum, placére, *Plaire.*

Compláceo, complácui, complácitum, complacére, *Estre plaisant, Plaire fort.*

PRETERITS ET SVPINS.

Displiceo, displicui, displicitum, displicére, *Desplaire.*
CAREO, cárui, cáritum, & cassum, *N'auoir point.*
MEREO, mérui, méritum, merére, *Meriter.*
 On dit aussi MEREOR, méritus sum, meréri, *Meriter.*
TACEO, tácui, tácitum, tacére, *Se taire, Ne dire mot, Celer vne chose.*
Contíceo, contícui, contícere, *Se taire tout court, Cesser.*
Obtíceo, obtícui, obtícere. *Le mesme.*
Retíceo, retícui, reticére, *Se taire de quelque chose, N'en dire mot.*
PAREO, párui, páritum, parére, *Paroistre, Obeïr.*
Appáreo, appárui, apparitum, apparére, *Apparoistre.*
Compáreo, compárui, compáritum, comparére, *Comparoistre.*
Dispáreo, dispárui, dispáritum, disparére, *Disparoistre.*
LICEO, lícui, lícitum, licére, *Estre mis à prix, Estre prisé.* Il a la signification Passiue. Et au contraire,
LICEOR, licóris, lícitus sum, licéri, *Priser, Mettre à l'enchere :* A la signification Actiue.
NOCEO, nócui, nócitum, nocére, *Nuire.*
DOLEO, dólui, dólitum, dolére, *Auoir douleur, Se trouuer mal.*
Condóleo, condólui, condolére, *Estre malade.*
LATEO, látui, látitum, latére, *Estre caché.*
Delíteo, delítui, delitére. *Le mesme.*
CALEO, cálui, cálitum, calére, *Auoir chaud.*
Incáleo, incálui, incálitum, incalére, *Estre eschauffé.*
OLEO, ólui, ólitum, olére, *Sentir & rendre odeur.*

REGLE XIII.
Des Composez du Verbe OLEO.

¹ *Ceux d'*Olet *ont* ITVM, VI,
   Lors qu'ils ont mesme sens que luy.
² *Ceux qui se prennent autrement,*
   Font ETVM, EVI *plus souuent:*
³ *Mais* Aboléui *prend* ITVM,
⁴ *Comme* Adoléuit Adúltum.

EXEMPLES.

1. Les Composez d'OLEO, *Sentir*, qui retiennent la signification du Simple, retiennent aussi son Preterit ; comme

Obóleo, obólui, obólitum, obolére ; *Sentir, Rendre odeur, Flairer.*

Peróleo, perólui, perólitum, perolére ; *Rendre vn odeur forte.*

Redóleo, redólui, redólitum, redolére ; *Sentir.*

Subóleo, subólui, subólitum, subolére ; *Sentir vn peu.* Et par Metaphore, *Se douter.*

2. Les autres Composez de ce Verbe, qui s'esloignent de la signification de leur Simple, font le plus souuent EVI au Preterit, & ETVM au Supin ; comme Inóleo, *ou plustost* Inolésco, inoléui, inolétum, inoléscere ; *Estre en vsage, Croistre.*

Obsóleo, & Obsolésco, obsolétum, obsoléscere ; *Se passer, Perdre son lustre & sa vigueur, Estre hors d'vsage.*

PRETERITS ET SVPINS.

3. Abóleo, abólevi, abólitum, abolére; *Abolir, Aneantir, Effacer.*

On dit aussi Abolésco, abolescis, abolescere; *Estre aneanty,* (en signification Passiue.) Memória huius rei propè iam aboléuerat, *Estoit presque desia esteinte.*

4. Adóleo, adólevi, adúltum, adolére; *Brusler, Sacrifier.*

On dit aussi Adolésco, adoléscis, adoléui, adúltum, adoléscere; *Croistre, Deuenir grand.* Et quelquefois aussi *Sacrifier.*

REGLE XIV.

Des Verbes qui font DI au Preterit, & SVM au Supin.

1 Prandet, Videt, *auront* DI, SVM,
2 Sédeo, *fait* sedi, sessum.
3 Stridet *aussi* stridit *aura,*
  Et de Supin se passera.

EXEMPLES.

1. PRANDEO, prandi, pransum, prandére; *Disner.* Remarquez que l'on dit aussi *Pransus sum*, I'ay disné.
VIDEO, vidi, visum, vidére; *Voir.*
Inuídeo, inuídi, inuísum, inuidére; *Enuier. Ne vouloir point voir.*
Præuídeo, præuídi, præuísum, præuidére; *Preuoir.*
Prouídeo, prouídi, prouísum, prouidére; *Pourueoir.*

2. SEDEO, sedi, sessum, sedére; *Estre assis.*
Ses Composez changent l'E du Present en I; comme
Assídeo, assédi, asséssum, assidére; *Estre assis aupres.*
Consídeo, consédi, conséssum, ere; *Estre assis ensemble.*

Dissídeo, dissidére; *Estre en different.* } Ils n'ont gueres
Desídeo, ére; *Se tenir sans rien faire.* } de Preterit.
Insídeo, insédi, inséssum, insidére; *Estre assis sur quelque chose, Espier, Assieger, Occuper vne place.*
Obsídeo, obsédi, obséssum, obsidére; *Assieger, S'asseoir à l'entour.*
Præsídeo, præsédi, præséssum, præsidére; *Presider.*
Subsídeo, subsédi, subséssum, subsidére; *Estre assis au bas, Estre demeuré au fonds, Espier.*

3. STRIDEO, stridi, stridére; *Faire bruit.*
Il n'a point de Supin.

ADVERTISSEMENT.

Remarquez que les Verbes qui ont E au Preterit du Simple, le retiennent aussi au Preterit du Composé, quoy qu'il se change en I à leur Present ; comme on void en ces Composez de *Sédeo*. Il n'y a que les Composez de *Téneo* exceptez, qui retiennent l'I de leur Present à leur Preterit. Voyez la Regle 11. n. 5.

REGLE XV.

D'autres Verbes qui font encore DI, & SVM, mais en redoublant leur Preterit.

1 Mordet *prend* momórdi morsum ;
2 *Et* Tondet, totóndi tonsum.
3 Péndeo, pensum pepéndi ;
4 Spóndeo, sponsum spopóndi.

EXEMPLES.

Ces Verbes icy redoublent au Preterit la premiere syllabe ; mais ce redoublement se perd dans leurs Composez. Voyez la Regle 2.

1. MORDEO, mo-mórdi, morfum, mordére, *Mordre.*

Admórdeo, admórdi, admórfum, admordére; *Mordre dedans, Entamer.*

Obmórdeo, obmórdi, obmórfum, obmordére; *Mordre tout autour.*

Remórdeo, remórdi, remórfum, remordére; *Remordre, Affliger.*

2. TONDEO, to-tóndi, tonfum, tondére; *Tondre.*

Detóndeo, detóndi, detónfum, detondére; *Tondre tout à fait.*

3. PENDEO, pe-péndi, penfum, pendére; *Pendre d'enhaut, Eftre pendu à quelque chofe, Dépendre de quelqu'vn, Eftre en fufpens.*

Appéndeo, appéndi, appénfum, appendére; *Pendre à quelque chofe.*

Mais on dit pluftoſt Appéndo; Appéndere aurum, *Pefer l'or.* Voyez les autres Compofez de *Pendo* en la Regle 26.

Depéndeo, depéndi, depénfum, dependére; *Pendre de quelque lieu.*

Impéndeo, impéndi, impénfum, impendére; *Pancher deffus, Eftre prés de tomber, Eftre proche d'arriuer.*

4. SPONDEO, fpo-póndi, fponfum, fpondére; *Promettre.*

Defpóndeo, defpóndi, defpónfum, defpondére; *Promettre en mariage, Accorder.* Et quelquefois, *Perdre courage, Se mourir d'ennuy.*

Refpóndeo, refpóndi, refpónfum, refpondére; *Refpondre.*

REGLE XVI.
Des Verbes en VEO.

1. *Ceux en* VEO *prennent* VI, TVM,
Fóueo, foui *&* fotum;
2. *Mais* fautum *vient de* Fáueo,
Comme cautum *de* Cáueo :
3. *Et* VEO *Neutre est sans Supin;*
4. Aueo *n'a ny pied ny main,*
5. Férueo *fera* férbui :
6. *Et* Cónniuet *prend* VI *&* XI.

EXEMPLES.

1. Les Verbes en VEO font VI au Preterit, & TVM au Supin.

FOVEO, foui, fotum, fouére; *Eschauffer, Entretenir.*
Confóueo, confóui, confótum, confouére; *Eschauffer ensemble.*
Refóueo, refóui, refótum, refouére; *Reschauffer.*

2. FAVEO, faui, fautum, *& non* fatum, fauére; *Fauoriser.*

CAVEO, caui, cautum, *& non* catum, cauére ; *Preuoir, Se donner de garde, Euiter.* Autrefois on disoit *Catus,* Vn homme Fin ; & *Catè*; Plaut. *Finemens, Prudemment.*

3. Les Verbes Neutres en VEO, font aussi le Preterit en VI, mais ils n'ont point de Supin; comme.

Fláueo, flaui, (*peu en vsage*) flauére; *Deuenir blond.*
Lángueo, langui, languére; *Estre malade, Languir.*
Líueo, liui, (*peu en vsage,*) liuére; *Estre terne, noirastre & plombé, Enuier.*

Páueo, paui, pauére; *Craindre.*
Expáueo, expáui, expauére; *Craindre fort, S'eſtonner.*
4. AVEO, auére; *Deſirer, Souhaitter.* Il n'a ny pied ny main, *c'eſt à dire,* ny Preterit, ny Supin.
5. FERVEO, férbui, feruére; *Boüillir, Eſtre eſchauffé, & en cholere.*

On dit auſſi *Feruo, feruis,* de la troiſieſme, d'où vient *Ferui.*

Deférueo, deférbui, deferuére; *Se refroidir, S'appaiſer.*
6. CONNIVEO, conníui, connixi, conniuére; *Cligner les yeux, Faire ſemblant de ne pas voir.*

REGLE XVII.

De quelques autres Verbes qui font auſſi le Preterit en VI, & le Supin en TVM.

Donne VI, TVM, *à* Flet, Delet, Plet, *& les ſiens,* Net *&* Ciet.

EXEMPLES.

FLEO, fleui, fletum, flere; *Pleurer.*
Défleo, defléui, deflétum, defléꝛe; *Pleurer vn autre, Se plaindre.*
Effleo, effléui, efflétum, effléꝛe; *Pleurer extrémement, Perdre les yeux à force de pleurer.*
DELEO, deléui, delétum, deléꝛe; *Effacer.*
LEO, n'eſt point en vſage, mais ſeulement ſes Compoſez; comme
Adímpleo, adimpléui, adimplétum, adimpléꝛe; *Emplir*
Cómpleo, compléui, complétum, compléꝛe; *Emplir, Accomplir.*

Expleo, expléui, explétum, expléré; *Remplir, Rassasier.*
Impleo, impléui, implétum, impléré; *Emplir.*
Oppleo, oppléui, opplétum, oppléré; *Emplir.*
Répleo, repléui, replétum, repléré; *Remplir.*
Súppleo, suppléui, supplétum, suppléré; *Suppleer, Supposer.*
NEO, neui, netum, néré; *Filer.*
CIEO, cies, ciui, citum, ciéré; *Exciter, Esmouuoir, Appeller.*

ADVERTISSEMENT.

L'on dit aussi *Cio, cis, ciui, citum, cire,* de la quatriesme. Ainsi remarquez qu'il y a des Verbes qui sont de deux Conjugaisons, quoy qu'ils ayent le mesme Preterit & Supin, & la mesme signification.

Ses Composez suiuent plustost la quatriesme; comme Accio, accis, accíui, accítum, accíre; *Appeller, Faire venir, Enuoyer querir.*

REGLE XVIII.

Des Verbes qui font SI au Preterit, & SVM au Supin.

Ridet, Mulcet, *&* Suadet,
Mulget, Hæret, *auec* Ardet,
Terget, *&* Manet, *font* SI, SVM;
Iubeo, *prend* iussi, iussum.

EXEMPLES.

Tous ces Verbes font SI au Preterit, & SVM au Supin.

SVADEO, suási, suásum, suadére; *Conseiller, Induire.*
Persuádeo, persuási, persuásum, persuadére; *Persuader, Faire croire tout à fait vne chose.*
Dissuádeo, dissuási, dissuásum, dissuadére; *Dissuader, Conseiller le contraire.*
RIDEO, risi, risum, ridére; *Rire.*
Arrídeo, arrísi, arrísum, arridére; *Rire à quelqu'vn, Tascher de luy complaire.*
Derídeo, derisi, derísum, deridére; *Se mocquer.*
Irrídeo, irrisi, irrísum, irridére; *Se mocquer.*
MVLCEO, mulsi, mulsum, (& mulctum, *selon Priscian.*) *Adoucir, Appaiser, Flatter.*
Demúlceo, demúlsi, demúlsum, demulcére. *Le mesme.*
Permúlceo, permúlsi, (& *quelquefois* permúlxi,) permúlsum, permulcére. *Le mesme.*
MVLGEO, mulsi & mulxi, mulsum & mulctum, mulgére; *Traire le laict.*
Emúlgeo, emúlsi, emúlsum, emulgére. *Le mesme.*
HÆREO, hæsi, hæsum, hærére; *Tenir contre, Estre joint & attaché.*
Adhæreo, adhæsi, adhæsum, adhærére; *Adherer à quelqu'vn, S'attacher à quelque chose.*
Cohæreo, cohæsi, cohæsum, cohærére; *Tenir contre.*
Inhæreo, inhæsi, inhæsum, inhærére. *Le mesme.*
ARDEO, arsi, arsum, ardére; *Brusler.*
Exárdeo, exársi, exársum, exardére; *Estre enflammé.*
Inárdeo, inársi, inársum, inardére. *Le mesme.*
TERGEO, tersi, tersum, tergére; *Torcher, Nettoyer.*
L'on dit aussi Tergo, tersi, tersum, térgere. *Le mesme.*
MANEO, mansi, mansum, manére; *Demeurer.*
Permáneo, permánsi, permánsum, permanére; *Demeurer jusques à la fin.*
IVBEO, iussi, iussum, iubére; *Commander.*

REGLE XIX.

Des Composez de *Máneo*, qui changent l'A en I.

Les Composez de Máneo,
Comme ce Verbe Emíneo,
MINVI *sans Supin prendront,*
*Lors qu'*A *en* I *ils changeront.*

EXEMPLES.

Les Composez de MANEO, qui changent l'A en I, font *Mínui* sans Supin.

Emíneo, emínui, eminére; *Se monstrer dehors, Paroistre, Exceller.*

Immíneo, immínui, imminére; *Pancher, Estre proche, Espier l'occasion de quelque chose.*

Præmíneo, præmínui, præminére; *Estre plus excellent que les autres.*

Promíneo, promínui, prominére; *Paroistre dehors, Se monstrer.*

REGLE XX.

De ceux qui font SI, TVM.

Indúlget *formera* SI, TVM,
Comme Torquet, torsi, tortum.

EXEMPLES.

Ces deux Verbes font SI au Preterit, & TVM au Supin.

INDVL-

INDVLGEO, indúlſi, indúltum, indulgére; *Eſtre doux & indulgent, Pardonner.*
TORQVEO, torſi, tortum, torquére; *Tordre, Tourmenter.*
Contórqueo, contórſi, contórtum, contorquére; *Tourner, Tordre, letter de force, Deſtourner le cours d'vne riuiere.*
Detórqueo, detórſi, detórtum, detorquére; *Deſtourner.*
Diſtórqueo, diſtórti, diſtórtum, diſtorquére; *Tordre.*
Retórqueo, retórſi, retórtum, retorquére; *Rejetter, Refrapper.*

REGLE XXI.

Du Verbe *Sórbeo*.

ITVM, VI Sorbet *voudra,*
Son Compoſé PSI, PTVM *prendra.*

EXEMPLES.

SORBEO, *fait* ſorbui, ſorbitum, ſorbére; *Humer, Aualler, Engloutir.*
Abſórbeo, abſórbui, abſórpſi, abſórptum, abſorbére; *Abſorber, Engloutir.*

REGLE XXII.

De ceux qui font SI au Preterit ſans Supin.

Alget, Fulget, *auec* Vrget,
Ont SI *ſans Supin, &* Turget.

G

EXEMPLES.

Ces quatres-cy ont au Preterit SI, & n'ont point de Supin.

ALGEO, alſi, algére; *Auoir grand froid.*
FVLGEO, fulſi, fulgére; *Reluire, Eſtre reſplendiſ-ſant.*
Affúlgeo, affúlſi, affulgére; *Reluire contre.*
Effúlgeo, effúlſi, effulgére; *Reluire, Eſclairer.*
Refúlgeo, refúlſi, refulgére; *Reſplendir.*
VRGEO, vrſi, vrgére; *Preſſer, Haſter quelqu'vn.*
TVRGEO, turſi, turgére; *Eſtre enflé.*
Detúrgeo, detúrſi, deturgére; *Se deſenfler.*

REGLE XXIII.

De ceux qui ont XI au Preterit, & CTVM au Supin.

Luget, Mulget, XI, CTVM, *ont pris,*
Le Verbe Auget *les a ſuiuis.*

EXEMPLES.

Ces trois-cy ont XI au Preterit, & CTVM au Supin.

LVGEO, luxi, luctum, lugére; *Pleurer, Porter le dueil.*
Elúgeo, elúxi, elúctum, elugére; *Acheuer ſon dueil.*
Prolúgeo, prolúxi, prolúctum, prolugére; *Porter long-temps le dueil.*
MVLGEO, mulxi, mulctum, mulgére; *Traire le lait.*
Il fait auſſi *Mulſi, mulſum.* Voyez la Regle 18.

AVGEO, auxi, auctum, augére ; *Augmenter, Accroi-stre.*
Adáugeo, adáuxi, adáuctum, adaugére. *Le mesme.*

REGLE XXIV.

De ceux qui font XI au Preterit, sans Supin.

Friget, Lucet, XI receuront.
Mais jamais de Supin n'auront.

EXEMPLES.

FRIGEO, frixi, frigére ; *Auoir froid.*
Refrígeo, refríxi, refrigére ; *Se refroidir.*
LVCEO, luxi, lucére ; *Luire.*
Collúceo, collúxi, collucére ; *Reluire.*
Dilúceo, dilúxi, dilucére ; *Luire.*
Elúceo, elúxi, elucére ; *Luire.*
Illúceo, illúxi, illucére ; *Faire iour, Luire, Esclairer.*
Pollúceo, pollúxi, pollúctum ; *celuy-cy a son Supin, d'où vient* Pollúctum, pollúcti ; Plin. *Vn magnifique banquet.* pollucére ; *Traitter, apprester vn Banquet* ; il signifie aussi *Reluire.*
Sublúceo, sublúxi, sublucére ; *Reluire vn peu, Commencer à esclairer.*

LA III. CONIVGAISON.

Cette Conjugaison ne garde point de Regle generalle pour le Preterit, ny pour le Supin ; c'est pourquoy nous les mettrons plus commodément selon l'ordre de la terminaison du Present, que de celle des Preterits.

REGLE XXV.

Des Verbes terminez en IO ; & premierement de ceux en CIO.

1. Fácio, *fait* feci, factum,
2. *Et* Iácio, ieci, iactum,
3. ITVM, VI, Elício :
4. *Les autres pris de* Lácio,
   EXI, ECTVM *possederont,*
5. *Ceux de* Spécio *les suiuront.*

EXEMPLES.

1. FACIO, feci, factum, fácere ; *Faire.*

De ses Composez, les vns sont formez d'autres Verbes, ou d'Aduerbes, qui retiennent A ; comme

Arefácio, areféci, arefactum, arefácere ; *Desseicher.*
Benefácio, beneféci, benefactum, benefácere ; *Bien faire, Faire plaisir.*
Calefácio, caleféci, calefactum, calefácere ; *Eschauffer.*
Commonefácio, commoneféci, commonefactum, commonefácere ; *Aduertir.*
Labefácio, labeféci, labefactum, labefácere ; *Rompre, Gaster.*
Liquefácio, liqueféci, liquefactum, liquefácere ; *Fondre, Amollir.*
Stupefácio, stupeféci, stupefactum, stupefácere ; *Estonner.*
Tepefácio, tepeféci, tepefactum, tepefácere ; *Attiedir, Rendre tiede.*

PRETERITS ET SVPINS.

Terrefácio, terreféci, terrefáctum, terrefácere; *Espouuanter.*

Les autres Composez de *Fácio*, qui sont formez d'vne Preposition changent l'A en I ; & par consequent prennent vn E au Supin ; comme

Afficio, afféci, afféctum, afficere ; *Esmouuoir.*
Conficio, conféci, conféctum, conficere; *Acheuer.*
Deficio, deféci, deféctum, deficere; *deffaillir.*
Efficio, efféci, efféctum, efficere ; *Faire.*
Inficio, inféci, inféctum, inficere; *Infecter, Teindre, Frotter.*
Officio, offéci, officere, (sans Supin ;) *Nuire.*
Perficio, perféci, perféctum, perficere; *Acheuer, Accomplir.*
Proficio, proféci, proféctum, proficere; *Profiter, Auancer.*
Sufficio, sufféci, sufféctum, sufficere; *Suffire, Fournir.*

2. IACIO, ieci, iactum, iácere ; *Ietter.*

Ses Composez changent A en I, & partant prennent E au Supin ; comme

Abiicio, abiéci, abiéctum, abiicere ; *Ietter par despit.*
Coniicio, coniéci, coniéctum, coniicere; *Ietter ensemble, Conjecturer.*
Deiicio, deiéci, deiéctum, deiicere ; *Ietter par terre.*
Eiicio, eiéci, eiéctum, eiicere; *Ietter dehors.*
Iniicio, iniéci, iniéctum, iniicere ; *Ietter dedans.*
Obiicio, obiéci, obiéctum, obiicere ; *Objecter, Ietter au deuant.*
Proiicio, proiéci, proiéctum, proiicere; *Ietter loin de soy.*
Subiicio, subiéci, subiéctum, subiicere; *Mettre dessous, Sousmettre.*
Traiicio, traiéci, traiéctú, traiicere; *Passer outre, Percer.*

3. ELICIO, elicuï, elícitum, elícere; *Tirer dehors.*
Il est Composé de LACIO, qui n'est pas en usage.
Ses autres Composez font EXI, ECTVM; comme

4. Allício, alléxi, alléctum, allícere, *Allecher, Attirer.*
Illício, illéxi, illéctum, illícere, *Attirer.*
Pellício, pelléxi, pelléctum, pellícere, *Attirer.*

5. SPECIO, n'est pas non plus en usage, mais ses Composez font aussi EXI, ECTVM, comme
Aspício, aspéxi, aspéctum, aspícere; *Voir, Regarder.*
Circumspício, circumspéxi, circumspéctum, circumspícere, *Regarder à l'entour*
Despício, despéxi, despéctum, despícere, *Regarder en bas, Mespriser.*
Dispício, dispéxi, dispéctum, dispícere, *Regarder de tous costez.*
Suspício, suspéxi, suspéctum, suspícere; *Regarder en haut, Admirer.*

REGLE XXVI.

De ceux en DIO, & en GIO.

Dy Fódio, fodi, fossum,
Fúgio, fugi, fúgitum.

EXEMPLES.

FODIO, *fait* fodi, fossú, fódere; *Foüir, Creuser la terre.*
Confódio, confódi, confóssum, confódere; *Percer.*
Defódio, defódi, defóssum, defódere; *Enterrer.*
Effódio, effódi, effóssum, effódere; *Déterrer.*
Perfódio, perfódi, perfóssum, perfódere; *Percer tout outre.*

FUGIO, fugi, fúgitum, fúgere; *Fuir.*
Diffúgio, diffúgi, diffúgitum, diffúgere ; *Fuir en diuers lieux.*
Effúgio, effúgi, effúgitum, effúgere ; *S'enfuïr, S'eschapper.*
Perfúgio, perfúgi, perfúgitum, perfúgere; *Se refugier en quelque lieu.*

REGLE XXVII.
De ceux en PIO.

1 Cepi captum, *prend* Cápio,
2 Rápuï raptum, Rápio:
3 Cúpio, *fait* ITVM, IVI;
4 Sápio *fait de plus* VÏ.

EXEMPLES.

1. CAPIO, *fait* cepi, captum, cápere; *Prendre.*
Ses Composez changent l'A en I, & partant prennent vn E au Supin ; comme
Accípio, accépi, accéptum, accípere; *Prendre, Receuoir.*
Concípio, concépi, concéptum, concípere; *Comprendre, Conceuoir.*
Decípio, decépi, decéptum, decípere; *Tromper.*
Excípio, excépi, excéptū, excípere; *Excepter, Recueillir.*
Incípio, incépi, incéptum, incípere ; *Commencer.*
Occípio, occépi, occéptum, occípere ; *Commencer.*
Præcípio, præcépi, præcéptum, præcípere; *Commander.*
Recípio, recépi, recéptum, recipere ; *Reprendre, Promettre, Prendre ou Receuoir en sa protection.*
Suscípio, suscépi, suscéptum, suscípere; *Entreprendre, Se charger.*

2. RAPIO, rápui, raptum, rápere; *Rauir, Arracher des mains.*

Ses Composez changent l'A en I; & partant prennent vn E au Supin; comme

Abrípio, abrípui, abréptum, abrípere; *Rauir, Oster de force.*

Corrípio, corrípui, corréptum, corrípere; *Reprendre, Faire des remonstrances.*

Dirípio, dirípui, diréptum, diripere; *Rauir, Piller.*

Prorípio, prorípui, proréptum, prorípere; *Se tirer hors, Se desrober.*

3. CVPIO, cupíui, cupítum, cúpere; *Desirer.*
Concúpio, concupíui, concupítum, concúpere; *Desirer.*

4. SAPIO, sapíui, *ou plustost* sapii *par Syncope; & de plus* sapuï, sápitum, sapere; *Sentir, Auoir goust, Estre sage.*

Ses Composez changent A en I; mais ils ne prennent pas E au Supin.

Desípio, desípiui, desipui, desípitum, desípere; *Deuenir fol, Radotter.*

Resípio, resípiui, resipui, resípitum, resipere; *Reuenir en son bon sens, Se rauiser.*

REGLE XXVIII.

De ceux en RIO, & en TIO.

1. Pário, *prendra* péperi,
Partum, *&* páritum *aussi.*
2. Quátio, *fait* quassi quassum.
3. *Ses Composez* CVSSI CVSSVM

1. PARIO, *fait* péperi, partum, *&* páritum, párere;
Enfanter, Accoucher, Engendrer, Causer, Acquerir.
Ses Composez changent A en E, & sont de la quatriesme; comme
Apério, apérui, apértum, aperire ; *Ouurir.* Voyez la Regle 63.

2. QVATIO, quassi, quassum, quátere; *Esbranler, Faire trembler.*
Concútio, concússi, concússum, concútere; *Esbranler, Hocher.*
Decútio, decússi, decússum, decútere; *Abbattre.*
Discútio, discússi, discússum, discútere; *Discuter, Examiner.*
Excútio, excússi, excússum, excútere; *Secoüer, Faire sortir dehors.*
Incútio, incússi, incússum, incútere; *Frapper, Faire entrer.*
Percútio, percússi, percússum, percútere ; *Frapper, Battre.*
Repercútio, repercússi, repercússum, repercútere; *Refrapper, Repousser.*

REGLE XXIX.
Des Verbes terminez en
VO.

1 V O, V I, VTVM *aura,*
2 Struo, struxi, structum *voudra.*
3 Fluo *forme* fluxi, fluxum.
4 Pluo, plui, pluui, plutum.
5 Ruo, rui, rúitum *prend;*
6 *Les siens ont* Rutum *seulement.*

EXEMPLES.

1. Les Verbes en V Ö font le Preterit en V Ï, & le Supin en V T V M ; comme

1. A R G V O, árgui, argútum, argúere; *Reprendre, Accuser.*

Redárguo, redárgui, redargútum, redargúere. *Le mesme.*

A C V O, ácui, acútum, acúere ; *Aiguiser, Esmouuoir.*

Exácuo, exácui, exacútum, exacúere; *Aiguiser, Rendre pointu.*

E X V O, éxui, exútum, exúere ; *Despoüiller.*

I N D V O, índui, indútum, indúere; *Vestir.*

I M B V O, ímbui, ímbutum, imbúere ; *Abbreuuer, Tremper.*

Les Composez de L A V O, ou du Verbe L V O inusité ; comme

Abluo, áblui, ablútum, ablúere ; *Lauer.*

Alluo, állui, allútum, allúere ; *Couler contre, Lauer.*

Díluo, dílui, dilútum, dilúere ; *Nettoyer, Expliquer.*

Eluo, élui, elútum, elúere ; *Lauer, Rincer.*

Pólluo, póllui, pollútum, pollúere ; *Gaster, Soüiller, Corrompre.*

STATVO, státui, statútum, statúere; *Ordonner, Establir.*

Ses Composez changent A en I ; comme

Constítuo, constítui, constitútum, constitúere; *Ordonner, Establir.*

Destítuo, destítui, destitútum, destitúere; *Delaisser, Abandonner.*

Instítuo, instítui, institútum, institúere; *Instituer, Commencer, Proposer, Deliberer.*

Prostítuo, prostítui, prostitútum, prostitúere; *Prostituer, Abandonner au vice.*

PRETERITS ET SVPINS.

SVO, sui, sutum, súere ; *Coudre.*
Assuo, ássui, assútum, assúere ; *Coudre auec.*
Dissuo, dissui, dissútum, dissúere ; *Descoudre.*
Résuo, résui, resútum, resúere ; *Recoudre.*
TRIBVO, tribui, tribútum, tribúere ; *Donner.*
Attríbuo, attríbui, attribútum, attribúere ; *Attribuer, Assigner.*
Distríbuo, distríbui, distribútum, distribúere ; *Distribuer, Departir.*

EXCEPTIONS.

2. STRVO, struxi, structum, strúere ; *Mettre en ordre, Bastir.*
Adstruo, *ou* Astruo, adstrúxi, adstrúctum, adstrúere ; *Bastir contre, Adjouster.*
Cónstruo, constrúxi, constrúctum, constrúere ; *Amasser, Assembler, Construire.*
Déstruo, déstruxi, destrúctum, destrúere ; *Demolir, Destruire.*
Instruo, instrúxi, instrúctum, instrúere ; *Instruire, Agencer.*
Obstruo, obstrúxi, obstrúctum, obstrúere ; *Bastir contre, Bouscher.*

3. FLVO, fluxi, fluxum, flúere ; *Couler.*
Affluo, afflúxi, afflúxum, afflúere ; *Couler en quelque lieu, Auoir en abondance.*
Diffluo, difflúxi, difflúxum, difflúere ; *Couler de tous costez.*
Effluo, efflúxi, efflúxum, efflúere ; *S'escouler, S'enfuir, Se passer.*

4. PLVO, plui, pluui, plutum, plúere ; *Pleuuoir.*
5. RVO, rui, rúitum, rúere ; *Cheoir, Aller en ruine.*

Ses Composez font au Supin V TVM ; *c'est à dire,* qu'ils suiuent la Reigle generalle.

Córruo, córrui, córrutum, corrúere, *Tomber en ruïne.*
Díruo, dírui, dírutum, dirúere, *Abbattre & ruïner vne chose.*
Eruo, érui, érutum, erúere, *Tirer dehors.*
Irruo, írrui, írrutum, irrúere, *Courir sus, Se jetter dessus.*
Obruo, óbrui, óbrutum, obrúere, *Couurir, Accabler.*

REGLE XXX.

De quelques Verbes en V̈O, qui n'ont point de Supin.

1 Métuo, Luo, Cóngruo,
  Auec Réspuo, Ingruo ;
2 *Et ceux qui de* nuo *naistront,*
  Iamais aucun Supin n'auront.

EXEMPLES.

Ces Verbes suiuent tousiours la Regle generalle de ceux en V̈O pour le Preterit, faisant V̈I : mais ils n'ont point de Supin.

METVO, métui, metúere, *Craindre.*
Præmétuo, præmétui, præmetúere, *Craindre par auance, Apprehender.*
LVO, lui, lúere, *Payer rançon, Estre puny.*
CONGRVO, cóngrui, congrúere, *S'accorder.*
Ingruo, íngrui, ingrúere, *Assaillir, Aborder, Arriuer.*
RESPVO, réspui, respúere, *Rejetter, Cracher contre.*
Il est Composé de SPVO, spui, sputum, spúere, *Cracher.*

Ses autres Composez n'ont gueres aussi de Supin, comme

Expuo, éxpui, expúere; *Cracher dehors.*
Inſpuo, ínſpui, inſpúere; *Cracher deſſus.*
2. NVO n'eſt pas en vſage, mais ſeulement ſes Compoſez, comme
Abnuo, ábnui, abnúere, *Faire ſigne de refus.*
Annuo, ánnui, annúere, *Accorder, Faire ſigne que l'on conſent.*
Innuo, ínnui, innúere, *Faire ſigne de quelque choſe.*
BATVO, *Fait auſſi* Bátui, *Sans Supin*, Batúere, *Battre*, CLVO, clui, clúere, *Batailler, Reſplandir.*
Ces deux Verbes ne ſont plus en vſage.

REGLE XXXI.

Des Verbes terminez en
BO.

1 *Donne au Verbe en* BO, BI, BITVM:
2 *Mais* Scribo, Nubo, *font* PSI, PTVM,
3 *Sans Supins ſont* Scabo, Lambo.
4 *Tous les Compoſez de* Cubo,
VI, ITVM *veulent auoir;*
Accúmbo *te le fera voir.*

EXEMPLES.

1. Les Verbes en BO font BI au Preterit, & BITVM au Supin, comme
BIBO, bibi, bíbitum, bíbere, *Boire.*
Cómbibo, cómbibi, combíbitum, combíbere, *Boire enſemble.*
Ebibo, ébibi, ebíbitum, ebíbere, *Boire iuſques au fonds.*
Imbibo, ímbibi, imbíbitum, imbíbere, *Boire, Prendre.*

GLVBO, glubi, glúbitum, glúbere, *Escorcher, ou Oster l'escorce.*

Deglúbo, deglúbi, deglúbitum, deglúbere. *Le mesme.*

2. Ces deux-cy font PSI au Preterit, & PTVM au Supin.

SCRIBO scripsi, scriptum, scríbere; *Escrire.*

Adscríbo, psi, ptum, adscríbere; *Escrire auec, Adjouster à ce qui est escrit.*

Circumscríbo, psi, ptum, circumscríbere; *Enuironner, Surprendre.*

Descríbo, psi, ptum, descríbere; *Descrire & explique, Copier, Distribuer.*

Excríbo, psi, ptum, excríbere; *Extraire, Copier.*

Inscríbo, psi, ptum, inscríbere, *Intituler, Mettre en vente.*

Perscríbo, psi, ptum, perscríbere; *Acheuer d'estre, Proscrire quelqu'un.*

Transcríbo, psi, ptum, transcríbere; *Transcrire, Faire des copies.*

NVBO, nupsi, nuptum, núbere; *Se marier, Prendre vn mary.*

Connúbo, psi, ptum, bere, *Se marier ensemble.*

Innúbo, innúpsi, innúptum, innúbere, *Espouser mary.*

3. Ces deux-cy n'ont point de Supin, & suiuent la Regle pour le Preterit.

SCABO, scabi, scábere, *Gratter, Galler.*

LAMBO, lambi, lámbere, *Lescher.*

4. Les Composez de CVBO qui sont de la troisiesme, sont ceux qui adjoustent vne M au Present, mais ils la perdent au Preterit & au Supin, comme

Accúmbo, accúbui, accúbitum, accúmbere, *Estre couché aupres.*

Discúmbo, discúbui, discúbitu, discúmbere, *Estre assis.*

Occúmbo, occúbui, occúbitum, occúmbere, *Mourir.*

PRETERITS ET SVPINS.

REGLE XXXII.
Des Verbes terminez en
SCO.

1 SCO *se doit changer en* VI, TVM;
2 *Mais* Pasco paui, *fait* pastum.
3 Disco *n'aura que* dídici,
4 *Et* Compésco compéscui:
  Dispéscuit *à* Dispésco:
5 Popósci *demande* Posco,
  Et veut le Supin en ITVM,
6 *Ainsi qu'*Agnitum, Cógnitum.

EXEMPLES.

1. Les Verbes en SCO, font le Preterit en changeant SCO en VI, & le Supin en changeant SCO en TVM, comme
CRE-SCO, cre-ui, cre-tum, créscere, *Croistre.*
Accré-sco, accré-ui, accré-tum, accréscere, *Accroistre.*
Concré-sco, concré-ui, concré-tum, concréscere, *Se prendre & s'amasser ensemble.*
Decré-sco, decré-ui, decré-tum, decréscere, *Diminuer.*
NO-SCO, no-ui, no-tum, nóscere, *Connoistre.*
Ignó-sco, ignó-ui, ignó-tum, ignóscere, *Pardonner.*
QVIE-SCO, quié-ui, quié-tum, quiéscere; *Se reposer.*
Acquié-sco, acquiéui, acquié-tum, acquiéscere; *Acquiescer, Se reposer.*
SCI-SCO, sci-ui, sci-tum, sciscere; *Ordonner, Faire vne loy.*
Consci-sco, consci-ui, tum, ere; *Faire vn edit, Vne loy.*

SUESCO, fué-ui,-fué-tum, fuéfcere; *Auoir de couſtume.*

Aſſué-ſco, aſſué-ui, aſſué-tum, aſſuéfcere, *S'accouſtumer.*

Defué-ſco, defué-ui, defué-tum, defuéfcere; *Se defaccouſtumer.*

EXCEPTIONS.

2. PASCO, pa-ui, pa-ſtum, *il reprend l'S au Supin*; páſcere, *Paiſtre, Nourrir.*

3. DISCO, dídici, *ſans Supin ſelon Eraſme,* díſcere; *Apprendre.*

Addíſco, addídici, addíſcere; *Apprendre.*
Edíſco, edídici, edíſcere. *Le meſme.*
Dedíſco, dedídici, dedíſcere; *Deſapprendre.*

Ses Compoſez retiennent le redoublement. Voyez la Regle 2.

4. COMPESCO, compéſcui, compéſcere; *Paiſtre enſemble, Appaiſer, Empeſcher, Refrener.*

DISPESCO, diſpéſcui, diſpéſcere; *Separer, Ramener les beſtes de la paſture.*

5. POSCO, popóſci, póſcitum, póſcere; *Demander.*

Depóſco, depopóſci, depóſcitum, depóſcere; *Demander, Requerir.*

Repóſco, repopóſci, repóſcitum, repóſcere; *Redemander.*

6. AGNOSCO agnó-ui, ágnitum, agnóſcere; *Reconnoiſtre.*

COGNOSCO, cognó-ui, cógnitum, cognóſcere; *Connoiſtre.*

Ces deux Verbes ſont Compoſez de NOSCO, & ſuiuent la Regle pour le Preterit; mais ils prennent vn I au Supin.

REGLE XXXIII.

Des Verbes en SCO appellez Inchoatifs.

1 L'Inchoatif ou rien n'aura,
2 Ou du Primitif tout prendra;
 Ainſi le Verbe Caléſco,
 Prend Cálui de Cáleo.

EXEMPLES.

Les Verbes Inchoatifs ſont ainſi nommez, parce qu'ils marquent l'action dans ſon commencement.

1. Ces Verbes d'eux-meſmes, n'ont ny Preterit, ny Supin; comme

HISCO, hiſcere; *Baailler, S'entr'ouurir.*
Dehiſco. *Le meſme.*
Fatiſco, fatiſcere; *S'entr'ouurir, Defaillir.*
Labáſco, labéſcere; *Eſtre preſt de tomber, Vaciller.*
Herbéſco, herbéſcere; *Deuenir en herbe.*
Ingrauéſco, ingrauéſcere; *S'appeſantir.*
Mitéſco, mitéſcere; *Deuenir doux.*

2. Souuent ces Verbes prennent leur Preterit & Supin de leur Primitif; comme

Ardéſco, *prend* arſi, arſum, *d'*Ardeo; Ardéſcere; *S'enflammer.*
Refrigéſco, *prend* refrixi, *de* Frigeo; Refrigéſcere; *Se refroidir.*
Erubéſco, *prend* erúbui, *de* Rúbeo; Erubéſcere; *Rougir.*

REGLE XXXIV.

De quelques autres Verbes en CO.

1. ICO, *desire* ici, ictum,
2. *Comme* Vinco, vici, victum.
3. XI, CTVM *auront* Dico, Duco.
4. Conquéxi *fait* Conquinisco:
5. Parco, pepérci, párcitum,
   Et quelquefois parsi, parsum.

EXEMPLES.

1. ICO, ici, ictum, ícere; *Frapper, Toucher.*
2. VINCO, vici, victum, *il perd l'*N; víncere; *Vaincre.*

Conuínco, conuici, conuíctum, cóuincere; *Conuaincre.*
Euínco, euíci, euíctum, euíncere. *Le mesme.*
Reuínco, reuíci, reuíctum, ere; *Conuaincre, Refuter.*

3. DVCO, duxi, ductum, dúcere; *Mener, Guider, Prolonger, Penser.*

Abdúco, abdúxi, abdúctum, abdúcere; *Emmener.*
Addúco, addúxi, addúctum, addúcere; *Amener, Attirer.*
Condúco, condúxi, condúctum, ere; *Conduire, Acheuer.*
Dedúco, dedúxi, dedúctum, ere; *Tirer du haut en bas.*
Edúco, edúxi, edúctum, edúcere; *Faire entrer, Introduire, Induire.*

4. CONQVINISCO, conquéxi, *sans Supin,* conquiniscere; *Baisser la teste.*

5. PARCO, pepérci, parcítum, parsi, parsum, párcere; *Pardonner, Espargner.*

Compárco, compársi, compársum, cópárcere; *Espargner.*

REGLE XXXV.
Des Verbes terminez en
DO.

1 *Donne* DI, SUM, *au Verbe en* DO,
2 Cécidi, casum *à* Cado
3 Pando pandi, *fera* passum:
4 Edo, edi, esum, estum.

EXEMPLES.

Les Verbes terminez en DO, changent DO en DI au Preterit, & en SUM au Supin; comme
1. CU-DO, cu-di, cu-sum, cúdere; *Forger, Frapper du marteau.*
Excú-do, excú-di, excú-sum, excúdere. *Le mesme.*
Recú-do, recú-di, recú-sum, recúdere; *Reforger, Rebattre.*
CANDO n'est point en vsage, mais seulement ses Composez; comme
Accén-do, accén-di, accén-sum, accéndere; *Allumer, Enflammer.*
Incén-do, incén-di, incén-sum, incéndere. *Le mesme.*
Succén-do, succén-di, succén-sum, succéndere; *Allumer dessous.*
FENDO non plus, n'est point en vsage, mais bien ses Composez; comme
Deffén-do, deffén-di, deffén-sum, defféndere; *Defendre.*
Offén-do, offén-di, offén-sum, offéndere; *Offenser, Se heurter, Rencontrer.*

PREHEN-DO, ou PREN-DO, di, sum, dere; *Prendre.*

Apprehén-do, apprehén-di, apprehén-sum, apprehéndere; *Apprehender, Empoigner.*

Comprehén-do, comprehén-di, comprehén-sum, comprehéndere; *Comprendre.*

Deprehén-do, deprehén-di, deprehén-sum, deprehéndere; *Surprendre.*

SCAN-DO, scan-di, scan-sum, scándere; *Monter.*

Ascén-do, ascén-di, ascén-sum, ascéndere. *Le mesme.*

Conscén-do, conscéndi, conscén-sum, conscéndere; *S'embarquer.*

EXCEPTION.

2. CADO, cécidi, casum, cádere; *Tomber, Cheoir.*
Ses Composez changent A en I bref, & la pluspart n'ont point de Supin.

Accido, áccidi, accídere; *Arriuer, Se jetter aux pieds de quelqu'vn.*

Cóncido, cóncidi, concídere; *Tomber, Mourir.*

Excido, éxcidi, excídere; *Tomber en bas, Oublier.*

Incido, íncidi, incásum, incídere; *Tomber dedans.*

Occido, óccidi, occásum, occídere; *Cheoir, Mourir.*

Récido, récidi, recásum, recídere; *Rechoir, Retomber.*
Ces trois derniers ont le Supin.

3. PANDO, pan-di, (*il suit la Regle pour le Preterit*) passum, pándere; *Ouurir, Estendre.*

Oppán-do, oppán-di, oppássum, oppándere; *Ouurir à l'entour.*

Propán-do, propán-di, propássum, propándere; *Exposer en veuë.*

4. EDO, edi, esum, estum, édere; *Manger, Ronger.*

Cóme-do, comé-di, comé-ſum *ou* coméſtum, comédere; *Manger.*
Exé-do, exé-di, éſum, éſtum, exédere; *Ronger.*

REGLE XXXVI.
De ceux en DO qui redoublent au Preterit.

Tendo *demande* teténdi,
Tenſum, *auec* tentum *auſſi*,
Cædo, *fait* cæcídi, cæſum :
Et Pendo, pepéndi, penſum.

EXEMPLES.

TEN-DO, tetén-di, ten-ſum *&* ten-tum, téndere; *Tendre, Aller.*

Ses Compoſez perdent le redoublement, ſelon la Regle 2.

Attén-do, attén-di, attén-ſum *&* attén-tum, atténdere; *Eſtre attentif.*
Contén-do, contén-di, contén-ſum *&* contén-tum, conténdere; *Debatre, Eſtendre.*
Detén-do, detén-di, ſum, tum, ere; *Deſtendre.*
Diſtén-do, diſtén-di, ſum, tum, ere; *Eſtendre, Eſlargir.*
Extén-do, extén-di, ſum, tum, ere, *Eſtendre.*
Intén-do, intén-di, ſum, tum, ere; *Entendre, Eſtre attentif.*
Oſtén-do, oſtén-di, ſum, tum, ere; *Monſtrer.*
Prætén-do, prætén-di, ſum, tum, ere; *Pretendre, Eſtendre au deuant.*
Pertén-do, pertén-di, ſum, tum, ere; *Preſager.*
CÆ-DO, cæcí-di, cæ-ſú, cædere; *Couper, Frapper, Tuer.*

Ses Composez changent l'Æ en I long; comme

Concí-do, concí-di, concí-sum, concídere; *Coupper, Hacher en pieces.*

Decí-do, decí-di, decí-sum, decídere; *Couper, Decider, Appointer.*

Incí-do, incídi, incísum, incídere; *Couper, Entamer, Grauer.*

Occí-do, occí-di, occí-sum, occídere; *Tuer.*

Præcí-do, præcí-di, præcí-sum, præcídere; *Couper, Tailler.*

Recí-do, recí-di, recí-sum, recídere; *Couper, Retrancher.*

Succí-do, succí-di, succí-sum, succídere; *Couper par dessous.*

PENDO, pepén-di, pen-sum, péndere; *Peser, Estimer, Priser, Payer.*

Appén-do, appén-di, appén-sum, appéndere; *Peser, Bailler au poids.*

Depén-do, depén-di, depén-sum, depéndere; *Peser, Payer.*

Expén-do, expén-di, expén-sum, expéndere; *Peser, Considerer.*

Impén-do, impén-di, impén-sum, impéndere; *Depenser.*

Perpén-do, perpén-di, perpén-sum, perpéndere; *Peser, Considerer.*

Repén-do, repén-di, repén-sum, repéndere; *Recompenser, Rendre la pareille.*

Suspén-do, suspén-di, suspén-sum, suspéndere; *Suspendre.*

REGLE XXXVII.

Des Composez du Verbe *Do*, & de *Sido*.

1 *Do veut qu'à tous ses Composez,*
  Didit *&* ditum, *soient donnez;*
2 *Mais* abscóndi *vient d'*Abscóndo.
3 Sidi *pour soy prendra* Sido:
4 *Mais les siens ont* Sedi, sessum,
  De Sédeo, *comme* asséssum.

EXEMPLES.

1. Le Verbe Do est de la premiere; Dare, *Donner;* mais la pluspart de ses Composez sont de la troisiesme, & font D I D I au Preterit, & D I T V M au Supin.

Abdo, ábdidi, ábditum, ábdere; *Se cacher.*
Condo, cóndidi, cónditum, cóndere; *Bastir, Composer.*
Credo, crédidi, créditum, crédere; *Croire, Donner en garde.*
Dedo, dédidi, déditum, dédere; *Se rendre, S'addonner.*
Edo, édidi, éditum, édere; *Mettre en lumiere, Produire.*
Perdo, pérdidi, pérditum, pérdere; *Perdre.*
Prodo, pródidi, próditum, pródere; *Ietter loing de soy, Trahir.*
Trado, trádidi, tráditum, trádere; *Donner de main en main.*
Vendo, véndidi, vénditum, véndere; *Vendre.*

2. ABSCONDO, abscóndi; *il ne double point le Preterit,* abscónditum, abscóndere; *Cacher.*

3. SIDO, sidi, (Steph. ex Colum.) sídere; *Descendre, Deualler au fond.*

Ses Composez prennent leur Preterit & Supin de *Sédeo*; comme

Afsido, affédi, afféssum, afsidere; *S'asseoir, S'aller asseoir.*

Insido, inssédi, inséssum, insidere; *S'asseoir.*

Resido, reséedi, reséssum, residere; *Se rasseoir.*

REGLE XXXVIII.

Des Verbes *Tundo, Fundo, Rudo, Strido, Scindo, & Findo.*

1 Tundo, *fait* tútudi, tunsum,
2 *Ses Composez* Tudi, tusum.
3 Fudi, fusum, *aura* Fundo:
4 *Sans Supins sont* Rudo, Strido,
5 Scindo, *prend* scissum, *&* scidi,
6 *Et* Findo, fissum, *&* fidi.

EXEMPLES.

1. TVNDO, tútudi, tunsum, túndere; *Frapper, Coigner, Forger.*

2. Ses Composez font TVDI au Preterit, perdant le redoublement, selon la Regle 2. & au Supin ils ont TVSVM; en perdant N comme

Contúndo, cóntudi, contúsum, contúndere; *Piler, Broyer, Rompre.*

Obtúndo, óbtudi, obtúsum, obtúndere; *Reboufcher vn trenchant, Eftourdir.*

3. FVNDO, fudi, fusum, fúndere; *Verfer, Fondre.*

Confúndo, confúdi, confúsum, confúndere; *Confondre, Mesler ensemble.*

PRETERITS ET SVPINS.

Effúndo, effúdi, effúsum, effúndere; *Respandre.*
Infúndo, infúdi, infúsum, infúdere; *Verser dedans.*

4. Ces deux suiuans n'ont point de Supin, mais ils suiuent la Regle generalle pour le Preterit.

RVDO, rudi, rúdere; *Braire comme vn Asne.*
STRIDO, stridi, strídere; *Faire bruit.*

On dit aussi STRIDEO, de la seconde.

5. SCINDO, scidi, scissum, scindere; *Trancher, Couper.*
Conscindo, conscidi, conscissum, conscindere; *Coupper en pieces.*
Rescindo, rescidi, rescissum, rescindere; *Retrancher, Coupper, & Rongner.*
FINDO, fidi, fissum, findere; *Fendre.*
Diffindo, diffidi, diffissum, diffindere; *Fendre.*

REGLE XXXIX.

Des Verbes en DO, qui font SI, & SVM.

Ludit, Diuidit, *&* Claudo,
Lædit, Trudit, Radit, Plaudo,
Rodit, *au Preterit font* SI,
SVM *au Supin,* Vadit *aussi.*

EXEMPLES.

Ceux-cy changent DO en SI au Preterit, & en SVM au Supin.

LV-DO, lu-si, lu-sum, lúdere; *Ioüer, Se mocquer de quelqu'vn.*
Ablú-do, -si, -sum, ere; *Ne conuenir pas, Ne ressembler point.*

Allú-do, -si, -sum, ere; *Se joüer autour de quelqu'vn.*
Delú-do, -si, -sum, delúdere; *Tromper, Abuser.*
Elú-do, -si, -sum, elúdere; *Parer, Euiter.*
Illú-do, -di, -sum, illúdere; *Se mocquer.*
DIVI-DO, diui-si, diui-sum, diuidere; *Diuiser, Partir.*
CLAV-DO, clau-si, clau-sum, clau-dere; *Fermer, Clorre.*

Ses Composez semblent venir de CLV-DO, -si, -sum, clúdere, *Fermer*; comme

Exclú-do, exclú-si, exclú-sum, exclúdere; *Mettre dehors, Exclure.*
Inclú-do, inclú-di, inclú-sum, inclúdere; *Enfermer, Enclore.*
Præclú-do, præclú-di, præclú-sum, præclúdere; *Boucher le passage.*
Reclú-do, reclú-di, reclú-sum, reclúdere; *Ouurir.*
LÆDO, læ-si, læ-sum, lædere; *Blesser, Offenser, Nuire.*

Ses Composez changent Æ en I long; comme

Allí-do, allí-si, allí-sum, allídere; *Froisser, Frapper contre.*
Collí-do, collí-si, collí-sum, collídere; *Escacher, Froisser l'vn contre l'autre.*
Illí-do, illí-si, illí-sum, illídere; *Heurter, Froisser.*
TRV-DO, tru-si, tru-sum, trúdere; *Pousser à force.*
Abstrú-do, abstrú-si, abstrú-sum, abstrúdere; *Cacher.*
Detrú-do, detrú-di, detrú-sum, detrúdere; *Chasser, Demettre.*
Extrú-do, extrú-di, extrú-sum, extrúdere; *Pousser dehors.*
Intrú-do, intrú-di, intrú-sum, intrúdere; *Pousser dedans.*

RA-DO, ra-ſi, ra-ſum, rádere; *Raſer, Racler.*
Abrá-do, abrá-ſi, abrá-ſum, abrádere; *Ratiſſer, Arracher.*
Erá-do, erá-ſi, erá-ſum, erádere; *Racler, Rayer, Effacer.*
PLAV-DO, plau-ſi, plau-ſum, pláudere; *Frapper des mains.*
Appláu-do, appláu-ſi, appláu-ſum, appláudere; *Le meſme.*
Compláu-do, compláu-ſi, compláu-ſum, compláudere. *Le meſme.*
Expláu-do, expláu-ſi, expláu-ſum, expláudere; *Mettre dehors.*
RODO, ro-ſi, ro-ſum, ródere; *Ronger, Detracter.*
Arró-do, arró-ſi, arró-ſum, arródere; *Ronger au tour.*
Corró-do, corró-ſi, corró-ſum, corródere; *Ronger enſemble.*
VADO, vaſi, vaſum, vádere; *Aller.*
Son Preterit n'eſt en vſage que pour ſes Compoſez.
Euá-do, euáſi, euáſum, euádere; *S'euader, S'enfuïr.*
Inuá-do, inuá-ſi, inuá-ſú, inuádere; *Enuahir, Attaquer.*
Peruádo, peruáſi, peruáſum, peruádere; *Paſſer outre.*

REGLE LX.

Du Verbe *Cedo.*

Cedo, ceſſi, ceſſum, *aura,*
Et ſon Compoſé tel ſera.

EXEMPLES.

CEDO, ceſſi, ceſſum, cédere; *Ceder, Quitter.*
Abſcédo, abſcéſſi, abſcéſſum, abſcédere; *Se retirer, Reculer.*

Accédo, accéssi, accéssum, accédere, *S'approcher.*
Concédo, concéssi, concéssum, concédere, *Conceder, Accorder, Octroyer.*
Discédo, discéssi, discéssum, discédere, *Se retirer, Partir, S'en aller.*
Excédo, excéssi, excéssum, excédere, *Partir, Exceder.*
Incédo, incéssi, incéssum, incédere, *Marcher auec grauité, Aller.*
Recédo, recéssi, recéssum, recédere, *Reculer, Se retirer.*
Secédo, secéssi, secéssum, secédere, *Se retirer à l'escart.*
Succédo, succéssi, succéssum, succédere, *Succeder à la place d'vn autre.*

ADVERTISSEMENT SVR quelques Verbes en DO.

Il faut prendre garde de ne se pas tromper entre les Composez de Cado, & de Cædo. Ceux de Cado changent A en I bref & ceux de Cædo changent A en I, long: comme Occído, óccidi, Occásum, Occídere; mourir, tomber; vient de Cado: & Ocrído, occídi, occísum, occidere, tuer; vient de Cædo. Voyez la Regle 35. & 36.

Il faut aussi prendre garde aux Composez de Sido. Car Consído, auec vne S, fait consédi, conséssum, (Voyez la Regle 37.) Et concido, auec vn C fait concídi concísum, de Cædo, ou cóncido, concídi, sans Supin, de Cado.

Il faut encore prendre garde au Preterit des Composez de Scindo; Car Conscídi, auec S C, & conscíssum, auec deux; vient de Conscindo, Voyez ses autres Composez dans la Regle 38.

Il faut remarquer de plus, que Cedo, auec S simple fait cessi, cessum, cédere, ceder, pour ne le pas confondre auec Cado, cecidi, cæsum, par vn Æ; cædere, couper. Tout ces Verbes ont quelque rapport entre eux que l'on peut remarquer en passant pour la dispute.

REGLE XLI.
Des Verbes terminez en
GO.

1 *Le Verbe en* GO *fera* XI CTVM.
2 *Mais* Figo, frigo, *font* XI, XVM.
3 Pergo perréctum, perréxi.
4 Surgo, surréctum, surréxi.

EXEMPLES.

1. Les Verbes en GO font au Preterit XI, & au Supin CTVM, comme

CINGO, cinxi, cinctum, cíngere, *Ceindre.*
Accíngo, accínxi, accínctum, accíngere, *S'apprester, S'accommoder.*
IVNGO, iunxi, iunctum, iúngere, *Ioindre, Assembler.*
Coniungo, coniúnxi, coniunctum, coniúngere, *Conjoindre.*
Disiungo, disiúnxi, disiúnctum, disiúngere, *Disjoindre, Separer.*
Seiungo, seiúnxi, seiúnctum, seiúngere, *Separer.*
PLANGO, planxi, planctum, plángere, *Se lamenter, Se frapper.*
TINGO, tinxi, tinctum, tíngere, *Teindre.*
Intíngo, intínxi, intínctum, intíngere, *Mouiller dedans, Tremper.*

Les composez de FLIGO, qui n'est plus en vsage, comme
Affligo, afflixi, afflictum, affligere, *Affliger, Ietter par terre.*

Confligo, conflixi, conflictum, confligere, *Combattre*.
Infligo, inflixi, inflictum, infligere, *Frapper, Ruer par terre*.

REGO, rexi, rectum, régere, *Regir, Gouuerner*.
Arrigo, arréxi, arréctum, arrigere, *Dresser*.
Dirigo, diréxi, diréctum, dirigere, *Conduire*.
Erigo, eréxi, eréctum, erigere, *Esleuer*.
Porrigo, porréxi, porréctum, porrigere, *Estendre*.

Les Verbes terminez en GVO, sont aussi compris icy, parce qu'on prononce GO, non GVO,

DISTINGVO, distinxi, distinctum, distinguere, *Separer, Distinguer*.

EXTINGVO, extinxi, extinctum, extinguere, *Esteindre*.

VNGVO, *ou* vngo, vnxi, vnctum, vngere, *Oindre, Frotter*.
Exúnguo, exúnxi, exúnctum, exúngere, *Oindre*.
Inúngo, inúnxi, inúnctum, inúngere, *Le mesme*.
Perúngo, perúnxi, perúnctum, perúngere, *Oindre entierement*.

EXCEPTION.

Il y en a deux qui font XI au Preterit & XVM au Supin.

2. FIGO, fixi, fixum, figere, *Ficher, Attacher*.
Affigo, affixi, affixum, affigere, *Attacher contre*.
Configo, confixi, confixum, configere, *Percer*.
Infigo, infixi, infixum, infigere, *Ficher dedans*.
Refigo, refixi, refixum, refigere, *Ficher à force,* ou *Arracher*.

FRIGO, frixi, frixum, frigere, *Frire, Fricasser*.

3. PERGO, perréxi, perréctum, pérgere, *Poursuiure, Continuer*.

PRETERITS ET SVPINS.

4. SVRGO, surréxi, surréctum, súrgere, *Se leuer.*
Assúrgo, assurréxi, assurréctum, assúrgere, *Se leuer deuant quelqu'vn.*
Consúrgo, consurréxi, consurréctum, consúrgere, *Se leuer ensemble.*
Exúrgo, exurréxi, exurréctum, *Se leuer, Se resoudre.*
Insúrgo, insurréxi, insurréctum, insrúgere, *S'esleuer contre quelqu'vn.*
Resúrgo, resurréxi, resurréctum, resúrgere, *Se releuer, Resusciter.*

REGLE XLII.

De quelques Verbes qui ostent N au Supin.

ICTVM *pour* INCTVM *veut* Pingo, Auec Stringo, Fingo, Ringo.

EXEMPLES.

Ces quatre Verbes suiuent bien la Regle generale, faisant XI, CTVM, mais ils perdent l'N au Supin.
PINGO, pinxi, pictum, *& non* pinctum, píngere, *Peindre.*
Appíngo, appínxi, appíctum, appíngere, *Adjouster à la peinture.*
Depíngo, depínxi, depíctum, depíngere, *Depeindre.*
Expíngo, expínxi, expíctum, expíngere, *Peindre dehors.*
STRINGO, strinxi, strictum, *& non* strinctum, stríngere, *Serrer.*
Adstríngo, adstrínxi, adstríctum, adstríngere, *Astreindre, Obliger.*

Constringo, constrinxi, constrictum, constringere, *Serrer, Estreindre.*
Perstringo, perstrinxi, perstrictum, perstringere, *Serrer, Abreger.*
Perstringo, distrinxi, districtum, distringere; *Desgaigner, Tirer dehors.*
FINGO, finxi, fictum, *& non* finctum, fingere, *Feindre, Inuenter, Façonner, Faire.*
Affingo, affinxi, affictum, affingere; *Bailler le tour & la façon, Faire.*
Confingo, confinxi, confictum, confingere, *Feindre, Controuuer.*
Effingo, effinxi, effictum, effingere; *Representer au vif.*
RINGO, rinxi, rictum; *Il n'est guere en vsage, mais on se sert de*
Ringor, rictus, sum, ringi, deponent; *Tordre la bouche, Rechigner.*
D'où vient, Rictus, vs, *L'ouuerture de la bouche.*

REGLE XLIII.

De *Tango,* & *Pango* ; & de quelques autres Verbes qui font
EGI, & ACTVM.

1 Tango *fait* tétigi, táctum.
2 *Et* Pángo *prend* panxi, pactum;
 Mais il â de plus Pépigi.
3 Frango *veut prendre* ACTVM, EGI,
 *Ainsi qu'*Agit, & Compíngo,
 Cogit, impíngo, Suppíngo.

Dego,

4 Dego, *sans Supin fait* EGI,
 Pródigit, Sátagit, *aussi*.

EXEMPLES.

1. TANGO, tétigi, táctum, tángere; *Toucher, Frapper.*

Ses Composez changent A en I, comme

Contíngo, cóntigi, contáctum, contíngere, *Toucher, Attraper.*

Obtíngo, óbtigi, obtáctum, obtíngere; *Eschoir, Arriuer.*

Attíngo, áttigi, attáctum, attíngere; *Atteindre, Toucher.*

Pertíngo, pértigi, pertáctum, pertíngere; *Toucher, Arriuer.*

2. PANGO, pépigi, pánxi, páctum, pángere; *Ficher, Planter, Faire pacte ou alliance*, au lieu duquel on se sert aussi de *Paciscor, pactus. sum.*

De ses Composez, les vns retiennent A, auec le Preterit ANXI, comme

Depángo, depánxi, depáctum, depángere; *Ficher en terre.*

Circumpángo, circumpánxi, circumpáctum, circumpángere; *Ficher au tour.*

Repángo, repánxi, repáctum, repángere; *Reficher.*

Les autres changent A en I, & font au Preterit EGI, comme

Compíngo, compégi, compáctum, compíngere; *Figer, Assembler.*

Impíngo, impégi, impáctum, impíngere; *Ruer, & Ietter contre.*

Suppíngo, suppégi, suppáctum, suppíngere; *Ficher dessus.*

I

ADVERTISSEMENT.

Quelques-vns font venir ces trois derniers Composez du Verbe *Ago*, mais quoy qu'il en soit, il faut prendre garde de ne les pas confondre auec des Composez de *Pingo*, Peindre.

3. Tous ceux-cy font au Preterit E G I, & au Supin ACTVM.

FRANGO, fregi, fractum, frángere; *Rompre, Casser.*

Confríngo, confrégi, confráctum, confríngere; *Rompre.*

Defríngo, defrégi, defráctum, defríngere; *Rompre vne piece de quelque chose.*

Effríngo, effrégi, effráctú, effríngere; *Rompre pardehors.*

Perfríngo, perfrégi, perfráctum; *Rompre tout à fait.*

A G O, egi, actum, ágere; *Faire, Pourſuiure, Chaſſer.*

Adigo, adégi, adáctum, adígere; *Contraindre.*

Abigo, abégi, abáctum, abígere; *Chaſſer.*

Exigo, exégi, exáctum, exígere; *Exiger, Redemander, Chaſſer.*

Rédigo, redégi ; redáctum, redígere; *Reduire, Contraindre.*

Súbigo, ſubégi, ſubáctum, ſubígere; *Subinguer, Contraindre.*

Tránsigo, transégi, transáctum, transígere; *Paſſer outre, Tranſiger.*

Pérago, perégi, peráctú, péragere; *Acheuer,* Il retient A.

Cogo, coegi, coáctum, cógere; *Contraindre.*

4. Ces trois autres Composez n'ont point de Supin.

Dego, degi, dégere; *Mener iuſqu'à la fin ; Demeurer, Continuer.*

Pródigo, prodégi, prodígere; *Prodiguer, Deſpendre mal à propos.*

Sátago, satégi, satágere; *Estre soigneux, Estre empressé, & Actif.*

REGLE XLIV.
Du Verbe *Pungo*, & de *Lego* auec ses Composez.

1. Pungo *fait* punctum *&* punxi,
   Mais il aime mieux Púpugi.
2. Lego, *prendra* legi, lectum.
3. *Trois des siens font* EXI, ECTVM,
   Intélligit, *&* Négligo,
   Aussi-bien comme Díligo.

EXEMPLES.

1. PVNGO, (punxi *n'est en vsage que pour ses Composez*) púpugi, punctum, púngere; *Picquer ses Composez font diuersement leur Preterit.*
Compúngo, compúpugi, *Steph.* compúnctum, compúngere; *Picquer.*
Dispúngo, dispúnxi, dispúnctum, dispúngere; *Abolir, Effacer.*
Expúngo, expúnxi, expúnctum, expúngere; *Le mesme.*
Repúngo, repúpugi, *&* repúnxi, *Steph.* repúnctum, repúngere; *Repicquer.*

2. Lego, legi, lectum, légere; *Lire, Cueillir, Costoyer.*
Quelques-vns de ses Composez retiennent E, cóme
Allego, allégi, alléctum, allégere; *Adjouster quelqu'vn à vne compagnie.*
Prælego, prælégi, prælectum, prælégere; *Lire auparauant.*

Rélego, relégi, reléctum, relégere; *Relire.*

D'autres, changent E en I, comme

Célligo, collégi, colléctum, colligere; *Cueillir, Amasser.*

Déligo, delégi, deléctum, deligere; *Choisir.*

Eligo, elégi, eléctum, eligere; *Eslire.*

Séligo, selégi, seléctum, seligere; *Mettre à part.*

3. Il y en a trois qui font EXI au Preterit, & retiennent le Supin du simple ECTVM.

Diligo, diléxi, diléctum, diligere; *Aimer.*

Intélligo, intelléxi, intelléctum, intelligere; *Entendre, Connoistre.*

Négligo, negléxi, negléctum, negligere; *Negliger.*

REGLE XLV.

De ceux en GO qui font SI & SVM.

Mergo, spargo, *prennent* SI, SVM, *Comme* Tergo, tersi, tersum.

EXEMPLES.

MERGO, mersi, mersum, mérgere; *Plonger dans l'eau.*

Demérgo, demérsi, demérsum, demérgere; *Mettre au fonds.*

Emérso, emérsi, sum, emérgere; *Sortir de l'eau, Se monstrer.*

Immérgo, immérsi, sum, immérgere; *Plonger dans l'eau.*

Submérgo, submérsi, sum, submérgere; *Noyer, Submerger.*

PRETERITS ET SVPINS.

SPARGO, sparsi, sparsum, spárgere ; Respandre, Disperser.

Ses Composez changent A en E, comme

Aspérgo, aspérsi, aspérsum, aspérgere; Arrouser, Moüiller.

Dispérgo, dispérsi, sum, dispérgere, Disperser, Escarter.

TERGO, tersi, tersum, térgere; Torcher, Nettoyer, Le mesme que TERGEO, terges, si, sum, térgere, de la seconde, Voyez la Regie 18.

Abstérgo, abstérsi, abstérsum, abstérgere, Nettoyer, Essuier.

Detérgo, detérsi, detérsum, detérgere; Le mesme.

REGLE XLVI.
De *Vergo* & d'*Ambigo*.

Oste & Supin & Preterit,
A Vergit *auec* Ambigit.

EXEMPLES.

VERGO, vérgere; *Estre tourné ou panché vers quelque lieu.* Il a pourtant *versi*, *versum*, selon Rob. Estien. *& verxi*, selon Diomed.

Deuérgo, deuérgere, *Tendre en bas.*

AMBIGO, ambígere; *Estre en doute, ou estre indifferent.*

REGLE XLVII.
Des Verbes en *Ho* & de
Meio.

Traho, Veho, *prennent* XI, CTVM,
Et Meio *fait* minxi, mictum.

EXEMPLES.

TRAHO, traxi, tractum, tráhere; *Tirer, Traiſner.*
Attraho, attráxi, attráctum, attráhere; *Attirer.*
Abſtraho, abſtráxi, abſtráctum, abſtráhere; *Retirer.*
Cóntraho, contráxi, contráctum, contráhere; *Contracter, Amaſſer.*
Détraho, detráxi, detráctum, detráhere; *Oſter, Meſdire.*
Díſtraho, diſtráxi, diſtráctum, diſtráhere; *Diſtraire, Separer.*
Prótraho, protráxi, protráctum, protráhere; *Tirer, Differer, Prolonger.*
Rétraho, retráxi, retráctum, retráhere; *Retirer en arriere.*
Súbtraho, ſubtráxi, ſubtráctum, ſubtráhere; *Souſtraire, Retirer.*
VEHO, vexi, vectum, véhere, *Traiſner, Porter.*
Aduého, aduéxi, aduéctum, aduéhere; *Apporter, Emmener.*
Euého, euéxi, euéctum, euéhere, *Porter dehors, Eleuer.*
Inuého, inuéxi, inuéctum, inuéhere, *Porter dedans.*
Próueho, prouéxi, prouéctum, prouéhere, *Auancer.*
MEIO, minxi, mictum, méiere, *Piſſer.* Autrefois on diſoit.
Mingo, *d'où vient* Mingens; *Párticipe.*

REGLE XLVIII.

Des Verbes terminez en
LO.

LO *fait au* Preterit VI:

PRETERITS ET SUPINS. 135

On donne VLTVM *à ces trois cy*,
Occulo, Consulo, Colo;
Et Molitum *vient de* Molo:
Alo *fait* altum, alitum;
Antecello *demande* Elsum,
Auec Excello, Præcello
CVLI, CVLSVM *veut* Percello.

EXEMPLES.

Tous les Verbes qui sont icy (*hormis le dernier*) font VI au Preterit, mais ils font diuersement leur Supin, comme.

OCCVLO, occúluï, occúltum, occúlere; *Cacher.* D'où vient le Verbe Occúlto.

CONSVLO, consúluï, consúltum, consúlere; *Consulter, Demander conseil, Pouruoir, Auiser.*

COLO, colui, cultum, colere; *Labourer la terre, Demeurer en vn lieu, Honorer.*

Accolo, accólui, accúltum, accólere; *Demeurer aupres, Estre voisin.*

Excolo, excólui, excúltum, excólere; *Cultiuer, Embellir, Orner.*

Incolo, incólui, incúltum, incólere; *Habiter, Demeurer.*

Récolo, recólui, recúltum, recólere; *Rappeller en sa memoire.*

MOLO, móluï, mólitum, mólere; *Moudre.*

Emolo, emóluï, emólitum, emólere; *Moudre entierement.*

ALO, áluï, altum, *ou* álitum, álere; *Nourrir, Entretenir.*

I iiij

ANTECELLO, antecélluï, antecélsum, (ce Supin n'est pas en usage) antecéllere; *Estre plus excellent.*

EXCELLO, excéllui, excélsum, excéllere; *Exceller, Passer les autres.*

PRÆCELLO, præcéllui, præcélsum, præcéllere; *Auoir le dessus, Exceller.*

PERCELLO, pérculi, (*& quelquefois* percúlsi, *selon Rob. Estien.*) percúlsum, percéllere; *Abbattre, Renuerser.*

On dit aussi Procello, *qui est le mesme.*

Seconde Partie, de la Regle des Verbes en LO.

1 Pello *fait* pépuli, pulsum;
2 Vello, velli, vulsi, vulsum.
3 Salli, Salsum, *vient de* Sallo;
4 Feféḷli, falsum *de* fállo:
5 Psallo, *sans Supin à*, psalli;
6 Tollo sublátum, fústuli.

EXEMPLES.

Les Verbes qui sont dans cette seconde Partie de la Regle, font diuersement leur Preterit, & leur Supin.

1. PELLO, pépuli, pulsum, péllere; *Pousser, Chasser.*

Appéllo, áppuli, appúlsum, appéllere; *Aborder, Appliquer.*

Compéllo, cómpuli, compúlsum, compéllere; *Chasser, Contraindre.*

Expéllo, éxpuli, expúlsum, expéllere; *Chasser dehors, Ietter.*

Impéllo, ímpuli, impúlsum, impéllere; *Pousser dedans, Induire à faire quelque chose.*

Repéllo, répuli, repúlsum, repéllere; *Repousser, Rejetter.*

2. VELLO, velli, (vulsi, *n'est guerre en vsage*) vulsum, vellere; *Arracher.*

Auéllo, auélli, auúlsum, auéllere; *Arracher, Tirer.*

Disuéllo, disuélli, disuúlsum, disuéllere; *Abolir, Oster.*

Euéllo, euélli, euúlsum, euéllere; *Arracher, Tirer dehors.*

3. SALLO, salli, salsum, sállere; *Saller. On dit aussi* SALIO, iui, itum, íre; *De la quatriesme.*

4. FALLO, fefélli, falsum, fállere; *Tromper, Abuser.*

Reféllo, refélli, reféllere; *Refuter, reprendre* (il n'a point de Supin.)

5. PSALLO, psalli, psállere; *Chanter, Psalmodier.*

6. TOLLO, sústuli, (*autrefois* tétuli) sublátum; tóllere; *Esleuer, Oster.*

Attóllo, attóllere; *Hausser, Esleuer en haut* (il n'a ny Preterit ny Supin.)

Extóllo, éxtuli, elátum, extóllere; *Esleuer, Hausser.*

Sustóllo, sústuli, sublátum, sustóllere; *Esleuer, Enleuer.*

SVSTVLI *peut donc venir de* Tollo, *de* Sustollo, *& de* Suffero. *Où vous remarquerez aussi que* Extuli *peut venir de* Effero.

7. Volo, volui, velle; *Vouloir.*

Nolo, nólui, nolle; *Ne vouloir pas.*

Malo, málui, malle; *Aimer mieux.*

REGLE XLIX.
Des Verbes terminez en M O.

1 VÏ, ITVM *font ceux en* MO.
2 Sumo, Como, Demo, Promo, P SI, P T V M ; *auront en bon latin;*

Tremo *prend* VÏ *sans Supin.*
3 Emptum, Emi *viennent d'*Emo.
4 *Et* preſſi, preſſum *de* Premo.

EXEMPLES.

1. Les Verbes en M O font au Preterit, VÏ, & ITVM au Supin, comme

FREMO, frémuï, frémitum, frémere ; *Faire bruit, Fremir.*
Infrémo, infrémuï, infrémitum, infrémere ; *Le meſme.*
GEMO, gémuï, gémitum, gémere ; *Gemir, Se plaindre.*
Ingemo, ingémuï, ingémitum, ingémere ; *Gemir, Teſmoigner de la douleur.*
TREMO *fait auſſi* tremuï (*mais ſans Supin*) tremere ; *Trembler de crainte.*

EXEMPLES.

2. Il y a quatre Verbes en MO, qui font P SI, P T V M ; ſçauoir

SVMO, ſumpſi, ſumptum, ſúmere ; *Prendre, Employer, Depenſer.*
Aſſúmo, aſſúmpti, aſſúmptum, aſſúmere ; *Prendre & attirer à ſoy.*

PRETERITS ET SVPINS.

Abſúmo, abſúmpſi, abſúmptum, abſúmere; *Conſommer, Vſer.*

Deſúmo, deſúmpſi, deſúmptum, deſúmere; *Tirer, Choiſir.*

Inſúmo, inſúmpſi, inſúmptum, inſúmere; *Employer, Depeudre.*

Præſúmo, præſúmpſi, præſúmptum, præſúmere; *Prendre deuant, Præſumer.*

Reſúmo, reſúmpſi, reſúmptum, reſúmere, *Reprendre.*

COMO, compſi, comptum, cómere, *Coiffer, Orner, embellir, Arranger.*

DEMO, dempſi, demptum, démere; *Oſter de quelque choſe.*

PROMO, prompſi, promptum, prómere; *Tirer dehors.*

Deprómo, deprómpſi, deprómptum, deprómere; *Le meſme.*

3. EMO, emi, emptum, émere; *Acheter.*

Ses Compoſez changent E en I bref, reprenant l'E neantmoins au Preterit & Supin.

Adimo, adémi, adémptum, adímere; *Oſter.*

Dírimo, dirémi, dirémptum, dirímere; *Departir, Separer.*

Eximo, exémi, exémptum, exímere; *Mettre dehors, Deliurer.*

Intérimo, interémi, interémptum, interímere; *Tuer.*

Rédimo, redémi, redémptum, redímere; *Rachepter.*

4. PREMO, preſſi, preſſum, prémere; *Preſſer, Serrer.*

Ses Compoſez changent E en I bref, reprenant l'E au Preterit & Supin.

Cómprimo, comprésſi, comprésſum, comprímere; *Serrer, Forcer.*

Déprimo, depréssi, depréssum, déprimere; *Rabaisser, Humilier.*

Opprimo, oppréssi, oppréssum, ópprimere; *Oppresser, Opprimer, Prendre de force.*

REGLE L.

Des Verbes terminez en NO.

1. Cano *fait* cécini, cantum,
2. *Ses Composez* VÏ, ENTVM;
3. Pósuï, pósitum, Pono,
4. Génuï, génitum, gigno.
5. Temno, tempsi, temptum *aura*; Contémno, *pareil luy sera.*

EXEMPLES.

Les Verbes en NO font diuersement leur Preterit & Supin.

1. CANO, cécini, cantum, cánere; *Chanter, Faire des Vers, Loüer quelqu'vn.*

2. Ses Composez changent A en I bref, & font VÏ ENTVM, comme

Cóncino, concínuï, concéntu, concínere; *Chanter auec.*
Incino, incínuï, incéntum, incínere; *Chanter, Ioüer d'vn instrument.*
Præcino, præcínui, præcéntum, præcínere; *Chanter deuant.*
Récino, recínui, recéntum, recínere; *Rechanter.*

3. PONO, pósuï, pósitum, pónere; *Mettre, Placer, Poser.*

Appóno, appósui, appósitum, appónere; *Mettre contre, Adjouster.*

Compóno, compósui, compósitum, compónere; *Composer, Assembler.*

Depóno, depósui, depósitum, depónere; *Deposer, Mettre bas.*

Expóno, expósui, expósitum, expónere; *Exposer, Declarer.*

Impóno, impósui, impósitum, impónere; *Imposer, Mettre dessus, Declarer.*

Postpóno, postpósui, postpósitum, postpónere; *Mettre apres.*

Præpóno, præpósui, præpósitum, præpónere; *Mettre deuant.*

Repóno, repósui, repósitum, repónere; *Mettre, Reserrer, Garder.*

Sepóno, sepósui, sepósitum, sepónere; *Separer, Mettre à part.*

Transpóno, transpósui, transpósitum, transpónere; *Transporter.*

4. GIGNO, génui, génitum, gígnere; *Engendrer.*

Progigno, progénui, progénitum, progígnere; *Engendrer.*

5. TEMNO, tempsi, temptum, témnere; *Mespriser, Il n'est guerre en vsage.*

Contémno, contémpsi, contémptum, contémnere; *Mespriser, Desdaigner.*

Seconde Partie, de la Regle des Verbes en NO.

1 Straui, stratum, *donne à* Sterno;

² *Et* ſpreui, ſpretum *à* Sperno.
³ Cerno *fera* creui cretum;
⁴ *Et* Sino *prend* ſiui, ſitum.
⁵ Lino *veut* litum & leui,
Lini *encore auec* leui.

EXEMPLES.

Tous les Verbes qui ſont dans cette ſeconde Partie de la Regle, forment leur Supin en changeant VI en TVM, comme

1. STERNO, ſtraui, ſtratum, ſtérnere; *Eſtendre, Mettre bas.*
Conſtérno, conſtráui, conſtractum, conſtérnere; *Couurir.*
Deſtérno, deſtráui, deſtráctum, deſtérnere; *Deſcouurir.*
Proſtérno, proſtráui, proſtratum, proſtérnere; *Proſterner, Abbatre.*

2. SPERNO, ſpreui, ſpretum, ſpérnere; *Meſpriſer.*
Deſpérno, deſpréui, deſprétum, deſpérnere; *Le meſme.*

3. CERNO, créui, cretum, cérnere, *Voir, Iuger, connoiſtre, Saſſer, Combattre.*
Decérno, decréui, decrétum, decérnere; *Ordonner, Iuger.*
Diſcérno, diſcréui, diſcrétum, diſcérnere; *Diſcerner, Reconnoiſtre.*
Secérno, ſecréui, ſecrétum, ſecérnere; *Separer.*

4. SINO, ſiui, ſitum, ſinere; *Quitter, Laiſſer, Permettre.*
Déſino, deſíui, *ou* déſij, deſítum, deſinere; *Ceſſer, S'arreſter.*

PRETERITS ET SVPINS. 143

5. LINO, lini, liui, *ou* leui, litum, linere; *Oindre, Frotter de quelque liqueur, Enduire.*
Allíno, allíni, allíui, alléui, állitum, allínere; *Oindre.*
Delíno, delíni, delíui, deléui, délitum, delínere; *Effacer.*
Illíno, illíni, íui, éui, itum, illínere; *Oindre, Enduire par dessus.*

REGLE LI.

Des Verbes terminez en P O & en Q V O.

1 PO, PSI, PTVM *veut bien receuoir,*
2 Rumpo, rupi, ruptum, *auoir;*
3 Strepo, strépuï, strépitum.
4 Coquo *forme* Coxi, coctum.
5 Linquo, liqui, *sans Supin, fait;*
6 *Aux Composez* LICTVM *se met.*

EXEMPLES.

1. Les Verbes terminez en P O font P S I, P T V M, comme
CARPO, carpsi, carptum, cárpere; *Cueillir, prendre.*
Decérpo, decérpsi, decérptum, decérpere; *Cueillir.*
Discérpo, discérpsi, discérptum, discérpere; *Deschirer.*
Excérpo, excérsi, excérptum, excérpere; *Cueillir.*
REPO, repsi, reptum, répere; *Remper, Se traisner sur le ventre.*
Irrépo, irrépsi, irréptum, irrépere; *Se glisser, & se couler dedans.*

Obrépo, obrépsi, obréptum, obrépere; *Se traisner & se couler sans qu'on s'en apperçoiue.*

Subrepo, subrépsi, subréptum, subrépere; *Se glisser sans estre veu.*

SERPO, serpsi, serptum, serpere; *Se traisner sur le ventre, Remper sur terre.*

Insérpo, insérpsi, insérptum, insérpere; *Se traisner dedans.*

SCALPO, scalpsi, scalptum, scálpere; *Gratter, Galler, Ratisser.*

Excálpo, excálpsi, excálptum, excálpere; *Arracher, Racler.*

SCVLPO, sculpsi, sculptum, scúlpere; *Grauer, Tailler en bosse.*

Incúlpo, incúlpsi, incúlptum, incúlpere; *Entailler, Grauer dedans.*

EXCEPTIONS.

2. Rumpo, rupi, ruptum, rúmpere; *Rompre, Briser, Fracasser.*

Abrúmpo, abrúpi, abrúptum, abrúpere; *Rompre vne chose d'auec vne autre, La diuiser.*

Corrúmpo, corrúpi, corrúptum, corrúmpere; *Corrompre, Gaster.*

Dirúmpo, dirúpi, dirúptum, dirúmpere; *Rompre, Creuer.*

Erúmpo, erúpi, erúptum, erúmpere; *Sortir auec impetuosité.*

Irrúmpo, irrúpi, irrúptum, irrúmpere; *Entrer de Force.*

3. STREPO, strépui, strépitum, strépere; *Faire du bruit.*

Cónstrepo, constrépui, constrépitum, constrépere; *Faire du bruit ensemble.*

Obstrepo,

Obstrepo, ûi, itum, obstrépere; *Rompre la teste*, & *Importuner quelqu'vn*.

Péristrepo, perstrépüi, perstrépitum, perstrépere; *Faire grand bruit*.

EXEMPLES DES VERBES en QVO.

4. COQVO, coxi, coctum, cóquere; *Cuire*.

Cóncoquo, concóxi, concóctum, concóquere; *Cuire, Faire la digestion*.

Décoquo, decóxi, decóctum, decóquere; *Cuire & diminuer*.

Excoquo, excóxi, excóctum, excóquere; *Cuire parfaittement*.

5. LINQVO, liqui, línquere; *Laisser*.

Il n'a point de Supin, mais ses Composez en ont, comme

Delínquo, delíqui, delíctum, delínquere; *Laisser, Faillir*.

Relínquo, relíqui, relíctum, relínquere; *Quitter, Abandonner*.

Derelínquo, derelíqui, derelíctum, derelínquere; *Delaisser*.

REGLE LII.

Des Verbes terminez en RO.

1 Tero *prendra* triui, tritum;
2 Quæro, quæsíui, quæsítum.
3 Tuli, latum, *donne à* Fero;
4 *Et* gessi, gestum *à* Gero.

5 Curro *fait* cucúrri, cursum;
6 *Et* Verro *veut* verri, versum:
7 Vssi, vstum, *viennent* d'Vrit;
8 *Mais rien du tout n'aura* Furit.

EXEMPLES.

Les Verbes en RO font diuersement leur Preterit & Supin.

1. TERO, triui, tritum, térere; *Broyer, Vser en frottant, Piler.*

Attero, attríui, attritum, érere; *Vser l'vn contre l'autre, Concasser, Briser.*

Cóntero, contríui, itum, érere; *Broyer, Mettre en poudre, Vser, Consommer.*

Détero, detríui, detritum, detérere; *Diminuer, Vser, Gaster, Briser.*

Obtero, obtríui, itum, obtérere; *Broyer, Froisser.*

2. QVÆRO, quæsíui, quæsitum, quærere; *Chercher, S'enquester, Acquerir.*

Ses Composez changent Æ en I long, comme

Acquíro, acquisíui, acquisitum, acquírere; *Acquerir*

Conquíro, conquisíui, conquisitum, conquírere, *Chercher diligemment.*

Disquíro, disquisíui, itum, disquírere; *Chercher de tous costez.*

Inquíro, inquisíui, inquisitum, inquírere; *Chercher, S'enquerir.*

Requíro, requisíui, itum, requirére, *Rechercher, Desirer, Regretter.*

3. FERO, tuli, latum, ferre; *Porter. Il est irregulier.*

Affero, *ou* ádfero, áttuli, allátum, afférre, *Apporter.*

Aúfero, ábstuli, ablátum, auférre; *Oster, Emporter.*

Díffero, dístuli, dilátum, différre; *Differer.*
Éffero, éxtuli, elátum, efférre; *Porter dehors.*
Ínfero, íntuli, illátum, inférre; *Porter dedans.*
Óffero, óbtuli, oblátum, offérre; *Offrir.*
Súffero, súftuli, fublátum, sufférre; *Endurer, Oster, Esleuer.*

Les autres Composez de ce Verbe, ne changent rien à la proposition dont ils sont composez, comme

Défero, détuli, delátum, deférre; *Deferer, Accuser, Bailler.*
Pérfero, pértuli, perlátum, perférre; *Porter patiemment, Endurer.*

4. GERO, gessi, gestû, gérere; *Porter, Faire, Manier.*
Aggero, aggéssi, aggéstum, aggérere; *Porter en vn tas, Entasser.*
Cóngero, congéssi, congéstum, congérere; *Amasser, Assembler.*
Dígero, digéssi, digéstum, digérere; *Digerer, Mettre par ordre, Porter çà & là.*
Egero, egéssi, egéstum, egérere; *Vuider, Porter dehors.*
Ingero, ingéssi, ingéstum, ingérere; *S'ingerer, Porter dedans.*
Régero, regéssi, regéstum, regérere; *Rejetter, Reporter.*
Súggero, suggéssi, suggéstum, suggérere; *Bailler, Fournir, Suggerer.*

5. CVRRO, cucúrri, cursum, cúrrere; *Courir.*

Ses Composez perdent le redoublement du Preterit, hormis *Præcurro.*

Accúrro, accúrri, accúrsum, accúrrere; *Accourir.*
Concúrro, concúrri, concúrsum, concúrrere; *Courir ensemble.*
Discúrro, discúrri, discúrsum, discúrrere; *Courir çà & là.*

Occúrro, occúrri, occúrsum, occúrrere; *Aller au deuant, Rencontrer.*

Præcúrro, præcucúrri, præcúrsum, præcúrrere; *Courir deuant.*

Recúrro, recúrri, recúrsum, recúrrere; *Retourner, Raccourir.*

6. VERRO, Verri, (versi, *n'est pas en vsage selon Aluare*) versum, verrere; *Trainer, Balier.*

Auérro, auérsi, auérsum, auérrere; *Destourner les hordures.*

7. VRO, vssi, vstum, vrere; *Brusler.*

Adúro, adússi, adústum, adúrere; *Brusler.*

Combúro, combússi, combústum, combúrere; *Brusler.*

Exúro, exússi, exústum, exúrere; *Brusler dehors.*

Inúro, inússi, inústum, inúrere; *Marquer d'vn fer Chaud.*

8. FVRO, ce Verbe n'a pas de premiere personne. On dit seulement

FVRIS, furit, fúrere. *Estre furieux.*

REGLE LIII.

Du Verbe Sero & de ses Composez.

1. Sero *planter*, Seui, satum,
2. *Les siens prennent* Seui, situm:
3. *Que si quelqu'autre sens ils ont*
   VI, ERTVM *ils receuront.*

EXEMPLES.

1. SERO, *fait* seui, satum, sérere; *Et signifie semer, ou planter.*

2. Les Composez qui retiennent mesme signification

PRETERITS ET SVPINS. 149

que luy, retiennent son Preterit, & changent l'A en I au Supin, faisant SEVI, SITVM.

Assero, asséui, ássitum, ásserere; *Planter aupres.*
Cónsero, conséui, cónsitú, consérere; *Planter ensemble.*
Dissero, disséui, díssitum, dissérere, *Planter çà & là.*
Insero, inséui, insitum, insérere; *Enter, planter.*
Intérsero, interséui, intérsitum, intersérere; *Entreplanter, Entresemer.*
Obsero, obséui, óbsitum, obsérere; *Planter, ou semer à l'entour.*

3. Ceux qui ont vne autre signification que le Simple, font V I, & E R T V M, comme

Assero, assérüi, assértum, assérere; *Asseurer, Soustenir vne chose.*
Cónsero consérüi, consértum, consérere; *Entremesler, Entrelasser.*
Désero, desérüi, desértum, desérere; *Abandonner, Delaisser.*
Dissero, dissérüi, disértum, dissérere; *Disputer, Traitter de quelque chose.*
Exero, exérüi, exértum, exérere; *Tirer, ou mettre dehors.*
Insero, insérüi, insértum, insérere; *Mettre dedans, Inserer.*
Intérsero, intersérüi, intersértum, intersérere; *Mettre entre deux, Entremesler.*

REGLE LIV.
Des Verbes terminez en SO.

1. *Ceux en* S O, *font* I T V M, I V I,
2. Viso *fait* Visum, *& visi*;

K iij

NOVVELLE METHODE.

³ Pinſo *veut* pinſüi, piſtum,
Et Pinſum *auec* pinſitum.

EXEMPLES.

1. Les Verbes en SO font IVI, & ITVM, mais remarquez que ſouuent il s'y fait vne Syncope à leur Preterit.

ACCERSO, accerſiui, accerſitum, accérſere; *Appeller.*

Arcéſſo, arceſsiui, *ou* arcéſſij, itum, arcéſſere; *Appeller, Retirer.*

Inceſſo, inceſsiui, ij, itum, incéſſere; *Arriuer, Aſſaillir.*

Lacéſſo, lacéſsiui, ij, itum, lacéſſere; *Attaquer, Irriter, Prouoquer.*

Facéſſo, faceſsiui, ii, itum, facéſſere; *Partir, S'en aller, Faire de la peine* (ſelon *Priſcien*) facéſſi, *& ſelon les autres* facéſſum.

Capéſſo, capéſsiui, ij, itum, capéſſere; *Prendre* (ſelon *Diomede*) capéſſi, capéſſum.

EXCEPTIONS.

2. VISO, viſi, viſum, víſere; *Aller, voir.*

Inuiſo, inuiſi, inuiſum, inuiſere; *Aller voir, Viſiter.*

Reuiſo, reuiſi, reuiſum, reuiſere; *Retourner voir.*

3. Pinſo, pinſüi, píſtum, pinſum, pinſitum; *Pinſer, piller, Peſtrir.*

REGLE LV.

Des Verbes terminez en TO.

Accorde XI, XVM à Flecto,
Comme à Pecto, Necto, Plecto.

PRETERITS ET SVPINS.

3 *Mais ces trois de plus ont* XVI;
4 Meto *prend* meſſum, méſſui;
5 Mitto *fera* miſi, miſſum;
6 Peto, petiui, petitum.

EXEMPLES.

Les Verbes en TO font diuerſement leur Preterit & Supin.

1. FLECTO, *fait* flexi, flexum, flécture; *Flechir, Courber.*

Circunflécto, circunfléxi, xum, circunfléxere; *Flechir à l'entour.*

Deflécto, defléxi, xum, deflectere; *Deſtourner.*

Inflécto, infléxi, xum, inflectere; *Fleſchir, Courber.*

Reflécto, xi, xum, reflectere; *Reflechir, Recourber.*

2. Il y en a trois qui font double Preterit.

PECTO, pexi, péxui, péxum, péctere; *Peigner.*

Depécto, depéxi, depéxui, depéxum, depéctere; *Peigner en enbas.*

NECTO, nexi, néxui, nexum, néctere; *Noüer, Attacher.*

Annécto, annéxi, annéxui, annéxum, annéctere; *Noüer à quelque choſe.*

Connécto, connéxi, connéxui, xum, connéctere; *Noüer enſemble.*

Innécto, innéxi, innéxui, xum, innéctere; *Noüer, Lier.*

PLECTO, plexi, pléxui, (*ce dernier eſt moins vſité*) plexum, pléctere; *Punir, Plier, Entrelaſſer.*

Implécto, impléxi, impléxum, implectere; *Entrelaſſer, Enuelopper.*

4. METO, méſſui, méſſum, métere ; *Moiſſonner, Cueillir.*

Démeto, demessui, demessum, demétere; *Moissonner.*
5. MITTO, misi, missum, míttere; *Enuoyer, Ietter.*
Admitto, admisi, admissum, admittere; *Admettre.*
Committo, commisi, commissum, committere; *Commettre, Bailler.*
Demitto, demisi, demissum, demittere; *Descendre, Aualler en enbas.*
Dimitto, dimisi, dimissum, dimittere; *Laisser aller, Enuoyer.*
Emitto, emisi, emissum, emittere; *Mettre dehors.*
Immitto, immisi, immissum, immittere; *Mettre dedans, Enuoyer.*
Intermitto, intermisi, intermissum, intermittere; *Entremettre.*
Omitto, omisi, omissum, omittere; *Obmettre, Laisser.*
Permitto, permisi, permissum, permittere; *Permettre, Donner congé.*
Præmitto, præmisi, præmissum, præmittere; *Enuoyer deuant.*
Promitto, promisi, promissum, promittere; *Promettre.*
Remitto, remisi, remissum, remittere; *Renuoyer, Remettre.*
Submitto, submisi, submissum, submittere *Mettre dessous, abaisser.*
6. PETO, petiui, petitum, ere; *Demander, Aller, Tendre en quelque lieu.*
Appeto, appetiui, appetitum, appétere; *Desirer.*
Compèto, iui, itum, compétere; *Demander ensemble, Conuenir.*
Impeto, iui, itum, impétere, *Attaquer, Assaillir.*
Oppeto, oppetiui, itum, oppétere; *Mourir.*
Repeto, repetiui, repetitum, repetere, *Redemander.*
Suppeto, iui, itum, suppetere, *Fournir, Donner,*

Seconde Partie de la Regle Des Verbes en TO.

1 Verti, versum, *fera* Verto.
2 Stértüi *sans Supin* Sterto;
3 Sisto *neutre est sans Preterit*,
4 *Actif il â* Statum, stitit.

EXEMPLES.

1. VERTO, verti, versum, vertére, *Tourner, Renuerser.*
Aduérto, aduérti, aduérsum, aduértere, *Tourner deuers.*
Animaduérto, ti, sum, animaduértere, *Appliquer son esprit à quelque chose.*
Auérto, auérti, auérsum, auértere, *Destourner.*
Conuérto, conuérti, conuérsum, conuértere, *Conuertir, Tourner.*
Diuérto, diuérti, diuérsum, diuértere, *Tourner quelque part.*
Euérto, euérsi, euérsum, euértere, *Renuerser.*
Inuérto, inuérti, inuérsum, inuértere, *Tourner à l'enuers.*
Obuérto, obuérti, obuérsum, obuértere, *Tourner contre.*
Peruérto, peruérti, peruérsum, ere; *Peruertir, Gaster.*
Reuérto, reuérti, reuérsum, reuértere, *Retourner.*
  Mais l'on dit aussi.
Reuertor, reuérsus sum, reuérti, *Retourner.*
Subuérto, ti, sum, subuértere, *Subuertir, renuerser.*

2. STERTO, sterrui, sterrére, *Ronfler.* Il n'a point de Supin.
Destérto, destérrui, destértere, *S'esueiller.*

3. SISTO, Verbe neutre, *estre debout*, Il n'a ny Preterit ny Supin.

Ses Composez neantmoins le prennent du Verbe STO.

Assisto, ástiti, ástitum, assistere, *Assister, Estre auprés.*
Absisto, ábstiti, absistere, *Se tenir loing, Se retirer, Se déporter de quelque chose.*
Consisto, cónstiti, cónstitum, consistere, *S'arrester, Consister.*
Desisto, déstiti, déstitum, desistere, *Desister, Cesser.*
Existo, éxtiti, éxtitum, existere; *Se lever & Dresser, Se monstrer.*
Insisto, ínstiti, ínstitum, insistere, *Insister, Presser.*
Obsisto, óbstiti, óbstitum, obsistere, *Resister, Contredire.*
Persisto, pérstiti, pérstitum, persistere, *persister, Durer iusques à la fin.*
Resisto, réstiti, réstitum, resistere; *Resister, Arrester.*
Subsisto, súbstiti, súbstitum, subsistere; *Subsister, Arrester.*

4. SISTO, *actif* à stiti, statum, sistere; *Representer quelqu'vn en iugement, Adjourner, Donner assignation.*

REGLE LVI.

[1] *De* Viuo, *vient* vixi, victum;
[2] *De* Soluo, solui, solútum;
[3] Volui, Volútum *de* Voluo,
[4] Calui *sans Supin de* Caluo.

EXEMPLES.

Les Verbes en VO font diuersement leur Preterit & Supin.

PRETERITS ET SVPINS.

1. VIVO, vixi, victum, víuere; *Viure.*
Conuíuo, conuíxi, conuíctum, conuíuere; *Viure ensemble.*
Reuíuo, reuíxi, reuíctum, reuíuere; *Reuiure.*

2. SOLVO, folui, folútum, foluére; *Délier, Payer.*
Abfóluo, abfólui, abfolútum, abfóluere; *Abfoudre, Acheuer.*
Diffóluo, diffólui, diffolútum, diffóluere; *Délier, Diffoudre.*
Perfóluo, perfólui, utum, perfóluere; *Acheuer, Parfaire.*
Refóluo, ui, útum, refóluere; *Refoudre.*

3. VOLVO, volui, volútum, vóluere; *Rouler.*
Aduóluo, aduólui, aduolútum, aduóluere; *Rouler deuers.*
Conuóluo, conuólui, conuolútum, conuóluere; *Enuelopper, Entortiller.*
Euóluo, euólui, utum, euóluere; *Deffloyer, Defrouler.*
Inuóluo, inuólui, inuolútum, inuóluere; *Rouler, Entortiller.*
Obuóluo, obuólui, obuolútum, obuóluere; *Enuelopper.*
Reuóluo, reuólui, reuolútum, reuóluere; *Rouller, Feuilleter.*

4. CALVO, calui, cáluere; *Tromper, Abufer.*

REGLE LVII.

Des Verbes terminez en XO.

Nexo *prend* nexum, néxüi,
Et Texo, textum, téxüi.

EXEMPLES.

Il n'y a que deux Verbes en X O.

1. NEXO, nexis, néxüi, nexum, nexere, *comme* Nexo, as, *frequentatif de* Necto; *Noüer, Attacher, Lier.*

2. TEXO, téxüi, textum, téxere; *Tistre, Faire de la toille, Composer & faire quelque chose.*

Attéxo, xüi, attéxtum, attéxere; *Tistre auec, Adjouster.*

Contéxo, xüi, contéxtum, contéxere, *Tistre ensemble, Conjoindre.*

Detéxo, xüi, detéxtum, detéxere; *Desourdir vne toile, La detirer.*

Intéxo, xüi, intéxtum, intéxere, *Entrelasser l'vn dans l'autre.*

Prætéxo, xüi, prætéxtum, prætéxere; *Border, Couurir, Donner quelque pretexte.*

Retéxo, xüi, retéxtum, retéxere; *Desourdir, Desfiler, Deffaire.*

LA IV. CONIVGAISON.

REGLE LVIII.

Generale pour les Verbes de la Quatriesme.

La quatriesme fait IVI;
Aúdio, audis, audíui:
Et son Supin est en ITVM;
Comme Audíui *fait* auditum.

EXEMPLES.

Les Verbes de la quatriesme Coniugaison font au Preterit, IVI, & au Supin ITVM, comme AVDIO, audíui, auditum, audire; *Ouyr, Escouter.*

PRETERITS ET SVPINS. 157

Exáudio, iui, itum, ire, *Ouyr, Exaucer.*
Ináudio, iui, itum, ire, *Ouyr par rapport.*
SCIO, sciui, scitum, scire, *Sçauoir.*
Cónscio, consciui, conscitum, ire, *Sçauoir ensemble,*
　Estre coupable.
Néscio, nesciui, nescitum, ire, *Ne sçauoir pas.*
Réscio, resciui, rescitum, ire, *Sçauoir.*
EO, iui, itum, ire, *Aller.*

　Remarquez que le Verbe EO, & ses Composez font le Futur en IBO.

Abeo, abiui, abitum, abire, *Partir, S'en Aller.*
Adeo, adiui, aditum, adire, *Aller trouuer.*
Ambio, ambiui, ambitum, ire, *Enuironner, Briguer.*
Exeo, exiui, exitum, exire, *Sortir, S'en aller.*
Inéo, iniui, initum, ire, *Entrer dedans.*
Obeo, obiui, obitum, obire, *Aller par tout, Mourir.*
Péreo, periui, itum, ire, *Perir.*
Prætéreo, iui, inim, ire, *Passer outre.*
Rédeo, iui, itum, ire, *Reuenir, Retourner.*
Súbeo, iui, itum, ire, *Entreprendre.*
Tránseo, iui, itum, ire, *Passer outre.*

EXCEPTIONS DE CETTE
Regle generale.

REGLE LIX.
De *Singúltio, Sepélio, Véneo*
& *Vénio.*

1 Singúltum *prend* Singúltio,
2 *Et* sepúltum Sepélio;
3 Véneo, vénii, venum;
4 *Et* Vénio, veni, ventum.

EXEMPLES.

Ces deux premiers Verbes suiuent la Relge generale pour le Preterit, & font le Supin en VLTVM.

1. SINGVLTIO, singultíui, singúltum, íre; *Auoir le hocquet, Sanglotter.*
2. SEPELIO, sepelíui, sepúltum, sepelíre; *Enseuelir, Enterrer.*

Les autres suiuans font diuersement leur Preterit, & leur Supin.

3. VÆNEO, *ou* VENEO, vénij, venum, veníre, *Estre vendu*, en signification passiue.
4. VENIO, veni, ventum, veníre, *Venir.*

Aduénio, aduéni, aduéntum, íre; *Arriuer.*
Circumuénio, circumuéni, éntum, íre, *Enuironner, Surprendre.*
Deuénio, deuéni, deuéntum, íre; *Descendre, Venir.*
Euénio, euéni, euéntum, íre; *Aduenir, Arriuer.*
Inuénio, inuéni, inuéntum, íre; *Trouuer.*
Peruénio, peruéni, peruéntum, íre; *Paruenir.*
Præuénio, præuéni, præuéntum, íre; *Preuenir.*
Prouénio, prouéni, prouéntum, íre; *Prouenir, S'auancer.*
Reuénio, reuéni, reuéntum, íre; *Reuenir.*

REGLE XL.

De *Amício, Víncio,* & *Sáncio.*

1 VI, CTVM *veut* Amício,
2 *Et* vinxi, vinctum Víncio:
3 Sáncio *fait* sanxi, sanctum,
Auec sancíui, sancítum.

PRETERITS ET SVPINS.

EXEMPLES.

1. AMICIO, *fait* amícüi, amíctum, amicíre; *Couurir.*
2. VINCIO, *fait* vinxi, vinctum, vincíre; *Lier, Serrer.*

Deuíncio, deuínxi, deuínctum, íre; *Lier, Obliger quelqu'vn.*

Reuíncio, reuínxi, reuínctum, íre; *Lier par derriere.*

3. SANCIO, *fait* Sanxi, sánctum, *& autrefois*, sancíui, sancítum, sancíre; *Ordonner, Establir.*

REGLE LXI.

De Háurio, Sépio & Sálio.

1 Hausi, haustum *prend* Háurio,
2 *Et* Sepsi, septum Sépio:
3 Salit, IVI, VÏ, ALTVM;
4 *Mais ses Composez ont* vltum.

EXEMPLES.

1. HAVRIO, *fait* hausi, haustum, haurire; *Puiser, Tirer.*
Exháurio, exháusi, exháustum, íre; *Espuiser, Vuider.*
2. SEPIO, sepsi, septum, sepíre; *Clore de hayes.*
Consépio, consépsi, conséptum, íre, *Enclore.*
Circumsépio, circumsépsi, circumséptum, íre, *Enuironner.*
Dissépio, dissépsi, disséptú, íre, *Abatre, Rompre les clos.*
3. SALIO, *fait* salíui, *ou* salij, *mais il a plus souuent*, salüi, saltum, salíre, *Sauter, Bondir, Saillir.*
4. Ses Composez sont VLTVM au Supin.

Afsilio, afsíluï, & afsíliui, *vel* afsílij, afsúltum, íre; *Sauter en arriere.*

Desilio, desisíluï, delíui, *vel* ij, desúltum, íre; *Sauter en bas.*

Exilio, exíluï, exíliui, *vel* ij, exúltum, íre; *Sauter dehors tressaillir.*

Insilio, insíluï, íui, ij, insúltum, íre; *Sauter dedans.*

Resilio, resíluï, íui, ii, resúltum, íre; *Ressaillir, Rebondir, Sauter en arriere.*

REGLE LII.
De Séntio, Ráucio, Fúlcio, Sárcio, & Fárcio,

Sentit, Raucit, *feront* SI, SVM:
Fulcit, Sarcit, Farcit, SI, TVM.

EXEMPLES.

Il y a deux Verbes qui font SI au Preterit, & SVM au Supin.

SENTIO, sensi, sensum, sentire; *Sentir, S'aperceuoir.*

Assentio, assensi, assensum, ire, & Asséntior, assentítus, sum, assentíre; *Consentir, Accorder.*

Conséntio, consénsi, consénsum, íre; *Consentir, Accorder.*

Disséntio, dissénsi, dissénsum, íre; *Estre de Sentiment contraire.*

Præséntio, præsénsi, præsensum, íre; *Connoistre.*

RAVCIO, rausi, rausum, raucire; *Estre enuironné.*

Irráucio, irráusi, irráusum, íre; *Estre enroüé.*

Il y en a deux autres, qui font SI au Preterit, & TVM au Supin.

FVLCIO,

FVLCIO, fulsi, fultum, fulcíre; *Appuyer, Soustenir.*
Suffúlcio, suffúlsi, suffúltum, ire; *Appuyer, Accoster, Estayer.*
SARCIO, sarsi, sartum, sarcíre; *Coudre, Rentraire, Faire des habits.*
Resárcio, resársi, resártum, íre; *raccommoder, Recoudre.*
FARCIO, farsi, fartum, íre; *Farcir, Emplir.*
  Ses Composez changent quelquefois l'A en E comme
Confércio, conférsi, confértum, íre; *Remplir, Entasser.*
Différtio, diffërsi, différtum, íre; *Emplir.*
Infárcio, (celui-cy retient l'A) infársi, tum, íre; *Entasser, Remplir.*
Refércio, refërsi, tum, íre; *Remplir, Garnir.*

REGLE LXIII.

Des Composez de *Pário.*

Ceux qui de Pário *viendront,*
VI, ERTVM, *demanderont;*
Mais dy Réperi, Cómperi,
Repértum, Compértum *aussi.*

EXEMPLES.

PARIO est de la troisiesme.
  Ses Composez sont de la quatriesme, & font VI, ERTVM, comme
Apério, apérui, apértum, íre; *Ouurir, Declarer.*
Adapério, adapérui, adapértum, íre; *Ouurir.*
Opério, opérui, opértum, íre; *Courir, Fermer.*
  Ces deux cy font ERI, ERTVM.

L

Compério, cómperi, compértum, comperíre; *Sçauoir.*
Repério, réperi, repértum, reperíre; *Trouuer.*

REGLE LXIV.

Des Verbes qui signifient auoir enuie de faire quelque chose.

Lors que le Verbe signifie
Le desir de faire & l'enuie,
Il n'aura point de Preterit;
(Tels sont aussi Ferit, Ait.*)*
Exceptez en Partúrio,
Esúrio, Nuptúrio.

EXEMPLES.

Les Verbes qui signifient le desir & l'enuie de faire quelque choses, s'appellent *Meditatifs.* Ces Verbes n'ont point de Preterit, ny de Supin, comme
CÆNATVRIO, cænaturíre; *Auoir enuie de souper.*
Dormitúrio, dormituríre; *Auoir enuie de Dormir.*
Emptúrio, empturíre; *Auoir desir d'achepter.*
Mictúrio, micturíre; *Auoir enuie de faire de l'eau.*

Quelques-vns ont le Preterit, mais sans Supin, comme
Partúrio, parturíui, parturíre; *Estre en trauail, Enfanter.*
Esúrio, esuríui, esuríre; *Auoir faim.*

On trouue aussi Esuritúrus.

Est spes nos esuritúros satis. *Terent.*
Nuptúrio, nupturíui, *ou* nuptúrij, íre; *Auoir desir d'estre marié.*

Ces deux cy n'ont point aussi de Preterit.
FERIO, feris, férire; *Frapper.*
AIO aïs (Verbe defectif) *ie dis*; Il n'a pas de Preterit pour la premiere personne; mais à la seconde on dit *Aïsti,* & au Plurier *Aïstis.*

REGLE LXV.

De la Syncope qui se fait au Preterit.

La Syncope au Verbe est gardée,
Lors qu'vne syllabe est ostée;
Comme quand on dit Amásti,
Au lieu de dire Amauísti.

EXEMPLES.

La Syncope est vn retranchement, qui se fait souuent aux Preterits, principallement en ceux qui sont terminez en VI, comme
PETII, *au lieu de* petíui; *I'ay demandé.*
Nosti, *pour* Nouísti; *Vous auez conneu.*
Norunt, *pour* Nouérunt; *Ils ont conneu.*
Reuocásti, *pour* Reuocauísti; *Vous auez reuoqué.*
Prostrásse, *au lieu de* Prostrauísse; *Auoir abatu.*
Adiísset, *pour* adiuísset; *Il fust allé.*

ADVERTISSEMENT.

La Syncope se rencontre aussi quelquefois dans les Preterits qui ne sont pas terminez en VI. comme
Extínxti, *Virg. au lieu de* Extinxísti; *Vous auez esteins.*
Extínxem, *Virg. pour* Extinxissem; *I'eusse esteint.*
Euásti, *Horat. au lieu de* Euasísti; *Tu as eschappé.*
Surrexe, *Horat. au lieu de* Surrexísse; *S'estre leué.*

Mais ces dernieres façons de parler sont moins à imiter, si ce n'est dans les Vers.

DES VERBES DEPONENS.

REGLE LXVI.

Ce que c'est que Verbe Deponent.

Deponent bien se nommera,
Le Verbe qui tousiours aura
Signification actiue,
Et la Coniugaison passiue.

EXEMPLES.

Les Verbes Deponens sont ceux qui sont terminez en O R comme le Passif, & qui ont la signification actiue, comme
Pollíceor, *Ie promets*, Véreor; *Je crains.*
Lárgior, *Ie donne* Blándior; *Ie flatte.*

REGLE LXVII.

Du Preterit des Deponens.

Le Preterit des Deponens,
Ainsi que de l'Actif se prend:
Car comme Amátus *vient d'*Amo,
Lætátus *se prend de* Læto.

EXEMPLES.

Comme le Preterit du Passif se forme du Supin de l'Actif; ainsi pour trouuer le Preterit du Deponent, il faut feindre vn Actif, en retranchant l'R; & voir comme cét Actif auroit au Preterit & Supin, & puis de là en former celuy du Deponent. C'est pourquoy en la premiere Coniugaison tous ces Verbes ont le Preterit en *atus sum.*

LÆTOR, *fait* lætátus sum; *comme si on disoit* læto, áui, átum, lætári; *Se resiouïr.*

Glórior, gloriátus sum, gloriári; *Se glorifier. Comme si on disoit* Glório.

En la seconde Coniugaison ils l'ont en *itus sum.*

Véreor, veritus, sum, veréri; *Craindre. Comme venant de* Véreo.

Pollíceor, pollícitus sum, éri; *Promettre. Comme de* Pollíceo.

En la troisiesme, il se fait diuersement selon le Supin de l'Actif que l'on suppose.

Fungor, functus, sum, fungi; *Faire, Eercer. Comme de* Fungo.

Iráscor, irátus sum, irásci; *Se fâcher. Comme d'*Irásco.

Nascor, natus sum, nasci; *Naistre. Comme de* Nasco.

En la quatriesme il se fait en *itus sum.*

Blándior, blanditus sum, blandíri; *Flatter. Comme de* Blándio.

Lárgior, largítus sum, largíri; *Donner, comme de* Lárgio.

REGLE LXVIII.

EXCEPTION DE LA REGLE DES
Deponens. Premiere Partie.

Ratus *se forme de* Reor,
Misértus *de* Miséreor.
Fruor *prend pour soy* Frúitus,

Túeor, tutus, túitus :
Proféctus *à* Proficiscor,
Experéctus, Expergiscor.

SECONDE PARTIE.

Loquor *veut prendre* Locútus;
Et de Sequor *naist* Secútus.
Nitor, nisus, nixus *aura*;
Et Métior, mensus *fera*.
Oblítus *prend* Obliuiscor,
Et Comméntus, Comminiscor.

TROISIESME PARTIE.

Adipíscor, adéptus *fait*;
Auec Quereor, questus *se met*.
Nactus, *se donne à* Nanciscor;
Et Pactus *vient de* Paciscor.
A Grádior *donne* Gréssus,
Ainsi qu'à Fatiscor fessus.

QVATRIESME PARTIE.

Ordior, ortus *veut auoir*,
Vtor, vsus, *veut receuoir*
Fáteor *donnera* Fassus,
Et Pátior *aura* Passus.
Expértus *vient d'*Experior,
Comme Oppértus, *d'*Oppérior.

CINQVIESME PARTIE.

Vltus d'Vlciscor *sera pris;*
Auec Labor, lapsus, *est mis.*
Mórtuus *vient de* Mórior,
*Ainsi qu'*Ortus *vient d'*Orior:
Mais tu diras Oritúrus,
Nascitúrus, Moritúrus.

EXEMPLES.

Tous ces Deponens icy forment extraordinairement leur preterit. Nous les mettrons icy selon chaque coniugaison, afin qu'on puisse plus aysement les y trouuer.

EN LA PREMIERE CONIVGAISON, il n'y en a point d'exceptez.

EN LA SECONDE.

FATEOR, fassus sum, fatéri; *Confesser,*
Confíteor, conféssus sum, confitéri; *Confesser.*
Diffíteor, diffitéri; *Nier.* Il n'a point de Preterit.
Profíteor, proféssus sum, éri, *Dire, Faire Profession.*
REOR, ratus sum, reri; *Penser, Estimer.*
MISEREOR, misértus sum, *& quelquefois* misé-
   ritus sum, éri; *Auoir pitié.*
TVEOR, tutus, *ou* túitus sum, éri; *Garder, Regarder.*
Contúeor, contútus, contúitus sum, éri; *Regarder fort.*
Intúeor, intútus, intúitus sum, intuéri; *Regarder.*
Obtúeor, obtútus, obtúitus sum, éri; *Le mesme.*

EN LA TROISIESME.

Apíscor, aptus sum, apísci, *Acquerir.* Il n'est guere en vsage, mais on se sert de

ADIPISCOR, adéptus sum, adipísci; *Acquerir, Gai-*
gner, Conquester.
Indipíscor, indéptus sum, indipísci; *Le mesme.*
Commíniscor, comméntus sum, commíniſci; *Inuenter.*
EXPERGISCOR, experréctus sum, expergíſci; *S'eſueiller.*
FATISCOR, féſſus ſum, fatíſci; *Estre las & fa-*
tigué.
Fatíſcor, *ne ſe dit guere; &* Feſſus *vient du Verbe* Fe-
ro *ſelon Rob. Estienne.*
Defetíſcor, deféſſus, ſum, defetíſci; *Estre las & abatu.*
FRVOR, frúitus ſum, frui; *Iouïr.*
Pérfruor, perfrúitus ſum, pérfrui ; *Iouïr pleinement.*
GRADIOR, greſſus ſum, gradi; *Marcher.*
Aggrédior, aggréſſus ſum , ággredi ; *Entreprendre,*
Aborder quelqu'vn.
Congrédior, congréſſus ſum, cóngredi; *Marcher en-*
ſemble.
Digrédior, digréſſus ſum, dígredi; *Se destourner.*
Egrédior, egréſſus ſum, égredi ; *Sortir.*
Ingrédior, ingréſſus ſum, íngredi ; *Entrer.*
Progrédior, progréſſus ſum, prógredi ; *Auancer loing.*
Regrédior, regréſſus ſum, régredi; *Retourner.*
Tranſgrédior, tráſgréſſus ſum, tránſgredi; *Outrepaſſer.*
LABOR, lapſus ſum, labi; *Gliſſer, Tomber.*
Delábor, delápſus ſum, delábi; *Deualer, Deſcendre.*
Dilábor, dilápſus ſum, dilábi; *S'eſcouler, Se gliſſer.*
Elábor, elápſus ſum, elábi; *S'eſchapper, S'enfuir.*
Illábor, illápſus ſum; illábi; *Se gliſſer dedans, Entrer.*
Sublábor, Sublápſus ſum, ſublábi; *Choir peu à peu.*
LOQVOR, locútus ſum, loqui; *Parler.*
Alloquor, allocútus, ſum, álloqui ; *Parler à quelqu'vn*
Cólloquor, collocútus ſum, cólloqui ; *Parler enſemble.*

PRETERITS ET SVPINS.

Eloquor, elocútus sum, éloqui; *Parler élegamment.*
Próloquor, prolocútus sum, proloqui; *Dire tout.*
MORIOR, mortuus sum, mori; *Mourir.*
Le Participe, Moritúrus; *Qui doit mourir; comme s'il auoit* Móritum *au Supin.*
Commórior, commórtuus sum, cómmori; *Mourir ensemble.*
Emórior, emórtuus sum, émori; *Mourir.*
Immórior immórtuus sum, ori; *Mourir dedans, ou sur quelque chose.*
Nascor, natus sum, *fait aussi au participe* Nascitúrus, *qui doit naistre; comme s'il auoit* Nascitum *au Supin.*
NANCISCOR, nactus sum; nancisci; *Trouuer, Rencontrer.*
NITOR, nisus, *ou* nixus sum, niti; *S'efforcer.*
Adnitor, adnisus, *ou* adnixus sum, ádniti; *S'efforcer.*
Enitor, enisus, *ou* enixus, éniti; *Faire grand effort.*
Innitor, innisus, *ou* innixus, ínniti; *S'appuyer.*
OBLIVISCOR, oblítus sum, obliuisci; *Oublier.*
PACISCOR, pactus sum, pacisci; *Faire vn pacte, Vn accord.*
PATIOR, passus sum, pati; *Endurer, Souffrir.*
Perpétior, perpéssus sum, pérpeti; *Le mesme.*
PROFICISCOR, profectus sum, proficisci; *Partir, S'en aller.*
QVEROR, questus sum, queri; *Se plaindre.*
Cónqueror, conquéstus sum, cónqueri; *Se plaindre ensemble.*
SEQVOR, sequútus sum, sequi; *Suiure.*
Assequor, assequútus sum, ássequi; *Atteindre, Conceuoir, attraper.*
Cónsequor, consequútus sum, cónsequi; *Obtenir, acquerir.*

Insequor, insecútus sum, ínsequi, *Poursuiure, Medire.*

Pérsequor, persecútus sum, pérsequi; *Poursuiure, Persecuter.*

Súbsequor, subsecútus sum, súbsequi; *Aller apres.*

VLCISCOR, vltus sum, vlcísci; *Se venger.*

VTOR, vsus sum, vti; *V ser d'vne chose, S'en seruir.*

Abútor, abúsus sum, abúti; *Abuser de quelque chose.*

EN LA QVATRIESME.

ASSENTIOR, assénsus sum, assentíri; *Consentir, S'accorder auec vn autre.*

EXPERIOR, expértus sum, experíri; *Experimenter, Esprouuer.*

OPPERIOR, oppértus sum, opperíri; *Attendre.*

METIOR, mensus sum, métiri; *Mesurer, Passer outre,* Virg.

Dimétior, dimérsus sum, dimetíri; *Mesurer, Compasser.*

Remétior, reménsus sum, remetíri; *Remesurer.*

ORDIOR, orsus sum, ordíri; *Ourdir vne toile, Commencer quelque chose.*

Exórdior, exórsus sum, exordíri; *Commencer.*

ORIOR, óreris, *de la troisiesme, ou bien* Orior, oríris, *de la quatriesme,* ortus sum, oríri; *Naistre, Se leuer, Se monstrer.*

Le Participe. Oritúrus, *qui se leuera. Comme s'il auoit* oritum *au Supin.*

Abórior, abórtus sum, aborírij; *Auorter.*

Exórior, exórtus sum, exoríri; *Sourdre dehors, Naistre.*

Obórior, obórtus sum, oboríri; *Se leuer.*

Subórior, subórtus sum, suboríri; *Se leuer peu à peu.*

REGLE LXIX.

Des Verbes Neutre-Paſſifs.

On dira Solet, ſólitus;
Fit, factus; *&* Fidit fiſus;
Mœſtus, Mœret; auſus Audet;
Et Gauiſus *vient de* Gaudet.

EXEMPLES.

Les Verbes Neutres-Paſſifs, ſont ceux qui ſont terminez en O, comme l'Actif, & ont le Preterit en *Vs ſum*, comme le Paſſif.

SOLEO, ſólitus ſum, (*autrefois* ſoluï) ſoléreǀ; *Auoir de couſtume.*

FIO, factus ſum, f'ieri; *Eſtre fait, Deuenir.*

FIDO, fiſus ſum, fidere; *Se fier.*

Confido, confiſus ſum, confidere; *Se confier.* On trouue Confidérunt, *dans* Tite Liue.

Aúdeo, auſus ſum, audére; *Oſer.*

MOEREO, mœſtus ſum, (*autrefois*, méruï) mœrére; *Eſtre triſte.*

GAVDEO, gauiſus ſum, gaudére; *Se reſiouïr.*

Remarquez donc que ces Verbes ſe coniuguent comme le Paſſif aux temps qui ſont formez du Preterit, & comme l'Actif aux temps qui dependent du préſent.

REGLE LXX.

Des Verbes Neutres qui ſe coniuguent comme l'Actif, & qui ont la ſignification Paſſiue.

Vápulo, Væneo, Fio,

Exulo, Nubo, Liceo,
Sont en terminaison Actifs;
Mais dans le Sens ils sont Passifs.

EXEMPLES.

Ces Verbes cy sont ceux que l'on appelle *Neutrália passiua*, qui se coniuguent comme l'Actif, & ont la signification Passiue.

VAPVLO, áui, átum, áre; *Estre battu.*
Væneo, *ou* véneo, veni, venum, veníre; *Estre vendu.*
Fio, factus sum, fíeri; *Estre fait.*
Exulo, exuláui, exulárum, áre; *Estre banni.*
Nubo, nupsi, *ou* nupta sum, *au feminin (parce qu'il ne se dit que d'vne femme)* núbere; *Se marier.*
LICEO, lícui; *Il prend son Supin de l'impersonnel,* Licet; licitum est, licére; *Estre prisé, Estre mis à pris, en signification passiue.*
Et au contraire LICEOR, lícitus sum, *à la signification actiue,* líceri; *Mettre à prix, mettre à l'enchere.*

REGLE LXXI.

Des Imperatifs de *Dico, Duco* *Fácio* & *Fero.*

Dico, dic; Duco, duc *aura*
Fácio, fac; Fero fer *â.*

EXEMPLES.

Les Imperatifs deuroient estre terminez en E, comme *Lege*; mais on retranche l'E de la fin; ainsi l'on dit Dic, *au lieu de* dice; *Dites.*

Duc, *au lieu de* duce; *Menez, Conduisez.*
Fer, *au lieu de* fere; *Portez, Endurez.*
Fac, *au lieu de* face; *Faites.*

Mais remarquez que les Composez de *Fácio*, ne sont pas exceptez, & qu'ils font leur Imperatif en E à l'ordinaire, comme
Perfácio, *Imperatif,* Pérfice; *Achevez.*
Sufficio, *Imperatif,* Súffice; *Fournissez.*

LA SYNTAXE.

REGLE I.

De l'Actif & du Substantif.

*Fais accorder le Nom qui s'appelle Adjectif,
En Genre, Nombre & Cas auec son Substantif.*

EXEMPLES.

L'Adjectif (sous lequel on comprend le Pronom & le Participe) s'accorde auec son Substantif en Genre, en Nombre & en Cas : comme, *Vir bonus*, vn homme de bien ; *Diuina virtus*, vne vertu diuine. *Ille Philosophus*, ce Philosophe. *Parua sæpe scintilla contempta magnum excitat incendium* ; vne petite esteincelle estant negligée, excite souuent vn grand feu.

ADVERTISSEMENT.

L'Adjectif doit necessairement suiure le Genre du Substantif. Mais il faut icy remarquer, que si le Nom est du Genre Commun ou du Douteux, on le met en quel Genre on veut; auec cette différence toutefois, qu'au Commun, on doit faire accorder l'Adjectif selon le Sexe dont on parle, & continuer le discours tousiours dans vn mesme Genre. Mais au Douteux, on peut choisir celuy des deux Genres qu'on aime le mieux, & le changer mesme si on veut dans la suitte : Ainsi l'on peut dire d'vne Escorce *Cortex albus*, ou *cortex alba* ; & ayant dit de cette derniere façon, reprendre le Masculin, & dire *albus cortex*, vne Escorce blanche. *Viues de Stud. Puer.*

REGLE II.

Du Relatif & de l'Antecedent.

*Qui, quæ, quod; Relatif s'accorde inceſſamment,
En meſme Genre & Nombre auec l'Antecedent.*

EXEMPLES.

Le Relatif, *Qui, quæ, quod* s'accorde auec ſon Antecedent, en Genre & en Nombre ; mais le Cas ſe rapporte au Verbe ſuiuant. *Ego, qui viuo,* moy qui vis. *Deus, qui regnat* ; Dieu qui regne. *Tu cui impero,* vous à qui ie commande. *Filius, quem diligo;* le Fils que i'aime.

ADVERTISSEMENT.

Remarquez que quelquefois le Relatif s'accorde auec le Nom ſuiuant ; Animal *quem dicimus hóminem. Pompéius impétij Romani decus ac lumen fuit.* Pompée qui a eſté la lumiere & l'ornement de l'Empire Romain.

REGLE III.

De la Demande & de la Réponſe.

Reſponds au meſme cas qu'on t'interrogera;
Quis docet hoc? Chriſtus. Quid comedis?
[pyra.

EXEMPLES.

La Demande & la Réponſe ſe mettent en meſme cas, ſi le regime n'eſt chágé. *Quis docet hoc?* CHRISTVS? Qui enſeigne cela IESVS-CHRIST. *Quid comedis? pyra.* Que mangez vous ? des poires. *Cui præceptóri dediſti óperam ? Platóni.* Sous qui auez-vous eſtudié ? Sous

Sous Platon. *Cuius eſt hic liber? Petri.* A qui eſt ce liure? à Pierre. *Quem exiſtimas eſſe principem Oratórum? Cicerónem.* Qui penſez-vous eſtre, le premier des Orateurs? Ciceron.

On reſpond elegament en latin, en repetant le meſme Verbe, par lequel on eſt interrogé. *Tu negas? Nego.* Vous le niez? Ouy, ie le nie.

ADVERTISSEMENT.

Remarquez que cette Regle n'a pas lieu, lors que l'on reſpond par vn mot qui change la Conſtruction. Comme, *Cuius eſt pállium? Meum.* A qui eſt ce manteau? C'eſt à moy. *Quanti emiſti? duóbus nummis.* Combien l'auez vous achepté? Deux eſcus. Ce que l'on verra mieux par l'vſage & par les Regles ſuiuantes.

REGLE IV.
Des deux Subſtantifs.

A deux Subſtantifs joins, qui ſens diuers n'ont [pas
Comme ſont Vrbs Roma, *donne le meſme cas;*
2 *S'ils ont vn ſens diuers, comme* Amor virtutis
Alors au Genitif le ſecond ſera mis.

EXEMPLES.

1. Lors qu'il y a deux Subſtantifs, qui ſe rapportent à vne meſme choſe, on les met en meſme cas; comme *Vrbs Roma*, la Ville de Rome; comme qui diroit, Rome la Ville.

Quelquefois le Genre & le Nombre ſont differents, quoy que le Cas ſoit ſemblable, comme. *Tulliola delicia noſtræ.* Tulliola, qui eſt toutes nos delices.

M

2. Si les deux Noms Subſtantifs ſignifient diuerſes choſes, il faut mettre le ſecond au Genitif, comme *Splendor lucis*, l'éclat de la lumiere; *Liber Petri*, le liure de Pierre. *Amor Dei*, l'amour de Dieu.

ADVERTISSEMENT.

1. Quelquefois meſme que les Subſtantifs appartiennent à meſme choſe, on met le ſecond au Genitif, comme *Regnum Galliæ*, le Royaume de France. *Oppidum Antiochiæ*, la Ville d'Antioche.

2. Souuent les Adjectifs, particulierement les Pronoms, tiennent lieu de Subſtantif, & gouuernent elegamment le Genitif, comme *Ad id loci*; à ce lieu là. *Quod auri*; ce qu'il y a d'or. *Id ætatis*; à cét âge. *Quid rei eſt?* Qui a-t'il? *Aliud negotij*; vne autre affaire. *Abs te nihil literarum*, au lieu *de nulla littera*. Vous ne m'enuoyez aucune lettre.

REGLE V.
Du Cas que regit le Verbe deuant ſoy.

¹ *Donne vn Nominatif à tout Verbe auant ſoy;*
² *Mais l'Infinitif mœuf rejettant cette loy,*
Du cas Accuſatif veut eſtre precedé:
Ainſi dis Petrus flet; Scio Petrum flere.

EXEMPLES.

1. Tout Verbe perſonnel veut deuant ſoy vn Nominatif de meſme nombre & de meſme perſonne; comme, *Tu ſapis multum*; Vous eſtes fort ſage. *Deus omnia videt*; Dieu voit tout. *Petrus flet*, Pierre pleure.

2. L'Infinitif veut deuant ſoy vn Accuſatif qui ſe reſoult par *quod*, ou *vt*, ou *ne*, ou *quin*; & en François s'explique touſiours par QVE, ou par DE comme *Scio Pe-*

SYNTAXE. 179

trum flere, id est, *quod Petrus flet*; ie sçay que Pierre pleure. *Volo vos bene sperâre & confidere*, j. *vt bene speréris & confidátis*. Ie veux *que* vous ayez bon courage & bonne esperance. *Prohibuérunt eum exíre*, j. *ne exíret*; ils ont empesché *qu'*il ne s'en allast, ou *de* s'en aller. *Non dúbitat* Christum *id dixísse*, j. *quin díxerit*, il ne doute pas *que* Iesvs-Christ n'ait dit cela

ADVERTISSEMENT.

Remarquez que souuent on sous-entend le Nominatif, principalement en la premiere & seconde personne. *Amáui te*, ie vous ay aimé, en sous-entendant, *Ego*.

REGLE VI.

Du Verbe SVM.

Deuant & apres soy SVM *mesme cas regit*; Deus est ætérnus; nos esse malos scit.

EXEMPLES.

Le Verbe SVM veut vn Nominatif deuant & apres soy, comme *Deus est ætérnus*, Dieu est eternel. *Humílitas est parens virtútum*; l'humilité est la Mere des Vertus.

L'Infinitif *esse* veut aussi auoir mesme cas apres soy que deuant. *Non quilibet potest esse beátus*; tout le monde ne peut pas estre heureux. *Exeat aulâ qui volet esse pius*; que celuy-là quitte la Cour, qui voudra estre pieux. *Nobis non licet esse tam disertis*; il ne nous est permis d'estre si eloquens. *Cúpio me esse cleméntem*, ie veux estre doux & clement.

Neantmoins quand il y a vn Datif deuant, l'on peut mettre apres ou vn Datif, ou vn Accusatif; Ex-

M ij

pedit vobis esse bonis, vel *bonas*. Il vous est expedient d'estre bonnes.

ADVERTISSEMENT.

Les autres Verbes gouuernent aussi mesme cas apres eux que deuant, lors qu'ils se rapportent à mesme chose; comme, *Petrus rédiit irátus*, Pierre est reuenu en colere, *Scio Petrum rediisse irátum*, ie sçay que Pierre est reuenu en colere. *Cæsar salutátur Rex*; Cæsar est salué Roy. *Octáuius dicebátur Augústus*; Octaue estoit surnommé Auguste.

Au contraire si le nom d'apres ne se rapporte pas à celuy de deuant, il le faut mettre au Genitif, selon la Regle ordinaire; comme, *Liber est Petri*; c'est le liure de Pierre.

OBSERVATION POVR LA Regle suiuante.

Remarquez que deux Singuliers valent vn Plurier. Ainsi deux Substantifs du Singulier veulent l'Abjectif, ou le nom qui leur est conjoint par Apposition au Plurier; comme, *Iúlius & Octáuius, Imperatóres fortíssimi*; Iulius & Octauius Empereurs tres-courageux. *Remus & Rómulus fratres*. Remus, & Romulus, freres.

Ainsi le Verbe se met au Plurier apres deux Nominatifs Singuliers; comme, *Augustínus & Hierónimus, hæreses debellárunt*. Saint Augustin, & Saint Hierosme ont ruiné les heresies.

Mais si les deux Singuliers sont de diuers Genre, ou de diuerse persoune, alors il faut obseruer la Regle suiuante.

REGLE VII.

De la dignité des Genres & des personnes.

Quand personne diuerse ou Genre seront joints,
Prefere le plus noble à celuy qui l'est moins.
Ego, tuque sumus, *Se deura dire ainsi,*

Tu patérque vultis, Tu sorórque boni.

EXEMPLES.

Quand il se rencontre des Substantifs de diuers Genres, ou de diuerses Personnes, alors l'Adjectif qui est au Plurier s'accorde auec le plus noble Genre; Et le Verbe auec la plus noble Personne.

Le Masculin est plus noble que le Feminin, & le Feminin plus noble que le Neutre.

La premiere personne est plus noble que la seconde, & la seconde que la troisiesme.

Ego, tuque sumus Christiáni, vous & moy sommes Chrestiens. *Tu patérque vultis,* vous & vostre pere le voulez. *Tu sorórque boni estis,* vous & vostre sœur estes bons. *Athénæ & Philósophi laudándi sunt.* La Ville d'Athenes, & les Philosophes doiuent estre loüez. *Si tu & Tulliola valétis;* si vous & ma fille Tulliola vous vous portez bien. *Tu & fratres tui errástis;* vous & vos freres, vous estes trompez.

ADVERTISSEMENT.

Si les Substantifs sont des choses inanimées, ordinairement on met l'Adjectif au Neutre; comme, *Diuitiæ, decus, & glória in oculis sita sunt;* Les richesses, l'honneur, & la gloire sont deuant les yeux.

Neantmoins Ciceron fait ordinairement accorder & le Nom & le Verbe auec le dernier; comme, *Flores libri, & tábula pulchra est;* Les fleurs, les liures & la Table est belle. *Ego & Cícero meus flagitábit;* moy & mon fils Ciceron le demandera.

REGLE VIII.

De quelques particules qui gouuernent diuers Cas.

Ecce, En, *apres eux l'Acusatif prendront,*

Et le Nominatif aussi bien receuront.
Outre ces cas Heu, Proh, *veulent vn Vocatif,*
O les suit. Hei, Væ *prennent le seul Datif.*

EXEMPLES.

Ces deux Aduerbes, *Ecce, En,* gouuernent vn Nominatif ou vn Accusatif; comme, *En Priamus*; voila Prian. *En tectum, en tegulas*; voila le toit, voila les tuilles.

Ecce illa tempéstas; Voila cette tempeste. *Ecce miserum hominem*, voila vn homme miserable.

Les interjections *Heu, Pro, ô,* veulent le Nominatif, l'Accusatif, & le Vocatif. *O qualis domus,* ô quelle maison. *O me pérditum,* ô perdu que ie suis. *O Daue, itane contémnor à te?* ô Dauus, est-ce ainsi que vous me mesprisez.

Heu nimium felix, ô trop heureuse. *Heu pietas, heu prisca fides*; Helas où est la pieté ancienne, où est l'ancienne fidelité. *Heu stirpem inuisam*; ô race mal-heureuse.

Pro dolor, ô douleur. *Pro Deum!* Hâ Dieu.

Hei & væ gouuernent tousiours le Datif. *Hei mihi,* Ha que ie suis mal-heureux. *Væ tibi,* mal-heur à toy.

REGLE IX.

De quelques Aduerbes qui gouuernent vn Genitif.

Tunc, vbi, sat, instar, eo, Postridie,
Veulent vn Genitif, comme Ergo, Pridie.

SYNTAXE.

EXEMPLES.

Tous ces Aduerbes gouuernent le Genitif.

CEVX DE TEMPS; comme; *Tunc témporis*, en ce temps là. *Postrídie absolutiónis*; le lendemain de l'absolution. *Prídie huius diéi*, le iour de deuant.

CEVX DE LIEV; comme, *vbi terrárum*; en quel lieu de la terre. *Vnde géntium*, de quelle nation. *Nusquam géntium*, nulle part. *Longe géntium*, bien loing d'icy. *Eo consuetúdinis addúcta res est.* La chose estoit venuë à vne telle coustume. *Huc malórum ventum est.* On est venu iusques à ce point de mal-heurs.

CEVX DE QVANTITE', *Sat fautórum*, assez de Partisans. *Affátim matéria*, assez de matiere. *Amplius liberórum*; plus d'enfans.

On dit aussi. *Instar montis*; comme vne montagne. *Illius ergo*; pour l'amour de luy.

REGLE X.

Des noms de Blâme ou de Loüange.

Le Nom signifiant le Blâme ou la Loüange,
Tousiours à l'Ablatif, ou Genitif se range.

EXEMPLES.

Le nom de proprieté ou de partie, qui marque quelque Blasme & quelque honte; ou quelque loüange & quelque aduantage, se met au Genitif; comme, *Puer ingénui vultus*; vn enfant d'vn visage bien fait, *Vir máximi ánimi*; vn homme d'vn grand courage. *Homo præstánti prudéntia*; vn homme d'vne excellente sagesse.

REGLE XI.
Du Nom *Opus*.

Opus *veut l'Ablatif;* Opus mihi nummis:
Quelquefois apres luy, le Genitif est mis.

EXEMPLES.

Opus indeclinable gouuerne l'Ablatif, comme, *Opus est mihi nummis*, j'ay besoin d'argent. *Grátiâ nobis opus est, & tua auctoritáte*; nous auons besoin de faueur & de vostre auctorité.

Quelquefois *Opus* se trouue auec le Genitif, mais plus rarement. *Magni labóris, & impénsa nobis opus fuit*. Nous auons eu besoin de trauailler beaucoup, & de faire de grandes despenses.

ADVERTISSEMENT.

1. *Opus* gauuerne elegamment l'Ablatif du Participe au lieu de l'Infinitif; comme, *Opus est consúlto*, (au lieu de *consúlere*) il est besoin de consulter.

2. Quelquefois *Opus* est pris pour Adjectif, & s'accorde auec le Substantif; comme, *Dux nobis opus est;* nous auons besoin d'vn Capitaine. *Viáticum nobis opus est*. Nous auons besoin de prouision pour le voyage.

REGLE XII.
Des Noms Adiectifs deriuez des Verbes.

L'Adjectif dit Verbal, *qui du Verbe est tiré,*
Gouuerne vn Genitif, comme Tenax iræ.

SYNTAXE.

EXEMPLES.

Tous les Adjectifs qui descendent des Verbes gouuernent vn Genitif; comme, *Tenax iræ*, qui retient sa colere. *Amans virtútis*; amateur de la Vertu. *Fugax vitij*; qui refuit le vice, *Tenax propósiti*; qui est ferme en sa resolution : *Pátiens labóris*; qui souffre bien le trauail. *Auidus nouitátis*, qui ne desire que nouueauté. *Appetens aliéni*, qui enuie le bien d'autruy. *Religiórum coléntes*, qui estiment la deuotion.

ADVERTISSEMENT.

Il y a vne infinité d'autres Noms Adjectifs, qui gouuernent encore le Genitif ; comme, *Módicus voluptátum*, reseruè en ses plaisirs *Liberális pecuniæ*, liberal de son argent. L'vsage les fera aisément connoistre.

REGLE XIII.

Des Adiectifs de proximité & de ressemblance.

Amícus, Cónscius, Próprius, Affínis,
Æquális, Símilis, Supérstes, Commúnis;
Tous ces Noms, & plusieurs qui mesme sens auront,
Apres eux le Datif ou Genitif prendront.

EXEMPLES.

Plusieurs Noms Adjectifs gouuernent apres eux le Genitif, ou le Datif; comme, *Amícus bonórum ou bonis*; amis des gens de bien. *Cónscius scéleris*; qui se sent coupable d'vn crime. *Cæsari próprium & peculiáre*; propre & particulier à Cæsar. *Affínis Regi*; allié du

Roy. *Æquális suæ ætátis memória*; memoire égale à son âge. *Æquális rebus orátio*; discours égal aux choses. *Símilis Dómini*; semblable au Seigneur. *Similia Prodigiis*; choses semblables à des Prodiges. *Supérstes dignitáti*, plustost que, *dignitátis*, suruiuant à sa dignité *Commúnis ómnibus*, ou *ómnium*; commun à tous.

ADVERTISSEMENT

1. Les Adjectifs qui marquent le soin, ou les Affections de l'esprit, ou les sciences, gouuernent aussi le Genitif ou le Datif; comme, *Anxius glóriæ*; qui a l'esprit inquieté pour la gloire. *Secúrus damni*; qui ne craint point les pertes. *Peritus Músicæ*, qui sçait bien la Musique.

2. On dit aussi, *Párticeps consílij*; participant du Conseil. *Contérminus Gálliæ*; Tenant à la France. Et autres.

3. Il y a beaucoup de Noms Adjectifs qui ne gouuernent que le Datif: principalement ceux qui signifient Commodité, Incommodité, Faueur, Plaisir, Fidelité, & semblables. Parce qu'apres ces Noms le Datif tient lieu de personne. Exemple; *Consul salutáris*, vel, *perniciósus Reipúblicæ*. Consul auantageux, *ou* pernicieux à la Republique. *Fidus*, vel, *infidus, Império*; fidel *ou* traistre à l'Estat. *Obuius patri*, qui vient au deuant de son Pere.

REGLE XIV.

Du Comparatif & du Superlatif.

1 *Les Noms Comparatifs demandent l'Ablatif,*
2 *Et les Superlatifs veulent vn Genitif.*
1 *Tous les Comparatifs* PLVSQVE *designera,*
2 *Et les Superlatifs* LE PLVS *te marquera:*
1 *Régibus dóctior, plus sçauant que les Roys;*
2 *Legum sanctíssima, la plus sainte des Lois.*

SYNTAXE.

EXEMPLES.

1. Le Comparatif signifie en François, PLVS QVE & gouuerne l'Ablatif; comme, *Fortior est patre filius*; le fils est plus fort que le pere. *Virtus opibus melior*. La Vertu vaut mieux que les richesses.

2. Le Superlatif signifie LE PLVS, LA PLVS ou LES PLVS, & gouuerne le Genitif; comme, *Philosophorum maximus*; le plus grand des Philosophes. *Virginum sapientissima*; la plus sage des Vierges. *Militum fortissimi*, les plus courageux des Soldats.

Quelquefois il signifie TRES; comme, *Sanctissimus*, tres-saint. Mais lors il ne gouuerne aucun cas.

ADVERTISSEMENT

1. Quand la Comparaison se fait entre deux choses seulement, on met le Comparatif auec vn Genitif Plurier; comme, *Velocior pedum*, le plus leger des deux pieds. *Fortior fratrum*; le plus fort des deux freres.

2. Le Nom Partitif, c'est à dire qui signifie plusieurs separement, gouuerne aussi vn Genitif, comme le Superlatif; Exemple, *Alius, Aliquis, Alter, Nemo, Nullus, Quis*, &c. *Quis omnium*, lequel de tous. *Aliquis meorum*, quelqu'vn de mes gens.

3. Le Comparatif se met quelquefois pour le Positif, augmentant la signification; *Cupidior est laudis*, il est fort desireux de loüanges. Quelquefois il signifie TROP. *Fortior est quam vt id non feras*, il est trop courageux pour ne pas supporter cela.

REGLE XV.

Des Noms & Verbes d'Abondance ou de Priuation.

Considere auec soin qu'apres tout Verbe ou Nom,

*Qui te marque Abondance ou bien Priuation,
Où le cas Ablatif ou Genitif se met;*
Comme Abúndat nummis Virtútis índiget.

EXEMPLES.

Les Noms d'Abondance gouuernent vn Genitif, ou vn Ablatif; comme, *Diues gemmis*; riche en perles. *Lócuples pecúniæ*; riche en argent. *Referta negotiatórum Gállia*; la France est pleine de Marchands. *Fecúnda virtútum paupértas*; la pauureté est feconde en Vertus. *Cumulátus omni laude*; comblé de toute sorte de loüanges. *Pródigus æris*; prodigue d'argent.

Ceux de Pauureté, ou de Priuation gouuernent aussi le Genitif, ou l'Ablatif; comme, *Omnium egénus*; destitué de toutes choses. *Inánis omni re vtili*; vide de toute bonne chose. *Ratióne destitútus*; priué de raison. *Vácuus virtúte ánimus*; esprit vuide de toute Vertu. *Cassus lúminis*, vel *lúmine*, priué de la lumiere; *Liber religióne ánimus*; esprit libre de tout scrupulle.

ADVERTISSEMENT.

Quelques vns de ces Noms aiment mieux l'Ablatif, *Digna laude omni, bona volúntas*; vne bonne volonté est digne de toute loüange. *Captus óculis*; qui a perdu la veuë. *Conféctus ætáte*; cassé de vieillesse. *Sol deféctus lúmine*; le Soleil estant eclipsé. *Præditus singulári virtúte*. Orné d'vne rare Vertu.

Les Verbes d'Abondance ou de Priuation gouuernent plus souuent l'Ablatif.

Ceux d'Abondance; comme, *Abundáre ingénio*; auoir beaucoup d'esprit. *Affluere ómnibus bonis*, abonder en toute sorte de biens. *Diffluere ótio*; se perdre dans la trop grande oisiueté. *Satiári pánibus*, estre rassasié de pain. *Oneráre probris*; charger d'oprobres.

SYNTAXE.

Ceux de Priuation ; comme, *Vacáre pudóre* ; estre sans honte. *Nudáre præsidio*, denuër de secours. *Viduáre vrbem ciuibus*, depleupler vne Ville de Citoyens. *Exháurire aquis* ; espuiser d'eau.

QVELQVES-VNS neantmoins reçoiuent assez souuent le Genitif; comme, *Compléré erróris*, remplir d'erreur. *Compléré luce* ; remplir de lumiere. *Indigére consílij* & *consílio*; auoir besoin de conseil.

REGLE XVI.
Des Verbes *Miséreor* ; *Sátago* & *Dóminor*.

1 Miséreor, *tousiours gouuerne vn Genitif*; *Ainsi que* Sátago : 2 Dóminor *vn Datif*.

EXEMPLES.

1. Ces deux Verbes, *Miséreor* & *sátago*, gouuernent vn Genitif. *Miseréré tui*, ayez pitié de vous. *Miseréri páuperum*, auoir pitié des pauures. Dans l'Escriture, il gouuerne aussi le Datif. *Miseréré mei Dómine* ; Seigneur ayez pitié de moy.

Satágere rerum suárum; auoir soin de ses affaires.

2. *Dóminor* gouuerne le Datif. *Dominári cupiditáti*, dompter la cupidité.

REMARQVEZ que *Miseror* gouuerne l'Acusatif. *Miserári fortúnam alicúius* ; Deplorer la misere de quelqu'vn.

REGE XVII.
Des Verbes d'Absoudre, d'Acuser, de Condamner & de Punir.

On doit vn Ablatif ou Genitif donner

A Punir, Accuser, Absoudre, & Condamner.

EXEMPLES.

Ces Verbes icy gouuernent la personne à l'Accusatif, & la chose au Genitif ou à l'Ablatif.

LES VERBES D'ACCVSER, comme, *Accusáre áliquem ámbitus*; accuser quelqu'vn d'ambition. *Accusári criminibus*; estre accusé de crimes. *Accércere áliquem Maiestátis*, accuser quelqu'vn de crime de leze Majesté.

CEVX D'ABSOVDRE, comme, *Absóluere crimine*; absoudre de crime. *Absóluere improbitátis*, absoudre de meschanceté. *Liberátus culpæ*, vel, *culpa*; deliuré de sa faute.

CEVX DE CONDAMNER, *Condemnátus rei capitális*; condamné d'vn crime capital. *Damnári eódem crímine*; estre condamné du mesme crime. *Tenéri repetundárum*; estre coupable de concussion: *Alligáre se furti*; se rendre coupable de larcin. *Astríngere se scélere*; se rendre coupable d'vn crime.

LES VERBES DE PVNIR, neantmoins gouuernent le plus souuét à l'Ablatif le nom de peine; comme, *Mulctáre áliquem pœná*; punir quelqu'vn par la peine. *Mulctáre exílio*; punir d'exil. *Affici verbéribus*; receuoir des coups de bastons; *Pléctere morte*; punir de mort.

REGLE XVIII.

Des Verbes & des Noms de Souuenance & d'Oubly.

Les Verbes d'oublier & se ressouuenir,

SYNTAXE.

Veulent l'Accusatif ou Genitif regir.

EXEMPLES.

Les Verbes d'oublier & de se ressouuenir, gouuernent le Genitif ou l'Accusatif; comme, *Mémini malórum meórum*, ou bien, *mala mea*; ie me souuiens de mes maux. *Oblitus géneris sui*, ou bien, *genus suum*; qui s'oublie de son extraction.

ADVERTISSEMENT.

Les Noms d'Oublier ou de se Ressouuenir gouuernent seulement le Genitif. *Immemor iniuriæ*; oubliant le tort qu'on luy a fait. *Memor accépti beneficijs* se ressouuenant du bien-fait qu'il à receu.

REGLE XIX.

Des Noms de Prix.

1. *Sçache qu'à l'Ablatif on met le nom de Prix,*
2. *Excepté* Minóris, Tanti, Quanti, Pluris.
3. *Ces quatre Genitifs sont aussi gouuernez, Des Verbes d'Estimer; ausquels sont adjoustez,*
4. *Tous les suiuans,* Parui, Níhili, Plúrimi, Magni, Multi, Flocci, Nauci & Mínimi.

EXEMPLES.

1. LE NOM DE PRIX se met à l'Ablatif; comme, *Locáuit domum suam centum númmis*. Il a loüé sa maison cent escus. *Licére præsenti pecuniá*; estre mis en vente argent content. *Multórum sánguine ac vulnéribus stare*. Couster le sang & les playes de plusieurs.

2. Ces Noms icy se mettent au Genitif, lors qu'ils

sont mis sans Substantif. *Tanti, Quanti, Pluris, Máximi, Minóris, Tántidem, Quanticúmque.*

Tanti nulla res est ; il n'y a rien de si cher. *Emit tanti quanti vóluit*, il l'a achepté autant qu'il a voulu. *Non pluris vendo quam cæteri, étiam minóris.* Ie ne vends pas plus cher que les autres & peut estre mesme à meilleur marché.

3. LES VERBES D'ESTIMER, gouuernent aussi les Genitifs susdits. *Máximi fácere* ; estimer fort. *Pluris habére*, estimer dauantage. *Tanti dúcitur*, il est autant estimé.

4. Mais outre cela, ils gouuernent encore ceux-cy. *Parui, Níhili, Plúrimi, Huius, Magni, Multi, Mínimi, Nauci. Flocci, Pili, Assis, Teruntij, Æqui, Boni*, comme

Non fácere flocci, ou *flocci fácere* ; n'estimer rien. *Nauci habére*, le mesme *Pili non fácere* ; n'estimer pas vn cheueu. *Huius non fácere* ; n'estimer pas cela (en monstrant quelque chose de neant.) *Teruntij non fácere* ; n'estimer pas vn liard. *Æqui, boni fácere*, prendre en bonne part. *Boni consúlere*, prendre en bonne part.

ADVERTISSEMENT.

Ces mesmes Noms se mettent à l'Ablatif, lors qu'ils sont joints auec vn Substantif ; comme, *Redimere minori pretio* ; racheter à meilleur marché. *Magno pretio æstimári* ; estre estimé bien cher. *Parua mercéde docére* ; enseigner pour peu de chose.

Quelques-vns se mettent aussi à l'Ablatif sans Substantif. *Paruo, vel nihilo cónsequi* ; obtenir pour peu de chose, ou pour rien du tout. *Magno æstimáre* ; estimer beaucoup.

REGLE

SYNTAXE.

REGLE XX.

De *Refert, Est, & Interest.*

1. Intereſt *auec* Eſt *nous marquant le deuoir,*
Et Refert, *veulent tous le Genitif auoir:*
2. *Toutefois,* Intereſt *auec* Refert *aura*
Ces cas; Mea, Tua, Sua, Noſtra, Veſtra.
3. Meum, Tuum, Suum, Eſt *auec ſoy deſire*;
Noſtrum eſt, Veſtrum eſt, *ſe doiuent auſſi dire.*

EXEMPLES.

1. Ces trois Verbes imperſonnels, *Refert, Est, Intereſt*, marquant le Deuoir, l'Vtilité, ou l'Appartenance, gouuernent au Genitif la perſonne, ou ce qui tient lieu de perſonne; comme, *Reipúblicæ intereſt*, il importe à la Republique. *Est veri Christiáni contempsiſſe diuitias*; c'eſt le propre d'vn vray Chreſtien de meſpriſer les richeſſes. *Omnium refert*; il importe à tout le monde.

2. *Refert* & *Interest*, au lieu du Genitif des Pronoms poſſeſſifs, prennent leur Ablatif Feminin, *Noſtrâ refert*; il nous importe, *Suâ intereſſe putat*, il penſe qu'il luy importe. *Et meâ, & tuâ máxime intereſt valére.* Il importe beaucoup, & pour vous & pour moy, de ſe bien porter.

3. *Est* au contraire, au lieu du Genitif, prend le Nominatif neutre de ces meſmes Pronoms. *Meum est hoc fácere.* C'eſt à moy à faire cela. *Nostrum est pati*; c'eſt à nous à ſouffrir. *Si memória forte deficeri, tuum eſt vt ſúggeras*; ſi la memoire me manque, c'eſt à vous de me ſuggerer.

REGLE XXI.

De *Miseret*, *Pœnitet*, *Pudet*, *Piget*, *Tædet*.

Ces deux impersonnels, Miseret, Pœnitet,
Auec les trois suiuants, Pudet, Piget, Tædet;
Gouuernent la personne au cas Accusatif,
Et gouuernent de plus la chose au Genitif.

EXEMPLES.

Ces cinq Verbes impersonnels, *Miseret, Pœnitet, Pudet, Piget, Tædet*, gouuernent la personne à l'Accusatif, & la chose au Genitif; comme, *Miseret me hóminis*; i'ay pitié de cét homme. *Pœnitet me scéleris*; ie me repens de mon crime. *Pudet me tui*; i'ay honte de vous. *Piget me tálium*, ie suis las de telles choses. *Tædet me harum ineptiárum*; ie suis rebattu de ces sottises. *Miseret te aliórum, tui te nec miseret, nec pudet*; vous auez pitié des autres, & vous n'auez ny pitié ny honte de vous-mesme.

REGLE XXII.

Des Propositions qui gouuernent l'Accusatif.

Ad, Apud, Aduérsum, Citra, Cis, *&* Contra,
Erga, Circum, Extra, Circiter *& Circa;*
Ante, Iuxta, Penes, Intra, Per *&* Prope,
Ob, Propter, *auec* Post, Præter, *auec* Vsque;

veulent l'Accusatif, *comme* Secus, Supra, Secúndum, Pone, Trans, Vltra, Versus, Infra.

EXEMPLES.

Il y a trente Propositions qui gouuernent l'Accusatif.

AD ; aupres, deuers, chez, d'icy à, iusques à, pour à, au, *Habet hortos ad Tíberim*; il a vne maison sur le Tibre. *Ad vrbem venit*; il est venu aupres de la Ville. *Ad Iúdicem dicere* ; parler deuant le Iuge. *Ad decem annos*; d'icy à dix ans. *Ad vsum hóminum*; pour l'vsage des hommes. *Ad præscriptum ómnia génere*; faire tout selon qu'on nous l'a commandé.

APVD; chez, deuant, aupres. *Apud Patrem*; chez mon Pere. *Apud Iúdicem dícere*, parler deuant le Iuge. *Apud te plúrimum valet ista rátio*, cette raison peut beaucoup aupres de vous.

ADVERSVM, ou *Aduérsus*; contre, à l'encontre, vis-à-vis. *Aduérsum Patrem*, contre mon Pere.

CITRA & CIS; dedeçà. *Citra flumen*; deçà la riuiere. *Cis Euphrátem*; deçà l'Euphrate.

CONTRA; contre, au contraire, vis-à-vis. *Contra auctoritátem* ; contre l'autorité. *Contra spem*; autrement qu'on ne pensoit.

ERGA ; enuers, à l'endroit. *Cháritas erga próximum*, la charité enuers son Prochain.

CIRCVM; *littora* ; autour des bords.

CIRCITER; *horam octáuam*; enuiron les huict heures, sur les huict heures.

CIRCA; aupres, enuiron. *Circa forum*; aupres du Palais. *Circa eum mensem*; enuirons ce mois là.

EXTRA; hors, outre, excepté. *Extra vrbem*; hors la Ville. *Extra modum*, outre mesure. *Extra fámulos*, excepté les Valets.

ANTE *pedes*; deuant les pieds. *Ante horam octáuam*; deuant huict heures.

IVXTA; aupres, tout contre. *Iuxta viam*; le longs du chemin. *Iuxta ripam*, tout sur le bord.

PENES *aliquem*; en la puissance de quelqu'vn.

INTRA *parietes*, dedans les murailles.

PER; au trauers, par, durant. *Per diem*; durant le iour. *Per ancillam*, par ma seruante. *Per campos*; au trauers des champs.

PROPE; *muros*; aupres des murailles.

OB; pour, deuant. *Ob emoluméntum*; pour le profit. *Ob amórem*, pour l'affection. *Ob óculos* deuant les yeux.

PROPTER; à cause de, pour l'amour de. *Propter honestátem*; à cause de l'honnesteté. *Propter vos*, pour l'amour de vous.

POST; apres, depuis, derriere. *Post finem*, apres la fin. *Post legem hanc constitútam*; depuis que l'on eut fait cette loy. *Post tergum*; derriere le dos.

PRÆTER; excepté, outre, aupres, deuant. *Omnes præter eum*; tous, excepté luy. *Prætermænia ipsa fluere*; couler aupres des murailles. *Præter óculos*; deuant les yeux.

VSQVE *Romam*; iusques à Rome.

SECVS *flúuios*; aupres des riuieres.

SVPRA *leges*; au dessus des loix.

SECVNDVM; selon, apres, *Secúndum Philósophos*; selon les Philosophes. *Secúndum fratrem, illis plúrimum tribuébat*; apres son frere, il leur deferoit le plus.

PONE *Ædem*; derriere l'Eglise.

TRANS *mare*; au de là de la mer.

VLTRA *Tiberim*; au de là du Tibre.

VERSVS *finem*; vers la fin.

INFRA *se*; au dessous de soy.

REGLE XXIII.

Des Prepositions qui gouuernent l'Ablatif.

L'Ablatif ont Coram, A, Ab, Abs, Cum, Absque,
De, E, Ex, Pro, Præ, Clam, Palam, Tenus, Sine.

EXEMPLES.

Il y a quinze Propositions qui gouuernent l'Ablatif. A, AB, ABS; dez, depuis, apres, par, à cause, de la part, vers.

A Fronte; par deuant. *A pueritiâ*, dés l'enfance. *A morte Cæsaris*; depuis la mort de Cæsar. *A Ciuibus*; de la part des Citoyens. *A frigore*; à cause du froid. *Ab áliquo perire*; estre tué par quelqu'vn. *Absque te*; sans vous.

CORAM *ipso*; deuant luy, en sa presence.

CVM *cupiditáte*; auec conuoitise.

DE *homínibus*; des hommes. *De quorum número*; du nombre desquels.

E *flammâ*; de la flame.

Ex *Deo*; de Dieu, selon Dieu;

CLAM *præceptóre*; sans que le Maistre le sçache.

PALAM *ómnibus*; deuant tout le monde.

PRO; pour, selon, au lieu de. *Pro cápite*; pour la vie. *Pro mérito*, selon son merite. *Pro illo*; au lieu de luy, en sa place.

PRÆ; au prix, à cause, deuant. *Præ nobis*; au prix de nous. *Præ multitúdine*; à cause de la grande multitude. *Præ óculis*, deuant les yeux.

SINE *póndere* ; sans poids. *Sine amóre* ; sans affection.

TENVS ; iusques à. *Cápulo tenus*, iusques au plombeau.

Cette proposition se met tousiours apres son cas. Et si le Nom est du Plurier ; elle le veut ordinairement au Genitif. *Lumbórum tenus. Cic.* iusques aux reins ; si nous n'aimons mieux dire auec Seruius, qu'alors c'est vn Aduerbe.

ADVERTISSEMENT DES QVATRE
Prepositions, SVB, SVPER, IN, SVBTER.

1. Ces quatre Prepositions veulent ordinairement l'Accusatif, lors qu'il a du mouuement, & l'Ablatif lors qu'il n'y en a pas.

2. Elles gouuernent ordinairement le Cas de la Preposition pour laquelle elles sont mises, & en laquelle elles se peuuent resoudre.

EXEMPLES.

1. SVB *nómine pacis bellum latet*. La guerre est cachée sous le nom de paix.

2. *Sub horam pugnæ*, au lieu de *Circa* ; enuiron l'heure du combat. *Sub noctem cura recúrrit*. Sur le soir l'inquietude reuient.

1. SVPER *fronde Viridi* ; *Virg.* sur l'herbe verte.

2. *Super hac re*, au lieu de *De* ; touchant cela. *Super ripas flúminis effúsus*, au lieu de *vltra* ; s'estendant de costé & d'autre sur le bord. *Super cenam occísus*, au lieu de *Inter* ; pendant le souper.

1. IN *exílium proficísci* ; S'en aller en exil. *Deambuláre in foro* ; se promener dans le Marcher.

2. *Seruius in Virgílium*, au lieu de, *Super* ; Seruius

sur Virgile. *In horam*, au lieu de, *ad* ; pour vne heure.

SVBTER gouuerne en mesme sens ou l'Accusatif ou l'Ablatif. *Iram in pectore, cupiditátem subter præcórdia locáuit*, *Cic.* il a logé la colere dans son sein & la cupidité dans ses entrailles. *Campi qui subter mœnia*, *Stat.* Les champs qui sont auprés des Remparts. *Subter densa testúdine. Virg.*

ADVERTISSEMENT.

Les Verbes composez de quelqu'vne de ces Prepositions, gouuernent ordinairement les cas qui leur sont propres ; comme, *Adire óppida*, aller aux Villes. *Circumequitáre mœnia*; cheuaucher autour des Remparts.

Amouére ánimum stúdio pueríli ; retirer son esprit des affections pueriles. *Expéllere péctore* ; chasser de sa poictrine. *Excédere muros*; sortir des murailles; comme venant *d'extera*. *Excédere terrâ*; sortir de la terre ; comme venant d'EX.

REGLE XXIV.

De la Question VBI ; Où est vn tel ?

1 *Donne* In *& l'Ablatif à la demande* Vbi;
A tous les Noms communs, & de grand lieux aussi.
2 *Le Nom de petit lieu, Genitif se doit faire,*
Dans la Declinaison, ou Seconde, ou Premiere:
3 *S'il est de la Troisiesme, ou Singulier n'a pas,*
L'Ablatif ou Datif lors tu luy donneras.
4 *Le mesme petit lieu, par le cas qu'il aura,*
En toute Question, Rus, Domus, *reglera.*

EXEMPLES.

A la Question VBI ; c'est à dire auec les Verbes qui marquent le lieu où l'on est.

1. LES NOMS DE GRANDS LIEVX, comme sont ceux des Prouinces, des Isles, & des Royaumes, & les noms Communs, se mettent à l'Ablatif, auec la Preposition, *in*; comme, *Ambulat in horto*; il se promene dans le jardin; *Orat in templo*; il prie dans l'Eglise. *Viuit in Gállia*, il vit en France.

2. LES NOMS DE PETIT LIEV, c'est à dire des Villes ou des Vilages, s'ils sont de la Premiere ou Seconde Declinaison, se mettent au Genitif; comme, *Esse Romæ*; estre à Rome. *Manére Lugdúni*; demeurer à Lyon. *Docére Corínthi*; enseigner à Corinthe.

3. S'ils sont de la troisiesme, ou qu'ils n'ayent point de Singulier, ils se mettent au Datif ou à l'Ablatif. *Philíppus Neápoli est*, *Lentulus Puteólis*; Philippe est à Naples, & Lentulus à Puteoles. *Degit Carthágini*, *Parísijs*, *Athenis*; Il vit à Cartage, à Paris, à Athenes. *Alexánder Babylóne mortuus est*, Alexandre est mort à Babylone.

4. Ces deux Noms RVS & DOMVS, se mettent en toutes les Questions; comme les noms des Villes. C'est pourquoy icy, *Domus*, estant de la Seconde, suit les noms de Villes de la Seconde, & se met au Genitif: *Rus* estant de la Troisiesme, suit ceux de la Troisiesme, & se met au Dat. ou à l'Ablatif. *Hábeo domi*; i'ay au logis. *Studére domi*; estudier à la maison. *Ruri habitáre*; demeurer aux champs. *Esse rure*; estre aux champs.

Ainsi aux autres Questions, on dit; *Lutétiam*; it rus ou domum, *Rédiit Lutétia*; *Rédiit rure ou domo*. *Transiuit Lutétia*, transiuit rure ou domo.

ADVERTISSEMENT.

Il y a encore quelques Noms qui se mettent au Genitif, mais ils sont peu en vsage. *Militiæ multa pertúlit*; il a beaucoup

SYNTAXE. 199

souffert à la guerre. *Humi decúbuit*; il a couché à terre. *Qui Domi Bellíque de pátria bene meruérunt*; qui ont bien serui leur patrie; & à la guerre & à la maison.

Domus se met à l'Ablatif, lors qu'il est joint auec vn Adjectif *In domo vidua*; dans vne maison desolée. *In locúpletedomo*; dans vne riche maison. Si ce n'est auec ces six Genitifs. *Mea, Tua, Sua, Nostra, Vestra, Aliéna*; comme, *Domi mea*; en mon logis. *Nónne, mauis sine perículo esse domi tua, quam cum perículo aliéna. Cic.* n'aimez-vous pas mieux estre sans danger à vostre maison, qu'auec peril à celle d'vn autre?

REGLE XXV.

De la Question QVO,
Où va-t'il ?

1 *A* Quo; les *Noms communs* & les *Noms de grands lieux*,
Prennent l'*Accusatif*, auec in *deuant eux*:
2 Les *Noms de petits lieux*, que Rus, Domus suiuront,
Le seul Accusatif, sans in *deuant prendront*.

EXEMPLES.

A la Question QVO, c'est à dire auec les Verbes qui marquent mouuement pour aller en quelque lieu.

1. LES NOMS DE GRANDS LIEVX, & les noms Communs se mettent à l'Accusatif auec la preposition *in*; Exemple. *Quo próperas?* ou allez-vous si viste? *In vrbem*; en la Ville; *In Ædem Beáta Vírginis*, à l'Eglise Nostre Dame. *Cùm in Africam venissem*; estant arriué en Afrique. *Iuit in Itáliam*; il est allé en Italie.

2. LES NOMS DE PETITS LIEVX, de quel-

que Declinaiſon qu'ils ſoiét auec ces deux autres Noms RVS & DOMVS ſe mettent auſſi à l'Accuſatif, mais ſans Prepoſition. Exemple; *Quò is?* Où allez-vous? *Paríſios, Romam, Rus, Domum*; à Paris, à Rome, aux champs, au logis. *Regem domum ſuam recépit*; il a receu le Roy en ſa maiſon. *Aurum & argéntum domum régiam comportáre. Saluſt.* Porter l'or & l'argent au Palais Royal. *Domos noſtras abeámus, Plaut.* Sortons de nos maiſons.

REGLE XXVI.

De la Queſtion QVA, Par où va-t'il?

1. *Noms communs & grands lieux, à la Demande* Qua,
Prennent l'Accuſatif, qu'vn Per precedera.
2. *Aux Noms de petits lieux, l'Ablatif ſeul ſe donne,*
Et les Noms Rus, Domus, *ainſi qu'eux on ordonne.*

EXEMPLES.

A la Queſtion QVA, c'eſt à dire apres les Verbes qui ſignifient mouuemét pour paſſer par quelque lieu.

1. LES NOMS DE GRANDS LIEVX, & les Noms communs, ſe mettent à l'Accuſatif auec la Prepoſition *Per*; Exemple. *Quâ iter feciſti? Per Angliam*; par où auez-vous paſſé? par Angleterre. *Per Hiſpánias, Galliáſque, Itáliam venit*; il eſt venu en Italie, paſſant par l'Eſpagne, & par la France. *Rédiit per hortum, per vrbem, per vicum*; il eſt reuenu par le jardin, par la ville, par la ruë.

1. Les Noms de petits lievx, auec Rvs & Domvs se mettent à l'Ablatif sans Preposition. *Româ transiit*; il a passé par Rome.

REGLE XXVII.

De la Question VNDE, *D'où vient-il ?*

Tous les Noms de grands lieux & communs par Vnde,
Sont mis à l'Ablatif, auec vn Ex *ou* E,
Les Noms de petits lieux prennent le mesme cas,
Et Rus, Domus *comme eux; mais* Ex *ou* E
n'ont pas.

EXEMPLES.

A la Question VNDE, c'est à dire apres les Verbes qui marquent le retour de quelque lieu.

1. Les Noms de grands lievx, & les Noms communs sont mis à l'Ablatif auec la Preposition *Ex* ou *E*; comme, *Reuérsus ex agro, ex cubiculo, è Sacello*; estant reuenu du champ, de la chambre, de la Chapelle. *Rédeo ex Itália, ex Sicília, ex Africa*; Ie reuiens d'Italie, de Sicile, d'Afrique.

Les Noms de petits lievx, & les Noms Rvs, Domvs, se mettent aussi à l'Ablatif, mais sans preposition. *Vnde venis? Româ, Lutetiâ, Rure, Domô, Athénis, Lugdúnô.* D'où venez-vous? de Rome, de Paris, des champs, de la maison, d'Athenes, de Lyon, &c.

ADVERTISSEMENT.

REMARQVEZ qu'en ces quatre Questions de lieu, on met quelquefois la Preposition auec les Noms de petit lieu.

En la Question VBI, *In Alexándriâ, in Vrbe, in Itáliâ.* Cic. *Mea résidet in domo Lácunar.* Hor.

En la Question QVO. *Cæsaris ad Brondúsium cursus.* Cic. *Ad Cápuam profectus sum.* Cic. *In suam domum consulátum primus intulit.* Cic.

En la Question VNDE. *Hostem ab Antióchia recessisse cognóui.* Cic.

En la Question QVO. *Cum iter fácerem per Thebas.*

REMARQVEZ AV CONTRAIRE, qu'on obmet quelquefois la Preposition, auec les Noms de grand lieu, comme

En la Question VBI. *Corcirâ esse*, Cic.

En la Question QVO. *Cyprum relegári.* Cic. *Itáliam ire*, Virg.

En la Question VNDE. *Ægyptô remeáre*, Tacit.

En la Question QVA. *Totâ Asiâ vagári*, Cic.

REGLE XXVIII.

De plusieurs Verbes qui gouuernent vn Datif.

[1] *Sum* & [2] *ses Composez* ; [3] *Médeor, Fámulor, Occúrro, Fáueo, Stúdeo, Grátulor;*

Les Verbes [4] *d'Obeyr,* [5] *Resister,* [6] *Commander; D'estre* [7] *vtile, ou de* [8] *Nuire,* [9] *Exceler,* & [10] *Flatter ;*

[11] *D'Aider (hormis* [12] *Iuuo, qui l'Accusatif prend) Apres eux vn Datif veulent incessamment.*

EXEMPLES.

Tous ces Verbes icy veulent apres eux vn Datif.

1. LE VERBE SVM gouuerne le Datif de la personne aussi bien que les autres Verbes. *Est mihi liber*; i'ay vn liure. Comme qui diroit; vn liure est à moy.

De plus il reçoit souuent vn autre Datif de ce qui arriue à la personne; comme, *Est illi lucro, volúptati, honóri, infámiæ*; cela luy est à profit, à plaisir, à honneur, à infamie. *Est illi curæ*; il en a soin. *Est illi vsui*; il s'en sert.

Souuent mesme il gouuerne ce Datif, sans auoir celuy de la personne; comme, *Exemplo est Régulus*; Regulus peut seruir d'exemple. *Ea res quæstióni diu fuit*; Cette chose a esté long temps en dispute.

2. LES COMPOSEZ DE SVM; comme, *Adésse Patri*; seruir son Pere. *Déesse officio*; manquer à son deuoir. *Praéesse exercítui*; commander vne armée.

3. PLVSIEVRS VERBES PARTICVLIERS; comme, *Medétur ánimo virtus*; la vertu guerit l'ame. *Occúrrere alicui*; aller au deuant de quelqu'vn. *Fauére Nobilitáti*; fauoriser la Noblesse. *Studére eloquéntiæ*; s'estudier à l'eloquence. *Grátulor tibi*; ie me resiouïs de vostre bien.

4. LES VERBES D'OBEYR; comme, *Obedíre, Párere, Morem gérere alicui*; obeyr à quelqu'vn. *Auscultáre parénti*; obeyr à son Pere. *Non parébo dolóri meo, non iracúndia séruiam*, Cic. ie n'obeyray pas à ma passion, & ne seray pas esclaue de ma colere.

5. LES VERBES DE RESISTER; comme, *Obstat, repúgnat volúptas sanitáti*; la volupté est contraire & repugne à la santé.

6. LES VERBES DE COMMANDER; comme, *Præcípio, Impero, Iúbeo, Præscríbo tibi*; ie vous commande, ie vous ordonne.

7. LES VERBES D'ESTRE VTILE; comme,

Prouidére rebus suis; preuoir à ses affaires. *Consúlite vobis, prospícite patriæ, Cic.* ayez esgard à vous-mesmes, considerez vostre patrie. *Hoc prodest, condúcit, éxpedit mihi*; cela me sert, cela m'est expedient. *Súfficit mihi*; il me suffit. *Bene facit ómnibus*; il fait du bien à tous.

8. Les Verbes de Nuire; comme, *Nocet mihi cibus*; le manger me nuit. *Mentis quasi lumínibus ófficit altitúdo fortúnæ, Cic.* la grandeur de la fortune obscurcit les lumieres de l'esprit. *Inuidére álicui*; porter enuie à quelqu'vn.

9. Les Verbes d'Exceller; comme, *Præstat, excéllit virtus diuítiis*; la vertu est plus excellente que les richesses. *Ante ferre pacem bello*; preferer la paix à la guerre. *Antecéllit sénsibus glória Cæléstis*; la gloire du Ciel surpasse les sens. *Præsidére pópulis*; auoir charge sur le peuple.

10. Les Verbes de Flatter; comme, *Indulgére peccátis alicúius*; espargner les fautes de quelqu'vn. *Parcére minóri etáti*; pardonner au bas âge. *Inseruire témpori*; s'accommoder au temps. *Placet mihi*; il me plaist. *Complacére álicui*; faire le complaisant deuant quelqu'vn. *Suffragári laúdibus alicúius*; seruir aux loüanges de quelqu'vn.

11. Les Verbes d'Aider; comme, *Opitulári, auxiliári, subuenire álicui*; aider & secourir quelqu'vn. *Succúrrere míseris*; secourir les miserables.

12. Hormis Iuvo, qui gouuerne l'Ablatif. *Inuáre áliquem*, aider quelqu'vn.

ADVERTISSEMENT.

Il y a encore vne infinité d'autres Verbes qui gouuernent le Datif, pour lesquels il faut remarquer que tout ce qui tient lieu de la personne, se met ordinairement au Datif, tant en François qu'en Latin; comme. *Metúere exercitui*; craindre pour l'Armée. *Assuéscere labóri*; s'accoustumer au trauail. L'article François mesme nous marque ordinairement cela.

REGLE XXIX.

Du Cas qui regit le Verbe apres soy.

Apres tout Verbe Actif, la personne au Datif,
Et la chose se met au cas Accusatif.

EXEMPLES.

Les Verbes Actifs, & ceux qui ont la signification actiue gouuernent apres eux la chose à l'Accusatif, & la personne au Datif; comme, *Virtus sibi glóriam parit*; la Vertu s'acquiert de la gloire. *Committere alicui epistolam*; donner vne lettre entre les mains de quelqu'vn. *Sitíre honóres*; auoir soif de l'honneur. *Venerári áliquem vt Deum*; honorer quelqu'vn comme Dieu. *Criminári áliquẽ*; accuser quelqu'vn. Remarquez qu'icy Quelqu'vn tient lieu de chose & non de personne.

REGLE XXX.

Exception de la Regle precedente.

Les Verbes ¹ *d'Auertir,* ² *Demander, &* ³ *Vestir;*
Et ⁴ *Celo,* ⁵ *Dóceo, veulent souuent regir,*
Au cas Accusatif la chose & la personne.
La personne de plus à l'Ablatif on donne,
Auec vn A ou AB, à ceux de demander.
En cette sorte aussi l'on pourra bien parler,
Induo te veste, ou bien tibi vestem;

Celo te de hac re, *ou bien* tibi hanc rem;
Istud te móneo; Móneo te de re,
On dira bien encor, Rei móneo te;
6 Intérdico, *la chose à l'Ablatif voudra*,
Dis donc Interdico tibi domô meâ.

EXEMPLES.

Plusieurs Verbes regissent deux Accusatifs, l'vn de la chose, & l'autre de la personne; Et mesme ils se mettent en diuerses manieres, comme

LES VERBES D'AVERTIR; auec deux Accusatifs. *Móneo te hanc rem*; ie t'auertis de cela. *Istud me ad monéntes*, Cic. M'auertissant de cela. *Commonére áliquem officium suum*, Plaut. Aduertir quelqu'vn de son deuoir. Ce dernier Verbe se trouue rarement auec deux Accusatifs.

La chose à l'Ablatif auec la preposition. *Móneo te de hac re*; ie t'auertis de cela. *Oro te vt Teréntiam moneátis de testaménto*, Cic. Ie vous prie d'auertir Teréntia du testament de ses miseres.

La chose au Genitif. *Huius rei móneo te*; ie t'auertis de cela. *Commonére áliquem miseriárum suárum*; faire ressouuenir quelqu'vn.

LES VERBES DE DEMANDER; auec deux Accusatifs. *Te hoc beneficium rogo*; ie vous demande ceste faueur. *Me fruméntum flagitábant*, Cic. Ils me demandoient du bled. *Pacem te póscimus omnes*, Virg. Nous vous demandons la paix. *Primum hoc te oro*; ie vous demande cela deuant toutes choses. *Hoc te obsecrat*; il vous en conjure.

La personne à l'Ablatif auec la preposition. *Hoc à me póstulat, poscit, flágitat*, &c. Il me demande cela,

il

il m'en prie, il m'en conjure. *Sciscitári, percontári ab áliquo*; demander s'enquerir de quelqu'vn.

PETO est plus vsité en cette derniere façon, & se trouue rarement auec deux Accusatifs. *Peto à te véniam*; ie vous demande pardon.

On dit aussi *Peto tibi*; ie demande pour vous. *Missiónem militibus pétere*; demander le congé pour les Soldats.

LES VERBES DE VESTIR auec deux Accusatifs; dans l'Escriture Sainte seulement. *Induit eum stolam glória*. Eccl. 45. il l'a reuestu de la robe de gloire.

La personne à l'Accusatif, & la chose à l'Ablatif. *Induo te veste*; ie vous mets ce vestement.

La personne au Datif, & la chose à l'Accusatif. *Induo tibi vestem*; ie vous mets cette robe. *Indúere sibi loricam*; prendre sa cuirasse.

On dit aussi *Exúere vestem alicui*; oster la robe à quelqu'vn. *Exúere castris hostem*; prendre le Camp de l'ennemy. *Exúere iugum*, ou *Exúere se iugo*; secoüer le joug.

CELO auec deux Accusatifs. *Celo te hac rem*; ie vous cele cela.

La chose à l'Ablatif auec la Preposition. *Celo te de hac re*; ie ne veux pas vous dire cela.

La personne au Datif. *Celáre áliquid alicui*; celer quelque chose à quelqu'vn.

LES VERBES D'ENSEIGNER auec deux Accusatifs. *Dóceo, te Grammáticam*; ie vous enseigne la Grammaire. *Causam te dócuit*; il vous en à appris la cause. *Quæ te leges belli erúdiit*; qui vous a appris les loix de la guerre.

La chose à l'Ablatif auec la preposition. *Docére de áliquo*; instruire de quelque chose. *Qui de suo aduéntu*

O

nos díceant. Ceux qui nous aduertissent de son arriuée.

INTERDICO gouuerne la chose à l'Ablatif; comme, *Interdíco tibi domô meâ* ; ie te defends ma maison. *Interdíco tibi aquâ & igni* ; ie te defends l'vsage du feu & de l'eau.

ADVERTISSEMENT

Les Passifs de ces Verbes, retiennent l'Accusatif de la chose. *Dóceor à te litteras* ; i'apprends les lettres de vous. *Erudítus Grecas litteras* ; sçauant en Grec.

Gáleam indúitur ; il met son habillement de teste. *Torácem indútus* ; reuestu de sa cuirasse. *Inútile ferrum cingitur*; il met en vain son espée. *Virg.*

Quelquefois ils reçoiuent l'Ablatif auec la Preposition. *Celári áliquid*, ou *de áliquo*. *Cic.* n'estre pas fait participant de quelque secret. *Rogári sententiam*, ou *de senténtiâ* ; estre prié de dire son aduis.

REGLE · XXXI.

Des Verbes impersonnels qui gouuernent la personne à l'Accusatif.

Au cas Nominatif la chose est gouuernée ;
Au cas Accusatif la personne est donnée,
En Decet, Deléctat, Fugit, Fallit, Latet, Præterit *&* Iuuat; comme, Hæc res me decet.

EXEMPLES.

Ces sept Verbes impersonnels gouuernent la chose au Nominatif, & la personne à l'Accusatif ; comme, *Hæc res me decet* ; cette chose me sied bien. *Píetas pium deléctat*; l'homme pieux se plaist à la pieté. *Istud me pretériit, fugit, látuit*; ie n'ay pas sceu cela. *Non te fallit*, vous sçauez bien. *Id me iuuat* ; ie prends plaisir à cela.

REGLE XXXII.

Des Verbes impersonnels qui gouuernent l'Accusatif auec la preposition *Ad*

Attinet, & Spectat, & Pértinet *aussi*,
Prennent l'Accusatif auec Ad deuant luy.

EXEMPLES.

Ces trois Verbes impersonnels gouuernent l'Accusatif auec la Preposition. AD *Attinet ad dignitátem*, cela regarde vostre dignité. *Id ad te pétinet*; cela vous appartient. *Hoc ad illum spectat*, cela le touche. *Quid ad nos áttinet*; qu'auons nous à faire de cela. *Totum eius consilium ad bellum mihi spectáre vidétur.* Il me semble que tout son dessein ne tend qu'à faire la guerre.

REGLE XXXIII.

Des Noms de mesure & de distance; Et de la Question *Quando* & *Quándiu*.

1 *L'interuale du temps*, la 2 *Distance des lieux*,
3 *La Mesure en longueur & largeur auec eux*,
L'Accusatif tout seul prennent, ou l'Ablatif.
4 *Quándiu veut de plus* Per *& l'Accusatif*;
5 *L'Ablatif seulement se met apres* Quando,
Soit qu'il s'exprime ou non; *comme* Ibit hoc annô.

EXEMPLES.

L'espace du temps, la distance des lieux, & le nom

de mesure, se mettent à l'Ablatif, ou à l'Accusatif.

1. L'ESPACE DV TEMPS, à la Question, QVAN-DIV; comme, *Quándiu vixit?* combien a-t'il vescu? *vnum annum*, ou *vnô annô*; vn an. *Regnáuit trigínta tres annos*; il a regné trente trois ans. *Vixit quadragínta duos annos*; il a vescu quarante deux ans.

2. LA DISTANCE DES LIEVX; comme, *Quantum distat ager ille?* combien y a-t'il d'icy à ce champ là? *Distat abhinc viginti leucis*; il y a vingt lieuës d'icy. *Vicus est ab vrbe dissitus quátuor milliária.* C'est vn Village esloigné de la Ville de quatre lieuës.

3. LE NOM DE MESVRE; comme, *Quanta est longitúdinis*, vel *latitúdinis?* Combien a-t'il de longueur, ou de largeur. *Longus tres vlnas, latus tribus digitis*; il est long de trois aulnes, & large de trois doigs. *Muri Babilónis erant alti pedes ducéntos, lati quinquagénos*; les mures de Babilone estoient hauts de deux cents pieds, & larges de cinquante.

4. QVANDIV gouuerne encore quelquefois vn Accusatif auec la Preposition. *Vixit per tres annos*; il a vescu trois ans. *Stúduit per duas horas*; il a estudié deux heures durant.

5. Le temps prefix auquel s'est fait ou passé quelque chose, c'est à dire quand on respond à la Question QVANDO, *quand*; se met à l'Ablatif sans Preposition; comme, *Quando venit?* quand est-il venu? *Die Lunæ, horâ primâ*; Lundy à vne heure. *Redij luce, non ténebris*; ie suis reuenu de iour, & non de nuict. Où vous prendrez garde qu'en toutes ces Questions il n'est pas necessaire que le mot de *Quando* ou *Quándiu*, ou autres, soient exprimez; mais que c'est assez qu'on les y puisse sous-entendre pour les y rapporter.

ADVERTISSEMENT

Remarquez que le lieu prefix ou s'est fait quelque chose, se met aussi quelquefois à l'Ablatif; comme, *Cécidit tértio ab vrbe lápide*; il est tombé à la troisiesme lieuë. *Tértiâ domo*; à la troisiesme maison. Mais on dit plus souuent; *Ad Tértium lápidem*. Liu. *Ad quitum milliáre*. Cic.

REGLE XXXIV.

Des Noms d'Instrument, de la Maniere & de la Cause.

Faits toûjours Ablatif le nom marquant la Cause, L'Instrument, la Maniere, ou Raison d'vne chose.

EXEMPLES.

Tous les Noms suiuans se mettent à l'Ablatif.

L'INSTRVMENT; comme, *Perfódere sagíttis*; percer de fleches. *Nasô plus vidére quam óculis*; voir plus du nez que des yeux. *Lapídibus obrúere*; accabler à coups de pierre. *Lúdere pilà & duódecim scrupis*; joüer à la paulme & aux dames.

LA CAVSE, comme, *Ardet dolóre & ira*; il est tout esmeu de douleur & de colere: c'est à dire, à cause de sa douleur & de sa colere. *Dubitatióne æstuat*, il est agité dans son doute. *Culpa palléscit*; il pallit à cause de sa faute. *Gestire secúndis rebus*; s'emporter dans la prosperité. *Pietáte insígnis*; illustre par sa pieté. *Licéntiâ detérior fit*; il deuient plus meschant par la licence. *Rex Dei grátia*; Roy par la grace de Dieu. *Pietáte fílius*; fils par sa sousmission. *Consíliis pater*; Pere par ses bons aduis. *Amóre frater*; frere par son affection.

LA MANIERE ou la Raison. *Auctus prædá*; augmenté en butin. *Pérditus & profléctus mœróre*; perdu & accablé de tristesse. *Constáre experiméntis*; consister en experience. *Florére laude*; fleurir en loüange. *Affári supérba voce*; parler audacieusement. *Lento gradu procédere*; marcher à petit pas. *Régio apparátu excéptus*; receu royalement. *Fácere áliquid inuita Minérua*; faire quelque chose contre son naturel.

L'on rapporte à la Maniere tout ce ou l'on peut demander COMMENT, & on respód à l'Ablatif. Exemple;
Sánguine fundáta est Eccléfia, Sánguine creuit; Sánguine succréuit, Sánguine finis erit.

REGLE XXXV.

De quelques Verbes qui gouuernent l'Ablatif.

Affícior, Fungor, Vescor, Fruor, Vtor, Dono, Sterno, Lino, Glórior, Ampléctor, Nitor, & Pólleo, Dignor, *l'Ablatif prennent* Fungor, Vtor, *de plus l'Accusatif retiennent.*

EXEMPLES.

Tous ces Verbes gouuernent l'Ablatif; comme,
Afféctus beneficiis, à qui l'on fait du bien.
Functus militia; ayant acheué la guerre, l'on dit aussi *Fungor vicem altérius*; ie fais l'office d'vn autre.
Vesci carne, pisce, cáseo; manger de la chair, du poisson, du fromage.
De mesme *de viuo & victito*; cóme *Viuere leguminib*; viure de legumes. *Victitáre lactúcis*; viure de laittuës.

Vir bonus útitur mundo, non-frúitur; vn homme de bien vse du monde, & n'en joüit pas.

Donáre áliquem ciuitáte ; donner le droit de bourgeoisie à quelqu'vn.

Stérnere locum saxis ; pauer vn lieu. *Stérnere humum flóribus* ; Parsemmer la terre de fleurs.

Cruóre parietem linísti ; vous auez frotté la muraille de sang.

De mesme aussi *Linio* ; comme, *Liniúntur cæde sagittæ*. Proper. Les fleches sont teintes dans le sang.

Gloriári nomínibus véterum ; tirer gloire du nom des Anciens.

Amplécti amóre ; aimer, auoir affection pour quelqu'vn.

Niti virtúte ; s'appuyer sur sa Vertu. On dit aussi *Inniti hastæ*, ou *in hastam* ; s'appuyer sur la lance.

Pollére ópibus ; estre puissant en credit, ou estre bien riche.

Dignári áliquem amóre ; estimer quelqu'vn digne d'amour. *Amicítiâ dignus* ; digne d'estre aimé.

Expectatióne aliórum dignum áliquid effícere ; faire quelque chose digne de l'attente des autres.

ADVERTISSEMENT.

Il y a encore d'autres Verbes qui gouuernent l'Ablatif ; comme, *Lætor*, *Gáudeo*, *Géstio* ; ie me réjoüis : *Deléctor*, *oblèctor* ; ie me plais : *Tristor* ; ie m'afflige : *Fráudo* ; ie trompe. Comme, *fraudáre se victu* ; se frustrer de son viure. *Oblectáre se ludo* ; se réjoüir en joüant. Mais on les peut rapporter cy-dessus à la Regle de la Cause & de la Maniere.

REGLE XXXVI.
Du Nom de la Matiere.

Que le Nom de Matiere à l'Ablatif soit mis, Auec vn Ex *ou* E ; *comme* Vas è gemmis.

EXEMPLES.

La Matiere dequoy quelque chose est faite, se met à l'Ablatif auec la Preposition *Ex* ou *E*; comme, *Vas è gemmis*; vn vase de diamans. *Imágo ex ære*; vne image d'airain. *Signum ex mármore*, vne statuë de marbre. *Pócula ex auro*; des pots d'or.

REGLE XXXVII.

Des Verbes Passifs & autres qui gouuernent l'Ablatif auec la Preposition *A* ou *AB*.

¹ *Tous les Verbes Passifs auec* Ab *ou bien* A, *Veulent vn Ablatif*; Amor à Regína.
² *Regle ainsi ceux d'Attendre, Esloigner, de Distance,*
Receuoir, Deliurer, Separer, Difference.

EXEMPLES.

Tous ces Verbes icy gouuernent l'Ablatif auec la Preposition *A* ou *AB*.

1. LES VERBES PASSIFS; comme, *Tenéri, regi ab áliquo*; estre possedé, estre gouuerné par quelqu'vn. *Amári à Deo*; estre aimé de Dieu.

Les Verbes impersonnels Passifs; *Prouísum est nobis óptime à Deo*; Dieu a fort bien pourueu à nous.

Les Verbes de signification Passiue. *Vænire ab hoste*; estre vendu par l'ennemy. *Vapulári ab áliquo*; estre frappé de quelqu'vn. *Aggredi ab áliquo*; estre attaqué par quelqu'vn.

2. LES VERBES D'ATTENDRE. *Omnia á te*

SYNTAXE.

expéctat; il attend tout de vous, *Sperat à Rege*, il espere du Roy.

Les Verbes d'Esloigner et de Distance; comme. *Distat à Lutétia vicus ille*; ce Village est estoigné de Paris. *Distat argumentátio à veritáte*; vostre argument est estoigné de la verité.

Les Verbes de Separer. *Disiúngere, segregáre se à bonis*; se separer, se diuiser des gens de bien. *Distráhere & diuéllere áliquem ab áliquo*; separer & arracher quelqu'vn d'auec vn autre. *Remouére se à negótiis*; se separer des affaires. *Dissentíre à natúra aliórum*; estre d'vn naturel different de celuy des autres.

Les Verbes de Recevoir. *Accípere ab áliquo*; receuoir de quelqu'vn. *Mutuári ab áliquo*; emprunter de quelqu'vn. *Díscere ab áliquo*; apprendre de quelqu'vn.

Les Verbes de Demander ont grand rapport à ceux de receuoir, & gouuernent le plus souuent mesme Cas. Voyez en la Regle, c'est la 30.

Les Verbes de Deliurer. *Liberáre à perículo*; deliurer du danger. *Redímere à morte*; rachechepter de la mort. *Exímere à malis*; exempter du mal.

Les Noms de Difference. *Ab alienátus est à me*, il s'est esloigné de moy. *Aliud à libertáte*; autre chose que la liberté. *Res diuérsa à propósita ratióne*; choses differentes du sujet que l'on auoit proposé.

ADVERTISSEMENT.

Il y a encore beaucop d'autres Verbes qui gouuernent mesme Cas que ceux-cy; comme, *Ordíri à princípio*; commencer dés le commencement. *Mercári à mercatóribus*; achepter des Marchands. Le François fauorise assez en cela, sans en faire de regle, & fait voir que c'est la Preposition qui gouuerne ce Cas.

REGLE XXXVIII.
De l'Ablatif Abſolu.

Quand deux Noms ou pluſieurs joints ſe rencontreront,
Et de Nom ou de Verbe aucun ne deſpendront;
Mets les à l'Ablatif: C'eſt ainſi qu'on dira;
Me viuô, Te duce, Reginâ venturâ.

EXEMPLES.

L'Ablatif abſolu eſt celuy qui n'eſt gouuerné de rien. On l'explique en François par le Participe du preſent, ou par vne conjonction; comme, *Me viuô non hoc fiet.* Pendant que ie viuray cela ne ſe fera point. *Te duce ſuperabimus hoſtes;* lors que vous ſerez noſtre Capitaine nous ſurmonterons les ennemis. *Reginâ venturâ, magnum in vrbe gaudium erat;* il y auoit grande joye dans la Ville, la Reyne y deuant venir.

REMARQVES PARTICVLIERES
de la conſtruction de l'Infinitif.

du Futur FORE.

Les Verbes, à proprement parler n'ont point de Futur à l'Infinitif; Il n'y a que SVM, qui à *Fore.* Ce Futur ſe met en tout nombre & en tout Genre. *Confidit ſe apud te gratioſum fore,* Cic. il eſpere qu'il vous ſera agreable. *Non putabam nos victores fore;* ie ne penſois pas que nous deuſſions eſtre victorieux. *Spero nobis hanc coniunctionem voluptati fore;* i'eſpere que noſtre liaiſon nous apportera du contentement.

Aux autres Verbes on ſe ſert de l'Infinitif *Eſſe,* ou *Fuiſſe,* auec le Participe en RVS pour l'Actif, & celuy en DVS pour le

Paſſifs Qui ſe doiuent accorder auec leur Subſtantif. *Vere mihi hoc videor eſſe dictúrus*, Cic. il me ſemble que ie diray cela. *Non moléſte fero me labóris mei, vos virtútis veſtræ fructum eſſe latúros.* Ie ne trouue pas eſtrange que vous remportiez le fruit de voſtre Vertu, & moy celuy de mon trauail.

Le Futur FORE ſe met fort bien auec le Participe, du Preterit, & auec celuy du Futur. *Intélligit niſi per te reſtituátur, ſe deſértum, atque abiéctum fore*; il void que s'il n'eſt reſtably par voſtre moyen, il ſera abandonné de tout le monde. *Deinde addiſtead me ventúrum fore*; vous dites que vous viendrez vers moy. *Crédite vim vniuérſam flagitióſæ inuentútis, hodiérno Catilínæ ſuplicio, ſimul conficiéndam fore.* Sçachez que toute la force de cette jeuneſſe vitieuſe doit eſtre aujourd'huy abbatuë par la punition de Catilina.

Du Futur AMATVM IRI & ſemblables.

Le Futur Paſſif formé du Supin en VM, & de l'Infinitif IRI, eſt indeclinable, & ſe met pour tous les Genres, tant au Singulier qu'au Plurier. *Addit ſe prius occiſum iri ab eo, quam me violátum iri.* Cic. Il dit de plus, qu'il ſe fera pluſtoſt tuer, que de permettre qu'il m'offence. *Intérea rumor venit datum iri Gladiatores*, Ter. Cependant le bruit vint qu'on alloit faire battre les Gladiateurs. *Vaticinátus eſt madefáctum iri Græciam ſanguine.* Cic. Il predit que la Grece ſeroit beignée dans le ſang.

La Maniere de ſuppléer le Futur de l'Infinitif, ſur tout lors que les Verbes n'ont point de Supin.

L'on vſe tres-elegament de *Fore vt*, & de *Futúrum vt*, apres les Verbes SPERO, PUTO, SUSPICOR & ſemblables, au lieu du Futur, de l'Infinitif, tant de l'Adjectif que du Paſſif. *Spero fore vt contingat id nobis*, Cic. j'eſpere que cela nous pourra arriuer. *Valde ſuſpicor fore vt infringátur hóminum impróbitas*; j'ay grande eſperance que l'on pourra reprimer leur meſchanceté.

Et ſi le Verbe n'a point de Supin, il faut neceſſairement vſer de cette façon de parler : parce qu'alors il n'a point de Futur à l'Infinitif; comme, *Puto fore vt breui his incómmodis medeáre.* Ie penſe que vous remedierez bien-toſt à ces incommoditez. *Affirmo fore vt paucis diébus oratiónem pro Marcéllo ediſcas.* Ie puis aſſeurer que vous apprendrez en peu de iours l'Oraiſon pour Marcellus.

Du Futur FVTVRVM FVISSE.

Cette maniere de parler tient du Futur & du Preterit tout enfemble, & n'apporte pas peu d'ornemét dans le difcours. *Niſi eo ipſo tépore quidã nūntii de Cæſaris victoria eſſent allati, exiſtimabant pleriq; futurũ fuiſſe vt oppidum amitterétur Cæſ. de Bel. Ciu.* Si en ce meſme téps l'on n'euſt apporté des nouuelles de la Victoire de Ceſar, pluſieurs croyoiét que la Ville euſt eſté perduë.

Et cette maniere de s'exprimer eſt tout à fait neceſſaire aux Verbes qui n'ont point de Supin; Exemple. *Affirmabant omnes futurum fuiſſe vt ſileret ſi, &c.* Tout le monde aſſeure qu'il n'euſt dit mot ſi, &c. *Dicunt omnes futurum fuiſſe vt breui Græcas litteras diſceret, niſi lateris dolore conſumptus eſſet.* Chacun dit qu'il euſt bien-toſt apris le Grec, s'il ne fuſt mort d'vn mal de coſté.

Dans les autres Verbes on peut auſſi vſer de cette maniere de Futur, tant pour l'Actif que pour le Paſſif.

Pour l'Actif; comme, *Dicunt eum integra volumina iam lecturum fuiſſe, ſi non interpellatus eſſet*; ils diſent qu'il auroit deſia leu des Volumes entiers, ſi on ne l'euſt point deſtourné. *Dixit aliam ſententiam ſe dicturum fuiſſe, niſi propinquitate impedirétur, Cic.* Il dit qu'il euſt eſté d'vn autre aduis, ſi la parenté ne l'en euſt empeſché.

Pour le Paſſif; comme, *Fama eſt eum audiendum fuiſſe à Rege ſi conciónem habuiſſet.* On dit que le Roy l'euſt entendu, s'il euſt preſché.

Des Gerondifs.

Les Gerondifs de tous les Verbes qui ont la ſignification actiue, gouuernent le Cas de leur Verbes; comme, *Deſiderium amandi Deum*; le deſir d'aimer Dieu. *Tempus ſtudendi Philoſophiæ*; le temps d'eſtudier en Philoſophie.

Ceux qui ont la ſignification Paſſiue, ne gouuernent aucun Cas; comme, *Memoria excolendo augetur*; la memoire s'augmente eſtant cultiuée.

Les Gerondifs des Verbes qui gouuernent l'Accuſatif ſe mettent elegament comme Adjectifs; comme, *Princeps veſtræ libertatis deffendendæ ſemper fui.* Pluſtoſt que *deffendendi veſtram libertatem.* I'ay touſiours eſté le premier à deffendre voſtre liberté.

Mais remarqvez que ſi le Verbe ne gouuerne pas

l'Accusatif, son Gerondif ne pourra estre fait Adjectif. Par exemple, on ne peut pas dire, *Veni huc tui serviéndi causa*, vel *ad caréndam voluptátem* Ie suis venu icy pour vous seruir, *ou* pour n'auoir aucun plaisir. Mais on peut dire ; *Tui observándi*, ou *tibi serviéndi causa* ; pour vous rendre seruice.

Des Supins.

Apres les Verbes de mouuement on met d'ordinaire le Supin en V M au lieu de l'Infinitif; comme, *Ire pérditum bonos*; aller perdre & ruiner les gens de bien. Quoy que quelquefois on trouue l'Infinitif *Voltis-ne eámus visere*, *Ter*. Voulez-vous que nous allions voir.

Le Supin en V se met apres les Verbes de retour; comme, *Redire venatu*; reuenir de la Chasse. Ou apres les Adjectifs ; comme, *Optimum factu* ; tres-bon à faire. *Dictu periculosum*, dangereux à dire. *Horréndum visu*, horrible à voir.

ADVERTISSEMENT.

Il y a vne infinité de Remarques qu'on peut faire de la sorte sur la Syntaxe & la liaison des mots qu'il faut reseruer en vn temps auquel les enfans seront plus auancez, & à lecture des Auteurs.

DE LA QVANTITÉ
DES SYLLABES.

REGLES GENERALLES.

REGLE I.
Des Diphtongues.

1 Souuiens toy que toute Diphtongue
Dans les Vers sera tousiours longue:
2 Neantmoins Præ s'abregera
Lors qu'vne Voyelle suiura.

EXEMPLES.

1. Les Diphtongues sont tousiours longues ; comme, Fænum, aurum eurus.
2. La Preposition *Præ*, s'abrege en composition, lors qu'elle est suiuie d'vne Voyelle ; comme

Iamque noui *præeunt* fasces, noua purpura fulget.

REGLE II.
De la Voyelle deuant vne autre Voyelle.

1 Il faut abreger la Voyelle,
Lors qu'vne autre suit apres elle.

2. E *toutefois entre deux* I
Sera long, comme en Diĕi.
3. Fīo *sans* R *fait ses* I *longs :*
4. ĬVS *au Genitif des Noms,*
Sera douteux : mais 5. Alīus
Est long, & bref 6. Altĕrĭus.

EXEMPLES.

1. La Voyelle suiuie d'vne autre Voyelle est bréfue; comme, *Iustitia, Dulcia, Deus.*

2. L'E est long au Genitif & Datif de la cinquiesme, lors qu'il se trouue entre deux I; comme, *Diĕi Speciĕi.* Ce qui arriue en tous les Noms de cette Declinaison, hormis trois *Fidĕi, Spĕi, Rĕi*, qui abregent E.

3. *Fio* allonge I au temps où il n'y a point d'R, sçauoir en *Fio, Fiam; & Fiebam.* Aux autres où il a vne R, l'I est bref; comme, *Fĭerem, Fĭeri.*

4. Les Genitifs en IVS ont I douteux ; comme, *Vnius, Illius, Ipsius.*

5. *Alius*, fait I long au Genitif.

6. *Alterius* le fait bref.

Corripit, *alterius*, semper producit *alius.* Alsted.

REGLE III.
De la Voyelle longue par Position.

La Voyelle longue s'ordonne,
Lors qu'apres suit double consonne.

EXEMPLES.

LA POSITION est quand apres vne Voyelle, il se trouue deux Consonnes, ou vne lettre double. Et alors la Voyelle est longue; comme, *At pius Æneas.*

Or les doubles sont X Z; comme, *Axis, Gaza*; Et l'I entre deux Voyelles; comme, *Māior.*

ADVERTISSEMENT.

1. La Position est ou immuable; comme aux exemples que nous venons d'expliquer; ou changeante, lors qu'il se rencontre vne de ces trois lettres que l'on nomme liquides; L, N, R. apres vne consonne. Car alors la syllable, qui de soy estoit breue est renduë communne; comme

Omne solum forti *pătria* est; mihi *pātria* cælum.

Mais si la Syllabe est longue de sa nature, il n'est pas permis de la faire brefue, comme

Parua sub ingenti *mātris* se prætegit vmbra, *Virg.*

2. Si la Voyelle est à la fin d'vn mot, & qu'elle soit suiuie d'vn autre mot qui commence par deux consonnes, ou par vne double, elle n'est pas d'ordinaire longue pour cela. *Frigorĕ frondes. Aequoră Xerxes.*

Neantmoins cela arriue quelquefois; comme,

Ferte citi ferrum, date *telā*, *scandite* muros, *Virg.*

DES MOTS COMPOSEZ.

REGLE IV.

De diuerses particules dont les mots sont composez.

1 A, De, E, Se, Di, *seront longs,*
Estans joints aux Verbes ou Noms.
2 Re *sera bref, en exceptant*
R ēfert *impersonnel estant.*

EXEMPLES.

1. Toutes ces Particules sont longues en composition. *Amitto, Dēduco, Erumpo, Diripio.* (Neantmoins,

Dĭrimo & Dĭsertas sont brefs) Sépăro ;
2. Refĕro, rĕfers, rĕfert est bref comme
Rēfert impersonnel long
Præterea nec iam mutari pabula rēfert, Virg.

REGLE V.

Des Prepositions qui se trouuent dans les mots composez.

1 *Hormis* Pro *nous abregerons*
Toutes les Prepositions.
2 *Abrege aussi* Prŏfugio,
Prŏternus, *auec* Prŏfecto,
Prŏcella, Prŏcus, Prŏfana,
Prŏficiscor *&* Prŏfunda,
Prŏnepos *auec* Prŏfari.
3 Pro *sera douteux en ceux-cy*
En Prŏpellit *&* prŏpulso
Prŏcurrit *auec* Prŏpago.

EXEMPLES.

1. Les Prepositions d'ordinaire sont breues dans les mots qu'ils composent ; comme, *ădimo, ăbest, ăperio ; Cŏërcuit, cŏmedo, ŏbumbrant, ŏmitto, ănhelat, ĭnoffensus, sŭperesse, sŭbeunt pĕragit.*
Pro est long, *Produco, Profero, Prōueho, &c.*

2. Les mots qui sont compris dans la Regle abregent *Pro* ; comme *Prŏfugio, Prŏteruus, Prŏfecto, &c.*
En quelques-vns est commun ; comme, *Prŏpello, Prŏpulso, Prŏpago, as,* Verbe ; *Prōpāgo, inis,* nom, &c.

REGLE VI.

Des Voyelles I & O dans les Noms composez.

Les mots qui de deux se feront
I, O souuent abregeront.

EXEMPLES.

Lors qu'vn Nom est composé de deux mots, si le premier mot finit en O ou en I, au milieu du Nom composé, ces Voyelles s'abregent; comme, *Omnĭpotens, causĭdicus; Polĭdorus; Timŏtheus, Argŏnauta.*

DES PRETERITS.

REGLE VII.

Des Preterits de deux Syllabes.

1. *La premiere du Preterit*
De deux syllabes, comme Egit,
Longue incessamment se doit faire:
2. *Neantmoins on ne doit pas taire,*
Qu'on abrege Bĭbit, Fĭdit,
Tŭlit, Dĕdit, Stĕtit, Scĭdit.

EXEMPLES.

1. Les Preterits de deux Syllabes ont la premiere longue; comme, *Egi, Vēni, Vīdi, Vīci.*
2. Ces Verbes cy l'ont neantmoins brefue; *Bibo, bĭbi,*

P ij

Findo, fĭdi; Fero, tŭli; Do, dĕdi; Sto, stĕdi; Scindo, scĭdi.

REGLE VIII.
Des Preterits qui redoublent.

1 Les deux premieres redoublées,
Au Preterit sont abregées :
2 Neantmoins Cædo, cĕcīdi,
Alonge la Syllable Ci.

EXEMPLES.

Les Preterits qui redoublent abregent les deux premieres Syllables ; comme, *Dĭdĭci*, de *disco*; *Cĕcĭni*, de *Cano*; *Tĕtĭgi*, de *tango*; *Cĕcĭdi* de *Cado*.

2. Mais *Cecīdi* de *cædo*, a la seconde longue.

ADVERTISSEMENT.

Les autres Preterits, s'ils n'ont point de Crement, suiuent la quantité de present; comme, *Cŏlo*, *cŏlui* ; la premiere brefue. Excepté *Gĕnui* la premiere brefue de *Gigno*, la premiere longue, *Pŏsui*, de *Pōno*, & *Pŏtui* de *Pŏssum*. Excepté encore *Diuīsi*, *diuīsum*, la seconde longue de *Diuĭdo*, la seconde brefue.

DES SVPINS.

REGLE IX.
Des Supins de deux Syllables.

1 Tous les Supins s'alongeront
Qui de deux Syllabes feront.
Hors ceux d'Eo, Reor, Sino,

QVANTITE'.

Do, Sto, Ruo, Sero, Lino.
3 *Alonge* Cītum *de* Cio,
Et faits le bref en Cĭeo,

EXEMPLES.

1. Les Supins de deux Syllabes, aussi bien que les Preterits, sont longs; comme, Nōtum ou nōtus de Nosco. Vīsum, ou vīsus, de Video. Mōtum, de Moueo.

2. Ces huit Verbes-cy abregent leur Supin; Eo, ĭtum; Reor, Răussum; Sino, Sĭtum; Do, dĭtum; Sto, stătum; Ruo, autrefois auoit rŭtum, dont vient Dirŭtum, Erŭtum, obrŭtum; Lino, lĭtum.

3. Cio cis, ciui, cītum, ciri, la premiere longue; Cĭeo, cies, ciui cĭtum, la premiere bresue.

Nec fruitur summo, vigilantibus excĭta curis. *Ouid.*
Vnde ruunt toto concĭta pericula mundo. *Lucan.*
Remarquez que leurs composez sont plus vsitez en la quatriesme.

REGLE X.

Des Supins de plusieurs Syllabes.

1 *Le Supin* VTVM, *long sera*
Qui plus de deux Syllabes â.
2 *Ceux en* ITVM *le sont aussi*
Venans du Preterit IVI.
3 *Faits brefs les autres en* ITVM,
Comme Tăcĭtum, Cógnĭtum.

EXEMPLES.

1. Les Supins en VTVM sont longs; comme, So-

lŭtum, de ſoluo ſolui; Indŭtum, d'induo, indui; Argŭtum, d'Arguo, argui.

Les Supins en ITVM ſont longs lors qu'ils viennent d'vn Preterit en IVI, comme

2. Quæsītum, de Quæro, quæsiui Cupītum, de Cupio, cupiui; Audītum de Audio, audiui.

3. Les Supins en ITVM ſont brefs lors qu'ils ne viennent pas d'vn Preterit en IVI, comme Tacĭtum, de Taceo, tacui; Cognĭtum, de Cognoſco, cognoui, Monĭtum, de Moneo, monui.

DV CREMENT DES VERBES.

REGLE XI.

Ce que c'eſt que le Crement des Verbes.

Quand le Verbe aux temps qu'il aura,
En Syllabes ſurpaſſera,
La ſeconde de ſon preſent;
Appelle cela le Crement.

EXEMPLES.

Le Crement des Verbes ſe regle touſiours ſur la ſeconde perſonne : De ſorte que s'il ne la ſurpaſſe point en Syllabes, il n'y a point de Crement; comme *Amas, amant*; *Audis, audit*. Mais s'il la ſurpaſſe d'vne Syllabe, il y a vn Crement; comme, *Amāmus, auditis*; ou la ſeconde eſt le Crement ; parce que la derniere n'eſt iamais contée pour Crement. S'il la ſurpaſſe de deux Syllabes, il a deux Crements; comme, *Amābāmus, docēbāmus.* Si de trois, il y a trois Cremens; comme, *Amānĕrĭtis*, &c.

Le Crement du Passif mesme se regle sur la seconde personne de l'Actif; comme, *Amāris*, la seconde est le Crement, *amābāris*, la seconde & troisiesme sont Cremens, les mesurant sur *Amas*.

Pour les Verbes Communs & Deponens, il faut feindre la seconde personne de l'Actif, & les regler de mesme.

REGLE XII.
De Crement A.

1 *On alonge le Crement A;*
2 *Le Verbe Do l'abregera,*
Lors qu'il est au Crement premier;
3 *Le faisant bref dans le dernier.*

EXEMPLES.

1. A, se fait tousiours long dans les Cremens des Verbes; comme, *Exprobrāre, Stābam, Bibāmus, Fuerāmus.*

2. Le Verbe DO abrege l'A au premier Crement; comme, *Dămus, dăbunt, dări.*

Párthe dăbis pœnas.

Ainsi dans ses Composez *Circúmdămus, Circúmdăbunt, Circúmdăre; Venúndăre.*

3. Mais il l'alonge lors qu'il n'est pas au premier Crement; comme *Dăbāmus, dăbātur,*

......*Quæ iam fortuna dabātur,* Virg.

REGLE XIII.
Du Crement E.

1 *Alonge E Crement;* 2 *Hors* BERIS.

ERAM, ERO, ERIM, ERIS.

La troisiesme aussi bref le fait,
Au Present comme à l'Imparfait,
Lors que c'est au premier Crement;
Vne R apres E se trouuant.

EXEMPLES.

1. E, dans le Crement des Verbes est long generallement parlant en toutes sortes de Coniugaisons.

En la premiere; comme, *Amēmus, amarēmus, amauērunt, amarēris* vel *amarēre, dedissēmus.*

En la seconde, *Docēbam, docērem, docērer, docēreris.*

En la troisiesme, *Legēbam, legērunt, legissēmus, legēris* vel *legēre, legētur, legēmur* au Futur; *Audiēris*, vel *audiēre, audiētur* au Futur; *Audiuērunt* vel *audiuēre.*

2. Il est bref par tout en ces Syllabes BERIS, ERAM, ERO, ERIM, auec tous leurs personnes, *Amăbĕris* vel *amabĕre*; *Docuĕram*; *Potĕro, potuĕro*; *Legĕro, legĕrim, legĕris*, &c.

3. Il est encore bref dans les Verbes de la troisiesme en tous les temps presens & imparfaits, où il se trouue vne R, apres E, au premier Crement; comme, *Legĕris* vel *legĕre*, au present de l'Indicatif passif. *Legĕre*, à l'Imperatif passif & à l'Infinitif actif. *Legĕrem*, & *legĕrer*, à l'Imparfait du Subjonctif, Actif & Passif.

Mais il est long au second Crement, *Legērĕris* vel *legerēre, legerētur.*

Comme aussi au Futur & autres temps, *Legēris*, vel *legēre, legētur*; *Legēbam*, &c. En quoy il suit la Regle generale.

REGLE XIV.

Du Crement I.

1 I Crement veut estre abregé:
2 Mais le premier est alongé,
En la quatriesme; en 3 Velim,
En Sim, Malim, auec Nolim.
4 Tout Preterit, fust-ce Audiui,
Abrege IMVS, alonge IVI.

EXEMPLES.

1. Le Crement I est bref generalement parlant; comme,

Au Futur de la premiere & seconde, *Amabĭtis*; *Docĕbĭtur*.

Au Present de la troisiesme; *Legĭmus*, *labĭtur*; *Aggredĭtur*.

Au second Crement de la quatriesme, *Audiebamĭni*, *audimĭni*.

2. Mais il est long au premier Crement de cette derniere Coniugaison, qui est le plus considerable, *Audire*, *mollitur*, *scirent*, *seruitum*, *scimus*, *ibo*, *adibo*.

3. Ceux-cy sont aussi longs, *Simus*, *Velimus*, *Nolimus*, *Malimus*, auec les autres personnes. *Sitis*, *Velitis*, &c.

4. Tous les Preterits en IVI sont longs, mesme dans la troisiesme, *Petiui*, *Quæsiui*, *Audiui*.

Et ils font tous IMVS bref au Plurier, mesme dans la quatriesme, *Audiuĭmus*, *Quæsiuĭmus*, *Venĭmus*.

Remarquez donc que *Venimus* long, est vn Present, *nous Venons*; & que *venimus* bref, est vn Preterit, *nous sommes venus*.

ADVERTISSEMENT.

Pour les terminaisons du Subjonctif RIMVS & RIRIS, il n'y a rien de certain : Elles sont breues au Preterit, & longues au Futur, selon Diomedes; Elles sont tousiours longues selon Probus. Nous pouuons les tenir pour communes dans les Vers, puisque les Poëtes les font tantost longues, tantost brefues: quoy qu'en parlant nous soyons obligez de les prononcer selon la coustume des lieux où nous sommes, pour ne pas choquer l'aureille de ceux qui nous entendent.

REGLE XV.

Du Crement O.

Le Crement O, qui peu se trouue
Est long; Facitōte le prouue.

EXEMPLES.

Le Crement O, ne se trouue que dans l'Imperatif, où il est tousiours long; comme, *Amatōte*, *Facitōte*.
Cumq; loqui poterit; matrem *Facitōte* salutet. *Ouid.*

REGLE XVI.

Du Crement V.

Faits V bref; mais faits long VRVS,
Comme Doctūrus, Lectūrus.

EXEMPLES.

Le Crement V est bref; comme *Sŭmus, volŭmus*;
Nos numerus *Sŭmus* & fruges consumere nati, *Hor.*

Mais le Participe en RVS, & le Futur de l'Infinitif en RVM qui en est formé sont longs; *Doctūrus, Lectū-rus, Amatūrus, Amatūrum*, &c.

DV CREMENT DES NOMS.

REGLE XVII.

Ce que c'est que le Crement des Noms.

1. *Dans les Noms, le Crement sera*
Lors qu'vn Genitif passera,
Dans les Syllabes qu'il contient,
Le Nominatif d'où il vient.
2. *Le Genitif par son Crement,*
De tout cas est le reglement.

EXEMPLES.

1. Le Crement des Noms se mesure sur le Nominatif: C'est pourquoy si le Genitif n'a pas plus de Syllabes que le Nominatif, il n'y a point de Crement; comme, *Musa, musæ; Dominus, domini*: Mais au Plurier en *Musārum, Dominōrum*, la penultiesme est le Crement.

2. Le Genitif est ainsi nommé, parce qu'il est comme le Pere, & celuy qui engendre les autres Cas; c'est pourquoy il regle tousiours leur Crement; comme, *Sermo, sermōnis, sermōnis, sermōni, sermōnem, sermō-ne, sermōnes, sermōnum.*

MAIS REMARQVEZ que lors qu'au Plurier il y a plus de Syllabes qu'au Genitif Singulier, c'est vn Crement Plurier, qui se doit iuger par la regle suiuante.

REGLE XVIII.
Du Crement des Plurier.

Le Crement Plurier des Noms,
¹ *Fait* I V *bref;* ² A, E, O, *longs.*

EXEMPLES.

Le Crement Plurier est lors que les autres Cas surpassent le Nominatif Plurier en Syllabes.

1. Et alors l'on fait I & V bref, comme *Sermŏnes, sermŏnibus; Vĭtes, vitĭbus; Mănus, manŭum; Portus, portŭum, portŭbus.*

Remarquez pourtant; que *Būbus* est long comme *Bōbus*, Datif de *Bos*.

2. Mais A, E, O, sont longs; comme, *Musa, musārum; Res, rērum, rēbus; Medici, medicōrum; Duo, duorum.*

ADVERTISSEMENT.

Remarquez qu'il se trouue des Cremens Singuliers, mesme au Plurier; comme en ce mot, *Arborĭbus*, La seconde est Crement Singulier, & est brefue, parce qu'elle se regle sur le Genitif, *Arbŏris*; mais la penultiesme est Crement Plurier, parce qu'elle surpasse ce mesme Genitif en Syllabes.

DES CREMENS DV SINGVLIER.

La premiere Declinaison n'a point de Cremens si ce n'est au Plurier, qui se rapportent à la regle cy-dessus.

REGLE XIX.
Des Cremens de la seconde Declinaison.

¹ *L'accroissement de la Seconde;*

QVANTITÉ.

Sera fait bref par tout le monde.

EXEMPLES.

Les Noms de la seconde abregent leur Crement, ou accroissement; *Gener, genĕri*; *Puer, puĕri*; *Prosper, prospĕri*; *Vir, vĭri*; *Satur, satŭri*.

Iber neantmoins fait long, *Ibēri*.

DES CREMENS DE LA troisiesme Declinaison.

REGLE XX.

Des Cremens ANIS, ENIS, ONIS, INIS.

Alonge ¹ ANIS, ² ENIS, ³ ONIS;
Mais fais bref le Crement ⁴ INIS.

EXEMPLES.

1. Le Crement *Anis* est long, *Pæan, Pæānis*; *Titan, Titānis*.

2. Le Crement *Enis* est long; *Ren, rēnis*; *Splen, Splēnis*; *Siren, sirēnis*.

3. Le Crement *Onis* est long; *Cicero, Cicerōnis*; *Sermo, sermōnis*; *Plato, Platōnis*.

Neantmoins les Noms propres en *On* quelquefois l'abregent; comme *Memnon, Memnŏnis*; & quelquefois le font long; comme *Helicon, Helicōnis*.

4. Le Crement *Inis* est bref; *Homo, homĭnis*; *Virgo, virgĭnis*, *Ordo, ordĭnis*; *Carmen, carmĭnis*.

Hormis ceux en IN qui font long INIS, comme *Delphin, Delphīnis*.

REGLE XXI.
Du Crement des Noms finis en L.

1. ALIS *Neutre s'alongera;*
2. ALIS *Masculin bref sera.*
3. *Abrege encore* ILIS, VLIS:
4. *Faits longs* ELIS *auec* OLIS.

EXEMPLES.

1. Les Noms Neutres en AL font ALIS long au Genitif; *Hoc Animal, animālis.*
2. Les Masculins l'abregent; *Hic Asdrubal, asdrubălis; hic Annibal, annibălis.*
3. Les Noms en IL & en VL abregent encore leur Crement; comme, *Vigil, vigĭlis; Pugil, pugĭlis; Consul, consŭlis; Exul, exŭlis.*
4. Les Noms en EL & en OL le font long; *Daniel, Daniēlis; Sol Sōlis.*

REGLE XXII.
Du Crement ARIS.

1. *Les Masculins font bref* ARIS;
2. (*Ioins y* Nectăris, Iubăris:)
3. *Mais les Neutres finis en* AR,
   Font ARIS *long, comme* Calcar.

EXEMPLES.

1. Le Crement ARIS est tousiours bref, quand le nom est Masculin; *Cesar, Cesăris, Lar, lăris; Mas,*

mŭris; Par, păris; Dispar, dispăris; Impar, impăris.

2. Ces deux-cy sont aussi brefs, quoy que Neutres; Nectar, nectăris; Iubar, iubăris.

3. Les autres Noms Neutres sont longs ; comme, Calcar, calcāris; Laquear, laqueāris; Puluinar, puluināris; Exemplar, exemplāris.

REGLE XXIII.
Du Crement ERIS.

¹ *Abrege* ERIS *le Crement d'*ER;
² *Hors* Crater, Ser, Ver, Récimer.

EXEMPLES.

1. Les Noms en ER abregent le Crement ERIS; comme, Carcer, carcĕris; Verber, verbĕris; Æter, etĕris; Aer, aĕris.

2. Ceux-cy sont exceptez, qui le font long; Crater, cratēris; Ser, sēris; Ver, vēris; Recimer, recimēris.

REGLE XXIV.
Du Crement des Noms en OR.

¹ *Tous les Noms Masculins en* OR, *Font* ORIS *long*, ² *Hormis* Memor.
³ *Le Neutre en* OR *abrege* ORIS,
⁴ *Le Nom propre ;* ⁵ *auec* Arboris.

EXEMPLES.

1. Les Noms en OR, s'ils sont Masculins font long leur Crement; Timor, timōris; Lepor, lepōris; Vigor, vigōris.

2. *Memor*, neantmoins abrege *memŏris*.

3. S'ils sont Neutres ils abregent ORIS; *Marmor, marmŏris*; *Æquor, æquŏris*; *Ador, adŏris*.

4. Les Noms propres en OR abregent aussi leur Crement; *Hector, Hectŏris*; *Nestor, Nestŏris*.

5. *Arbor*, abrege aussi *arbŏris*.

REGLE XXV.

Du Crement VRIS.

1. *Acourcis* VRIS *venant d'*VR;
2. *Mais excepte le Nom de* Fur.

EXEMPLES.

1. Les Noms en VR abregent leur Crement; *Vultur, vultŭris*; *Murmur, murmŭris*; *Turtur, Turtŭris*.

2. *Fur*, neantmoins alonge *Fūris*.

REGLE XXVI.

Du Crement des Noms en AS.

1. *On fait bref* ADIS *venant d'*AS;
2. *Mais on fait long* Vāsis *de* Vas.

EXEMPLES.

1. Les Noms en AS abregent ADIS; comme, *Pallas, Pallădis*. Feminin. *Arcas, arcădis*; *Lampas, lampădis*; *Vas, vădis*, Masculin.

2. Mais; *Vas, vāsis*, Neutre; est long.

REGLE

REGLE XXVII.
Du Crement ATIS.

1 Faits long ATIS quand il vient d'As;
2 Autrement tu l'abregeras.

EXEMPLES.

Le Crement ATIS est long lors qu'il vient d'vn Nom en AS; comme, *Ætas, ætātis; Pietas, pietātis; Dignitas, dignitātis.*

Le Crement ATIS est bref lors qu'il vient des Noms en A, *Ænigma, ænigmătis; Dogma, dogmătis.*

Hepar, hepătis, ou *hepătos,* est aussi bref.

REGLE XXVIII.
Du Crement des Noms en ES.

1 ES en son Crement bref veut estre;
(Milĭtis te le fait paroistre)
2 Hors Merces, Quies, Locuples,
Hæres, Lebes, Magnes, Tapes.

EXEMPLES.

1. Les Noms en ES sont brefs au Crement. *Miles, milĭtis; Cerces cerĕris; Pes, pĕdis; Interpres, interprĕtis; Seges, segĕtis.*

2. Ceux-cy sont exceptez, qui sont longs au Crement; *Merces, mercēdis; Quies, quiētis; Locuples, locuplētis; Hæres, herēdis.*

Les Noms Grecs qui ont ETIS font aussi leur Crement long; comme, *Lebes, lebētis; Tapes, tapētis; Magnes, magnētis; Dares, darētis* & autres.

REGLE XXIX.

Du Crement des Noms en IS.

1 *On accourcit le Crement d'*IS;
2 *Hors* Quiris, Samnis, Glis, Lis, Dis.

EXEMPLES.

1. Le Crement des Noms en IS est bref; *Puluis, puluĕris; Sanguis, Sanguĭnis.*

2. Il est long en ceux-cy; *Quiris, quirītis; Samnis, samnītis; Glis, glīris; Lis, lītis; Dis, dītis.*

REGLE XXX.

Du Crement des Noms en OS.

1 *Prononce long le Crement d'*OS,
2 *Hormis en* Bos, Compos, Impos.

EXEMPLES.

1. Le Crement des Noms en OS est long; comme, *Os oris; Dos, dōtis; Custos, custōdis.*

2. Ceux-cy sont exceptez; *Bos, bŏuis; Compos, compŏtis; Impos, impŏtis.*

REGLE XXXI.

Du Crement des Noms en VS.

1 *Donne au Crement d'*VS *breueté*;
2 *Le Comparatif excepté*;
3 *Auec* VRIS, VDIS, VTIS,
4 *Hors* Peculis, intercŭdis.

EXEMPLES.

1. Les Noms en VS, abregent leur Crement.

Munus, muneris; *Corpus, córporis*; *Lepus, lepŏris*; *Tripus, tripŏdis*.

2. Les Comparatifs en IVS ont le Crement long; comme *Melius, meliōris*; *Maius, maiōris*.

3. Les Noms qui ont au Genitif VRIS, VDIS, VTIS, font long leur Crement; comme, *Ius, iūris*; *Incus, incūdis*; *Virtus, virtūtis*.

4. Ces deux-cy neantmoins l'abregent; *Pecus, pecŭdis*; *Intercus, intercŭtis*.

REGLE XXXII.
Du Crement des Noms terminez en S, auec vne autre consonne.

1 *Le Crement du Nom bref s'ordonne,*
Qui finit en S & consonne.

2 *Excepte Gryphs, Seps, & Cyclops,*
Hydrops, Conops, Pleps & Cercops.

EXEMPLES.

1. Le Crement des Noms qui finissent par vne S jointe auec vne autre consonne, est bref; comme *Celebs, celĭbis*; *Hyems, hyĕmis*; *Dolops, dolŏpis*.

2. Ceux-cy ont leur Crement long; *Gryphs, griphis*; *Seps, sēpis*; *Cyclops, cyclōpis*; *Hydrops, hydrōpis*; d'où vient *Hidropicus*; *Conops, conōpis*; *Plebs, plēbis*; *Cercops, cercōpis*.

REGLE XXXIII.
Du Nom *Caput*.

Dans le Nom Caput *tu feras*
Tous les Cremens brefs en tout Cas.

EXEMPLES.

Caput & tous ses Composez sont brefs au Crement; *Capĭtis, capĭte, capĭta, capitĭbus*; *Sĭnciput, sincipĭtis*; *Occĭput, occipĭtis*; *Anceps, ancipĭtis*; *Biceps, bicipĭtis*.

REGLE XXXIV.

Du Crement des Noms en X qui font leur Genitif en GIS.

1 *Dis brefuement le Crement* GIS;
2 *Hormis* Frūgis, Lēgis, Rēgis.

EXEMPLES.

1. Les Noms en X qui font leur Genitif en GIS, abregent leur Crement; comme, *Allobrox, allobrŏgis; Coniux, coniŭgis; Remex, remĭgis; Phrix, phrĭgis.*
2. Ceux-cy sont exceptez qui le font long; *Frux, frūgis; Lex, lēgis; Rex, rēgis.*

REGLE XXXV.

Du Cremens des Noms en AX.

1 *ACIS est long, lors qu'il vient d'*AX;
2 *Hors* Similax, Fax & Storax.

EXEMPLES.

1. Les Noms en AX font leur Crement long; comme, *Pax, pācis; Ferax, ferācis; Fornax, fornācis.*
2. Ceux-cy sont exceptez qui le font bref; *Similax, similăcis; Fax, făcis; Storax,* ou *Styrax, ăcis.*

REGLE XXXVI.
Du Crement des Noms en EX.

1. *Briéveté donne au Crement d'*EX,
2. *Hormis* Fex, Veruex, *&* Vibex.

EXEMPLES.

1. Les Noms en EX abregent leur Crement, comme, *Nex, nĕcis*; *Prex, prĕcis*; *Senex, sĕnis*; *Frutex, frutĭcis*; *Vertex, vertĭcis*.

2. Ceux-cy sont exceptez, qui le font long; *Fex, fēcis*; *Veruex, veruēcis*; *Vibex, vibēcis*.

REGLE XXXVII.
Du Crement des Noms en IX qui font ICIS.

1. ICIS *d'*IX *est long : hors ceux-cy*;
2. Filix, Pix, Vix, Larix *aussi*;
Calix, Erix, Varix, Fornix,
Salix, 3. *auec* Nĭuis *de* Nix.

EXEMPLES.

1. Les Noms en IX font leur Crement en ICIS long; comme, *Radix, radīcis*; *Fœlix, fœlīcis*; *Victrix, victrīcis*.

2. Ceux-cy sont exceptez, qui le font bref; *Filix, filĭcis*; *Pix, pĭcis*; *Vix, vĭcis*; *Larix, larĭcis*; *Calix, calĭcis*; *Erix, erĭtis*; *Varix, varĭcis*; *Fornix, fornĭcis*; *Salix, salĭcis*.

3. *Nix* abrege aussi *nĭuis*.

REGLE XXXVIII.
Du Crement O CIS.

1. *Ceux en* O X *alongent* O CIS,
2. *Hors* Præcŏcis, Capadŏcis.

EXEMPLES.

1. Les Noms en OX font leur Crement OCIS long; comme, *Vox, vōcis; Ferox, ferōcis; Velox, velōcis.*

2. Ceux-cy font exceptez qui l'abregent, *Præcox, præcŏcis; Capadox, capadŏcis.*

REGLE XXXIX.
Du Crement V CIS.

1. V CIS *s'abrege en venant d'*V X,
2. *On excepte* Lux *&* Pollux.

EXEMLPES.

1. Les Noms en V X abregent leur Crement V CIS; comme, *Dux, dŭcis; Redux, rédŭcis; Crux, crŭcis; Nux, nŭcis; Trux, trŭcis.*

2. Ceux-cy font exceptez qui le font long; *Lux, lūcis; Pollux, pollūcis.*

Talis Amyclæi domitus *Pollūcis* habenis, *Virg.*

ADVERTISSEMENT.

Nous auons retranché dans ces dernieres Regles, comme en beaucoup d'autres, vne quantité de mots barbares, qui font d'autant plus ennuyeux à apprendre qu'ils font moins neceſſaires, puis qu'ils se rencontrent rarement, & qu'il suffira de les remarquer en les lisant dans les Auteurs.

Tels font *Abax, Atrax, Atax, Colax, Panax, Phornax, Syphax*; qui abregent leur Crement A CIS.

Tels font encore, *Cilix, Coxendix, Histrix, Natrix, Onix, Sardonix*; qui abregent ICIS, &c.

DE LA DERNIERE SYLLABE.
REGLE XL
A final.

1 *A final s'alonge:* 2 *hors* ită,
Eiă, Quiă, & Posteă.
3 *Le Nom l'abrege dans ses Cas;*
4 *L'Ablatif seul long tu diras.*

EXEMPLES.

1. L'A est long à la fin des mots ; comme, *Pugnā, Intereā, Vltrā, Trigintā, Memorā.*

2. Il y a quatre Aduerbes qui font A bref à la fin; *Ită, Eiă, Quiă, Posteă.*

Posteă mirabar, cur non sine litibus esset.
Primă dies. *Ouid.*

3. Les Noms sont brefs, tous leurs Cas finis en A, hormis l'Ablatif.

Le Nom. *Formă* bonum fragile est. *Ouid.*
L'Accus. *Hiſtoră* donauit Priamo. *Ouid.*
Le Voc. *Musă* mihi causas *memoră*, *Virg.*
Le Plurier. Déderas *Promissă* parenti, *Virg.*

4. L'Ablatif est long,
Anchora de *prorā* iacitur, *Virg.*

ADVERTISSEMENT.

Remarquez que les Vocatifs des Noms Grecs sont aussi longs,
Quid miserum *Aeneā* laceras? *Virg.*

REGLE LXI.
E final.

1 *L'E final bref s'ordonnera,*
2 *La cinquiesme t'allongera;*

³ *Auec* Fermē, Ferē, Famē:
⁴ *Et tout Aduerbe deriué,*
Des Adiectifs *en* V S *finis :*
⁵ *Mais* Benĕ, Malĕ, *brefs sont mis.*
⁶ *L'Imperatif comme* Docē,
⁷ *S'alonge, auec* Mē, Nē, Sē, Tē.

EXEMPLES.

1. L'E est bref à la fin des mots ; comme, *Furiosĕ, vtilĕ, partĕ, illĕ, frangerĕ, docerĕ, sinĕ, mentĕ, panĕ.*

   Haud equidem *sinĕ mentĕ* reor, *sinĕ numinĕ* diuûm Adsumus, *Virg.*

   Ponĕ simul tecum solatia, *Virg.*

2. E est long à la fin des Noms de la cinquiesme ; comme, *Rē, Diē, Hodiē, Requiē,*

   Nocte *diēq*; suum gestare in pectore testem *Iuuen.*

3. Ces trois Aduerbes font E long, *Fermē, Ferē, Famē.*

4. Les Aduerbes formez des Noms de la seconde font aussi E long ; *Indignē, precipuē, placidē, valdē, minimē, summē.*

5. Hormis *Benĕ* & *Malĕ*, qui sont brefs,

   Nil *benĕ* cum facias, facis tamé omnia belle, *Mart.*

6. Les Imperatifs de la seconde Coniugaison font encore E long ; comme, *Docē, Monē, Vidē, Habē.*

   Les autres Imperatifs sont brefs. *Cauĕ* mesme, de la seconde, est ordinairement bref,

   Vadĕ, valĕ, cauĕ, nĕ titubes mandataque frangas, *Horat.*

   Tu *cauĕ* deffendas, *Ouid.*

7. Les Monosyllabes alongent E ; comme, *Mē, Nē, Sē, Tē.*

REGLE XLII.
I final.

1. *I final est long. Faits douteux,*
2. *Nisĭ, Quasĭ ; joints auec eux,*
Vtĭ, Mihĭ, Cuĭ, Tibĭ,
Ibĭ, Vbĭ, comme Sibĭ.

EXEMPLES.

1. L'I est long à la fin des mots; comme, *Oculī, Mercurī, Classī,*
   Dum spectant læsos *oculi* læduntur & ipsi. *Ouid.*
2. Ceux-cy font I long ou bref, *Nisĭ, Quasĭ, Vtĭ, Mihĭ,* &c.

REGLE XLIII.
O final.

1. *Faits O douteux : Mais les Datifs,*
2. *Sont longs auec les Ablatifs,*
3. *Faits brefs Imŏ, Duŏ, Sciŏ,*
Modŏ, Citŏ, 4. *long Adeō.*
5. *Les Monosyllabes sont longs,*
6. *Et l'Aduerbe venant des Noms.*

EXEMPLES.

1. L'O final est douteux; comme, *Leŏ, Egŏ, Quandŏ, Vigilandŏ, Nolŏ.*
2. Les Datifs & Ablatifs en O sont longs, *Somnō, ventō, odiō,*
   Nutritur *vento, vento* restinguitur ignis, *Ouid.*
3. L'O est bref en ces mots cy; *Imŏ, Duŏ, Sciŏ, Modŏ, Citŏ.*

4. *Adeō* est long, comme aussi *Ideō*.

5. Les Aduerbes deriuez des Noms, sont longs; comme, *Subitō*, *Meritō*, *Multō*.

6. Les Monosyllabes sont longs, *Ō*, *Dō*, *Stō*.

REGLE XLIV.
V final.

Les mots qui finissent en V,
Sont longs comme on voit en Vultū.

EXEMPLES.

L'V est long à la fin des mots; comme, *Vultū, Cornū, Promptū, Panthū,*

  Tantum ne pateas verbis similator in ipsis,
   Efface nec *vultū* destrue dicta tuo. *Ouid.*

REGLE XLV.
B & C final.

¹ *Rends* B *bref*, ² C *long*, ³ *hormis* Nec,
Auec ces deux, Fac *&* Donec.

EXEMPLES.

1. Le B à la fin est bref; comme, *Ab, ŏb, sŭb,*
............................Puppi sic fatur *ab* alta, *Virg.*

2. Le C est long; comme, *Ac, Sic, Hōc, Dūc,*
  Sīc oculos, *Sīc* ille manus, *Sīc* ora ferebat.

3. Ces deux mots sont brefs *Făc*, Imperatif de *Facio*, *Donĕc* Aduerbe.

REGLE XLVI.
D, & L finalle.

¹ *Le* D *s'abrege aussi bien* ² *qu'*L,
³ *Hors* Nil, Sol, Sal, ⁴ *&* Daniel.

EXEMPLES.

1. Le D est bref à la fin des mots ; comme, *Ăd, Sĕd, Quĭdquĭd, Istŭd.*
2. Les mots qui ont vne L à la fin sont aussi brefs; comme, *Tribunăl, Mĕl, Semĕl, Peruigĭl, Procŭl.*
3. Ceux-cy sont exceptez, *Nīl, Sōl, Sāl.*
4. Les Noms Hebreux sont aussi exceptez ; comme, *Daniēl,* & les autres. *Michaēl, Michōl, Raphaēl,* &c. ils sont E long à la fin.

REGLE LXVII.
R finalle.

1 R *finalle est breue* 2 *Hors* Ætēr,
Statēr, Aēr *auec* Cratēr;
3 Ibēr, Cūr, Fūr, Lār, Fār *&* Nār,
Vēr, 5 Pār, Compār, Dispār, Impār.

EXEMPLES.

1. L'R est bresue à la fin des mots; comme, *Cæsăr, Calcăr, Imbĕr, Diffĕr, Vĭr, Gladiatŏr, Robŭr*
2. Les Noms Grecs qui ont le Genitif en ERIS sont longs; comme, *Aēr, Cratēr, Ætēr, Statēr, Lēris.*
3. *Iber* est aussi long. Mais son Composé est bref,
   Ducit ad auriferas, quòd me salo *Celtibĕr* oras;
   Martial.
4. Ceux-cy sont encore longs; *Cūr, Fūr, Lār, Fār, Nār, Vēr.*
5. *Pār* & ses Composez sont aussi longs; *Compār, Dispār, Impār.*
   Ludere *pār, impār,* equitare arundine longa, *Hor.*

REGLE XLVIII.
AS final.

1. AS *à la fin est alongé,*
2. *Mais le nom Grec prend brefueté.*

EXEMPLES.

1. As à la fin des mots est long ; comme, *Ætās*, *Æneās*, *Fās*, *Nefās*.

2. Les noms Grecs font AS bref, lors qu'ils ont au Genitif ADIS ; comme, *Arcăs, arcădis ; Lampăs, lampădis ; Pallăs, pallădis.*

Les Accusatifs Grecs de la troisiesme sont aussi brefs, *Naiadăs, Troăs, Delphinăs,*

In te fingebam violentos *Troăs* ituros, *Ouid.*

ADVERTISSEMENT.

Remarquez que ceux qui font *Antis*, sont longs, comme *Pallās, pallāntis* nom d'homme, *Adamās, adamāntis.*

Ainsi l'on peut dire en general pour toutes les terminaisons que les Noms qui abregent leur Crement, ont la penultiesme brefue (hormis quelque peu d'exceptez) & ceux qui sont longs au Crement, ont la penultiesme longue.

REGLE XLIX.
ES final.

1. ES *final est long : Exceptez,*
2. *Es de Sum & ses Composez ;*
3. *Penĕs :* 4. *Les Noms pareillement*
 Qui se lisent brefs au Crement ;
5. *Hormis, Pēs, Cerēs, Páriēs,*
 Abiēs, auec Ariēs.

EXEMPLES.

1. ES à la fin des mots est long ; comme, *Nubēs*, *Ar-*

tēs, Locuplēs, Anchisēs, Locuplēs, Deciēs.

2. Le Verbe *Sum* abrege *ĕs*, comme aussi ses Composez, Potĕs, Adĕs, &c.

3. *Penĕs* est aussi bref.

4. Les Noms qui sont brefs au Crement abregent *ĕs*, *Milĕs, militis; Segĕs, segĕtis; Pedĕs, peditis*.

5. Ceux-cy neantmoins font *ēs* long, quoy que brefs au Crement; *Cerēs, cerĕris; Pariēs, pariĕtis; Abiēs, abiĕtis; Ariēs, ariĕtis*.

REGLE L.
I S final.

1. I S *se met bref; long tu feras,*
2. *Le nom Plurier en tout Cas:*
3. *Le Singulier pareillement,*
De ceux qui sont longs au Crement:
4. *Le Verbe au nombre & temps d'*Audis;
5. *De* Sis, 6. *de* Vis, 7. *& de* Velis.

EXEMPLES.

1. I S à la fin des mots est bref; comme,
Aspicĭs, vt veniant..................
............*Qui Iouĭs ignibus ictus,*
Nos quoque quisquĭs erit.........
Non est inquĭs idem..............

2. Les Cas du Plurier sont tousiours longs; comme, *Virīs, Armīs, Musīs, Siccīs, Glebīs, Nobīs, Queīs* pour *quibus,*

Queīs ante ora patrum Troiæ sub mœnibus altis
Contigit oppetere, Virg.

3. Les Noms en I S sont longs, lors qu'ils font leur Crement long; comme *Simoīs, ēntis, Pyroīs, ēntis; Līs,*

ītis; Dīs, dītis; Samnīs, ītis; Qurīs, ītis; Salamīs, īnis; Glis, gliris; Vis, viris; Semīs, semissis.

Remarquez donc comme nous auons dit cy-dessus, que ceux-là sont brefs qui abregent leur Crement; comme, Sanguĭs, sanguĭnis.

Les Verbes ont IS long à la seconde personne du Singulier, toutes les fois que celle du Plurier fait *itis* long.

4. Comme au present de la quatriesme, *Audīs, Nescīs, Sentīs, Venīs*.

5. Comme *Sīs* de *Sum*, & ses Composez, *Possīs, Prosīs, Adsīs*.

6. Comme *Vīs*, de *volo*, & ses Composez *Mavīs*; comme aussi *Quamvīs, Cuiuis*.

7. Comme encore *Velīs, Malīs, Nolīs*.

REGLE LI.
Os final.

1. OS *est long : Mais abrege* Impŏs;
2. *Les Noms Grecs;* Os ossis, Compŏs.

EXEMPLES.

1. OS à la fin des mots est long; comme, *Honōs, Rōs, ōs oris*; la bouche; *Virōs*.

2. Les Noms Grecs sont brefs, *Arctŏs, Melŏs, Cahŏs, Herŏs, Argŏs, Iliŏs*. Et leurs Genitifs en OS *Arcadŏs, Pollădos, Tethyŏs*.

3. Ces Noms-cy sont aussi brefs; *ŏs, ossis;* vn os. *Exŏs*, qui n'a point d'os; *Compŏs, Impŏs*.

REGLE LII.
VS final.

1. VS *sera bref : Mais on fait longs,*
2. *Tout Monosyllabe; & les Noms,*

3 *Qui font au Genitif* ODIS,
VNTIS, VRIS, VTIS, VDIS.
4 *Faits long tout Genitif en* VS;
5 *Et dans les Noms comme* Fructus,
Le plurier Nominatif,
L'Accusatif & Vocatif.

EXEMPLES.

1. VS est bref à la fin des mots ; comme, *Tuŭs, Jntŭs, Sensibŭs, Vulnŭs, Dicimŭs, Impetŭ, Manŭs*, au Nominatif singulier.

    Hic Dolopum *manŭs*, hic sæuus tendebat Achilles, *Virg.*

2. Les Monosyllabes sont longs, *Rūs, Thūs, Iūs, Plūs, Grūs, Pūs, Sūs.*

3. Les Noms qui font au Genitif ODIS; *Tripūs, ŏdis; Polypūs, ŏdis.*

Ceux qui font VNTIS, VRIS, VTIS, VDIS; *Opūs, vntis;* nom de ville. *Tellūs, ūris; Salūs, ūtis; Palūs, palūdis.*

4. Les Genitifs en VS sont longs; comme, *Manto, mantūs; Clio, cliūs.* Et ceux de la quatriesme, comme *Fructūs, fructūs; Manūs, manūs.*

5. Le Nominatif, Accusatif & Vocatif Plurier de la quatriesme sont aussi longs, comme *Fructūs, Manūs.*

REGLE LIII.
T final.

En tous les mots, tu diras mal,
Si tu n'abrege T *final.*

EXEMPLES.

Le T est touſiours bref à la fin des mots; *Audiĭt, Legĭt; Capŭt, Fugĭt, Amăt*, &c.

REGLE LIV.
De la derniere Syllabe des Vers.

La Syllabe fermant ton Vers,
T'exempte des liens diuers,
Ou t'engage la quantité;
Eſtant brefue ou longue à ton gré.

EXEMPLES.

La derniere Syllabe du Vers eſt touſiours commune; c'eſt à dire qu'on y peut mettre tel mot qu'on voudra, & la prendre pour brefue ou pour longue, ſelon que beſoin eſt; comme en ce Vers de Virgile.

Gens inimica mihi Tyrrhenum nauigat *æquŏr*.

La derniere du mot *æquŏr* eſt brefue de ſa nature, quoy qu'elle paſſe icy pour longue.

En cet autre Vers de Martial,

Nobis non licet eſſe tam *diſertīs*.

La derniere de *diſertīs* eſt longue de ſa nature, quoy qu'elle tienne icy lieu de brefue.

DES DIFFERENTES
especes de Vers.

APRES auoir donné les Regles pour connoistre les Syllabes longues, breues, ou communes, ayant marqué les longues par cette figure -; les breues par cette autre ᴗ, & les communes par cette-cy ᴗ̄; il reste de dire vn mot des façons de Vers les plus belles & les plus ordinaires, laissant à part les autres plus difficiles & moins vsitées.

DES PIEDS.

Les Vers sont composez de Pieds; & les Pieds sont composez de deux ou de trois Syllabes.

Il y en a quatre de deux Syllabes, & quatre autres de trois, mais celuy de trois Syllabes longues, & celuy de deux breues sont inutiles, comme on peut voir par cette Figure, où ils sont opposez chacun à son contraire.

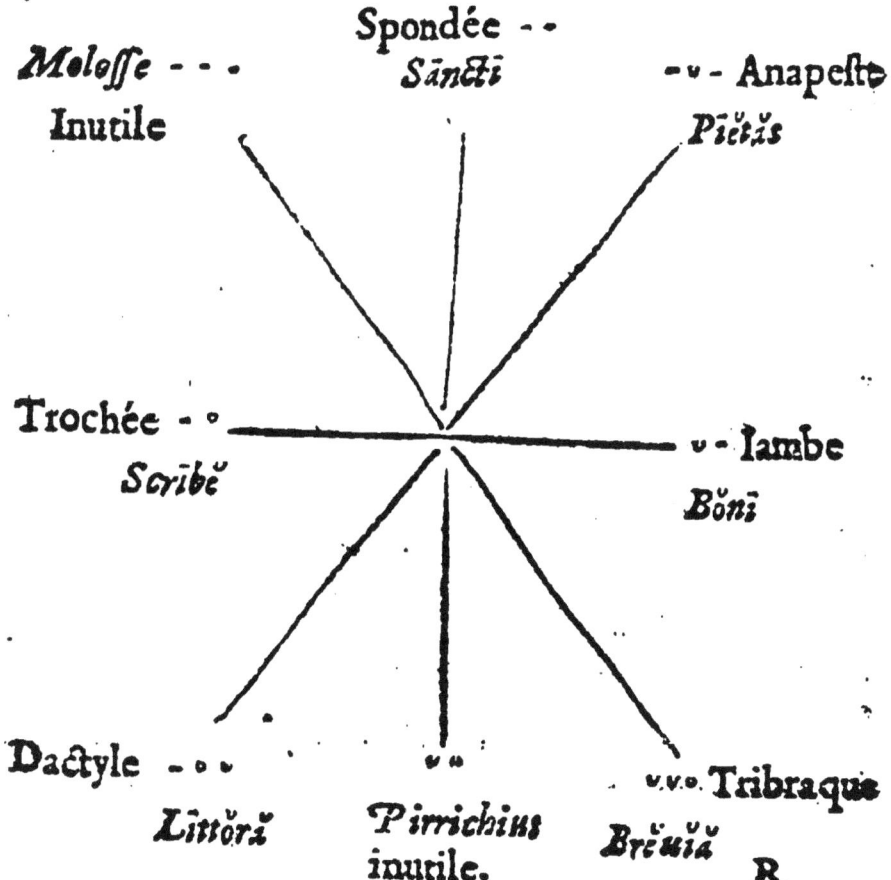

R

Les six Pieds vtiles sont marquez en ces deux Vers.

*Dactylus atque Trocheus, Spondeus, Anapestus, Iambus,
Tribrachius cunctos composuere pedes.*

DES ESPECES DE VERS.

Les principales especes de Vers sont les Hexametres, les Pentametres, les Iambes, les Trochaïques, & quelques autres qu'on pourra voir cy apres.

Dans tous les Vers, il y a des Pieds determinez, & il y en a d'interminez.

Les pieds determinez sont ceux qu'il faut necessairement mettre en vn certain endroit.

Les indeterminez sont ceux qui se peuuent mettre indifferemment, selon que le Poëte le iuge à propos.

DES HEXAMETRES.

Ainsi le Vers Hexametre est composé de six Pieds, dont les quatre premiers sont indeterminez, & peuuent estre indifferemment, ou 4. Dactyles, ou 4. Spondées; ou vn Dactyle, & trois Spondées; ou vn Spondée & 3. Dactyles; ou 2. Dactyles, & 2. Spondées, comme on peut voir à l'ouuerture de Virgile.

Les deux derniers sont determinez, parce que le cinquiesme est vn Dactyle necessairement, & le dernier vn spondée, comme

    1 | 2 | 3 | 4 | 5 | 6 |

Armă; virŭquĕ cănō Troiă qŭi primŭs ăb ōris.

DV PENTAMETRE.

Le Pentamettre est quasi tousiours joint à l'Hexamettre. Il est composé de cinq Pieds, dont les deux premiers sont indeterminez, & peuuent estre ou Dactyles ou Spondées; Apres suit vne Cesure longue, ou vn demy Pied: puis deux Dactyles, & vne autre Cesure; ainsi

    1 | 2 | 3 | 4 | 5 |

Hūc ădĕs & nĭtĭdās, Cāssĭdĕ, sŏluĕ cŏmās.

On peut aussi scander ce Vers, en mettant apres les deux premiers Pieds vn Spondée & deux Anapestes.

DES IAMBIQVES.

Les Vers Iambiques sont ainsi nommez à cause du pied Iambe qui en est le principal, & qui les compose quelquefois tous entiers.

Ceux qu'on appelle purs Iambiques, sont ceux qui n'ont que des pieds Iambes, comme

ESPECES DE VERS.

1 | 2 | 3 | 4 | 5 | 6 |
Sŭis ĕt ĭpsă Rŏmă vīrĭbŭs rŭĭt.

Les autres qui sont les plus communs, ont seulement pour Pieds determinez trois Iambes aux Pieds pairs 2. 4. & 6: aux autres pieds ils ont ou des Iambes, ou des Spondées, ou des Dactyles, ou des Anapestes. Et outre cela ils reçoiuent en tous les pieds le Tribraque, excepté au sixiesme qui doit estre necessairement vn Iambe.

1 | 2 | 3 | 4 | 5 | 6 |
Qŭi stătŭĭt ălĭquĭd pārte ĭnaŭdĭtă āltĕrā.

1 | 2 | 3 | 4 | 5 | 6 |
Æquŭm lĭcĕt stătŭĕrĭt haŭd aquŭs fŭĭt, Seneca.

Il y a des Vers Iambiques de 4. Pieds, qui suiuent ceux de 6. & ont essentiellement au dernier vn Iambe, comme

1 | 2 | 3 | 4 |
Iăm lūcĭs ōrtō sīdĕrĕ.

Il y en a d'autres qui ont vne Syllabe de manque; comme

1 | 2 | 3 |
Ădĕs pătĕr sŭprĕmĕ.

Les autres ont vn Pied entier de manque; comme

1 | 2 | 3 | 4 |
Mūsă Iŏuĭs nātă.

SCAZON.

Le Vers Scazon est tout semblable à l'Iambe, sinon qu'il reçoit necessairement vn Iambe au cinquiesme Pied, & vn Spondée à la fin; comme

1 | 2 | 3 | 4 | 5 | 6 |
Rŭbĭgĭnōsīs cūnctă dēntĭbŭs rōdĭt. Mart.

DES VERS TROCHAIQVES.

Les Vers Trochaïques n'ont que sept Pieds, qui peuuent estre tous Trochées.

Aux Pieds impairs (hormis au dernier) au lieu des Trochées, on peut mettre des Tribraques.

Aux Pieds pairs, on peut mettre aussi des Tribraques ou des Spondées, des Anapestes & des Dactyles. Et apres le 7. Pied il y a vne Syllabe suspenduë; comme

    1 | 2 | 3 | 4 | 5 | 6 | 7 |
Pange linguā gloriosi, prælium certaminis.

On peut aussi scander ce Vers plus aisément en laissant le premier Pied & vne Syllabe, apres lesquels il demeure vn Vers Iambique; comme

    | 1 | 2 | 3 | 4 | 5 | 6 |
Et super Crucis trophæum d c triumphum nobilem.

En commençant à scander par *Crucis* on fait vn Iābique parfait.

DES VERS ASCLEPIADES.

Les Vers Asclepiades, ou Choriambes sont composez d'vn Spondée, & d'vn Dactyle : apres lesquels il y a vne Cesure, & puis encore deux Dactyles, ainsi

    1 | 2 | 3 | 4 | 5
Mæcænās atauis edite Regibus.

Il y a aussi vne autre façon de Vers Choriambes, qui est toute semblable à la precedente, sinon qu'au dernier Pied il y a vn Spondée au lieu d'vn Dactyle

    1 | 2 | 3 | 4 | 5 |
O quām glorifica luce coruscas.

    1 | 2 | 3 | 4 | 5 |
Stirpis Dauidica regia proles.

DES VERS PHALEVCES.

Les Vers Phaleuces n'ont que cinq Pieds, sçauoir vn Spondée, vn Dactyle, & trois Trochées.

    1 | 2 | 3 | 4 | 5 |
Commendo tibi Quintiane nostros, Mart.

DES VERS SAPHIQVES.

Les Saphiques n'ont aussi que cinq Pieds, sçauoir vn Trochée, vn Spondée, vn Dactyle, & en suitte deux Trochées.

On met ordinairement apres trois de ces Vers, vn Vers Adonique; qui n'a qu'vn Dactyle & vn Spondé, pour finir le Couplet; comme

    1 | 2 | 3 | 4 | 5 |
Iste Confessor Domini sacratus.

    1 | 2 | 3 | 4 | 5 |
Festa plebs cuius Celebrat per orbem.

ESPECES DE VERS. 261

   1 | 2 | 3 | 4 | 5 |
Hāc dĭĕ lătŭs mĕrŭĭt sŭprēmŏs.

       1 | 2 |
Laŭdĭs hŏnōrēs.

DES VERS D'HORACE.

Il y a vne façon de Vers propres à Horace, & qu'on a nommez de son nom.

Ces Vers se mettent quatre à quatre; Les deux premiers se ressemblent, & ont pour le premier Pied indifferemment ou vn Iambe ou vn Spondée; pour le second tousiours vn Iambe; en suitte vne Cesure longue, & deux Dactyles à la fin.

Le troisiesme Vers reçoit pour le premier & troisiesme Pied indifferemment vn Iambe ou vn Spondée, & pour le second & quatriesme necessairement vn Iambe, auec vne Syllabe de reste à la fin.

Le quatriesme Vers est composé de deux Dactyles, & de deux Trochées, ainsi

  1 | 2 | 3 | 4 | 5 |
Æquām mĕmēntō rĕbŭs ĭn ārdŭĭs.

 1 | 2 | 3 | 4 | 5 |
Sĕruārĕ mēntēm, nōn sĕcŭs ăc bŏnīs.

 1 | 2 | 3 | 4 | 5 |
Ab īnsŏlēntī tēmpĕrātām.

 1 | 2 | 3 | 4 |
Lætĭtĭā mŏrĭtŭrĕ Dēlī, Horat.

Il y a encore vne autre maniere de Vers assez commune dans le mesme Auteur, où les deux premiers sont Asclepiades, que nous auons expliquez cy-dessus; le troisiesme est composé d'vn Dactyle au milieu de deux Spondées: & le quatriesme d'vn Spondée suiuy de deux Dactyles; ainsi

 1 | 2 | 3 4 | 5 |
O nāuĭs rĕfĕrēnt ĭn mărĕ tē nŏuī

  1 | 2 | 3 | 4 | 5 |
Flūctŭs, ō quĭd ăgĭs? fōrtĭtĕr ŏccŭpă

  1 | 2 | 3 |
Pōrtūm, nōnnĕ vĭdēs ŭt

R iij

| 1 | | 2 | 3 | |

Nŭdŭm rēmĭgĭō lĭtŭs.

Il y en a encore vne autre sorte dans ses Odes, où les trois premiers sont Asclepiades, & le 4. comme dessus

| 1 | | 2 | | 3 | 4 | | 5 | |

Lŭcĭm rēddĕ tŭæ dĭx bŏnĕ pătrĭæ.

| 1 | | 2 | | 3 | 4 | | 5 | |

Īnstăr vērĭs ĕnĭm vŭltŭs ŭbĭ tŭŭs.

| 1 | | 2 | | 3 | | 4 | | 5 | |

Affūlsĭt pŏpŭlō, grātĭōr ĭt dĭēs.

| 1 | | 2 | 3 | |

Et sōlĕs mĕlĭŭs nĭtēnt.

Nous passons les especes moins vsitées qui s'apprendront dans la lecture des Poëtes.

DE LA MANIERE DE PRONONCER le Latin en gardant les accents.

REGLE I.

Dans les mots de deux Syllabes, on prononce tousjours la premiere longue, soit qu'elle le soit ou non, comme *árma*, *vírum*, *cáno*.

ADVERTISSEMENT.

Les mots qui ont à la fin vne de ces particules, *que*, *ne*, *ve* font ordinairement longue la Syllabe qui precede la particule; comme *armáque*, *virúmque*, *terráque*, *pluísne*, *altérue*.

REGLE II.

Les mots qui ont plus de deux Syllabes ont l'accent sur la penultiesme lors qu'elle est longue, comme *Románus*, *Natúra*, *amáre*, *audíre*, *credidére*.

Si la penultiesme est brefue, ils ont l'accent sur l'antepenultiesme, soit qu'elle soit longue ou brefue, comme *Máximus, Póntifex, Dóminus, séquitur, arbóribus.*

ADVERTISSEMENT.

Dans les Vers il faut faire l'accent selon que les Pieds le demandent ; ainsi l'on dira
.... *Pécudes pecteque volúcres.*
Quoy que *volucres* ait la penultiesme brefue, parce que le Poëte l'a faite longue dans ce Vers.

REGLE III.

Les mots Grecs se prononcent le plus souuent selon leur accent Grec, comme *Paralipoménon ; in platēis Idolum.*

Que s'ils passent en mots Latins, on les prononce selon les Regles Latines, comme *Grammática, Philosóphia, Astrológia.*

ADVERTISSEMENT.

Mais il faut prendre garde pour les mots Grecs, & pour les dictious Hebraïques de suiure l'vsage & de s'en reseruer la Science, pour ne pas blesser l'oreille des Auditeurs ; Ainsi l'on doit dire *Maria* suiuant l'accent Grec, plustost que la Regle des mots Latins.

L'on peut remarquer cecy en passant, la lecture monstrera le reste, puis qu'il n'y a rien que ceux qui monstrent & qui apprennent qui doiuent auoir plus dans l'esprit, cette Regle de Ramus, confirmée par le sens commun & par l'experience ; PEV DE PRECEPTES, ET BEAVCOVP D'VSAGE.

FIN.

www.ingramcontent.com/pod-product-compliance
Lightning Source LLC
Chambersburg PA
CBHW060334170426
43202CB00014B/2776